国网安徽省电力有限公司思想文化建设优秀案例集（2020—2021）

国网安徽省电力有限公司党委党建部　编

合肥工业大学出版社

《国网安徽省电力有限公司思想文化建设优秀案例集(2020—2021)》编辑委员会

主　　任　王文红

副 主 任　胡　峰　曾德龙　洪绍威　聂运生
　　　　　杨　益

委　　员　姚　军　梁　峰　安　莉　夏　坤

编　写　组

主　　编　聂运生

副 主 编　安　莉

参编人员　金琦敏　张　浩　吴　昊　程晋春
　　　　　王　锐　高昱磊　魏　鑫　丁诗洋
　　　　　黎　彬　王祥薇　王龙胜　赵　阳
　　　　　高　伟　李晓飞　裴　雯　祝超龙
　　　　　陈泓旭　杨　森　王　银　赵成成

前言
PREFACE

文化兴则国运兴，文化强则民族强。习近平总书记指出，文化是一个国家、一个民族的灵魂。没有高度的文化自信，没有文化的繁荣兴盛，就没有中华民族伟大复兴。党的十八大以来，以习近平同志为核心的党中央把文化建设提升到一个新的历史高度，把文化自信和道路自信、理论自信、制度自信并列为中国特色社会主义“四个自信”，把坚持马克思主义在意识形态领域指导地位的制度确立为中国特色社会主义的一项根本制度，把坚持社会主义核心价值体系纳入新时代坚持和发展中国特色社会主义的基本方略。这为新时代文化事业的发展提供了根本遵循，指明了前进方向。

国家电网有限公司以习近平新时代中国特色社会主义思想为指导，全面落实全国国有企业党的建设工作会议和全国宣传思想工作会议精神，坚持加强党的全面领导，坚持以人民为中心的发展思想，发展积极健康的党内政治文化，积极践行社会主义核心价值观，实施“文化铸魂、文化赋能、文化融入”专项行动，全面建设与国网公司战略目标相适应的优秀企业文化，推动文化软实力显著提升、核心竞争力全面加强。

国网安徽省电力有限公司党委按照国家电网有限公司党组统一部署要求，坚持战略引领，强化文化驱动，认真践行国网精神、国网价值、国网力量，主动解放思想，提出并不断丰富“敢为人先、实干在先、创新争先”工作理念，因地制宜实施“一体三化”现代能源服务，持续推动“文化铸魂、文化赋能、文化融入”专项行动计划落实落地，深化思想文化建设“重点项目、储备项目、自主项目”三级项目管控模式，集中攻关完成重大示范项目，精准发力打造高质量重点项目，重心下沉培育基层储备项目，形成了一批工作扎实、实践丰富、成效显著、推广性强的成果案例，分层分级推动文化价值理念和国网公司战略在基层一线落地深植，实现公司思想文化工作水平全面提升，为全面落实“一体四翼”发展布局，建设具有中国特色国际领先的能源互联网企业汇聚了强大的精神力量。

一花独放不是春，百花齐放春满园。今年，正值中国共产党成立100周年，也是落实国家“十四五”规划、全面建设社会主义现代化国家的开局之年。为全面总结思想文化工作成效，进一步提升新时代思想文化建设管理水平，促进思想文化工作优秀做法共享互鉴，本书编委会坚持严格标准，经过层层推荐、好中选优、联合审校、多轮完善，精选了基层单位58个典型案例，汇编成册，结集出版，以供学习交流。

本次收录的案例为2020年、2021年两个年份，共分为“强化职工思想教育工作”“发挥先进典型引领作用”“推动优秀文化传播”“促进企业文化落地”“持续深化精神文明建设”“利用红色资源推进党史学习教育”“发掘利用电力文化遗产”“开展‘我为群众办实事’志愿服务实践活动”“开展企业文化宣贯传播与落地实践，促进国网公司战略实施”“加强思想政治工作针对性实效性”十个部分。案例主要采用“案例背景、案例内容、分析与思考”的体例，综合运用文字阐述、图例阐释、图片展示等方式，全面立体展示思想文化工作创新做法，具有较强的应用和推广价值。

进入新发展阶段，需贯彻新发展理念、构建新发展格局。推动公司高质量发展，离不开强大的精神动力，更离不开坚强的意志品格。希望通过本书，为各单位开展思想文化工作开拓视野、启迪思路、提供方法，以期各单位更好地巩固和创新思想文化工作，以先进思想文化为先导，全面落实“一体四翼”发展布局，大力推动构建新型电力系统，加快公司跨越发展进程，为建设具有中国特色国际领先的能源互联网企业而奋斗，为建设新阶段现代化美好安徽作出新的更大贡献！

编　者

2022 年 1 月

目录
CONTENTS

强化职工思想教育工作

互联网思维下的战略目标宣贯体系构建与实施 …………………… (002)
构筑内外“交互式”思想文化教育模式 …………………… (007)
青春“正分享”　打造企业文化传播青年阵地 …………………… (012)

发挥先进典型引领作用

以榜样为引领的企业文化工作探索与实践 …………………… (018)
实施先进典型引领工程　助力思想政治工作提质增效 …………………… (023)
实施“五星工程”　以典型引领思想政治工作提质增效 …………………… (027)

推动优秀文化传播

革命文化涵养党内政治文化创新实践 …………………… (033)
打造“相电尖兵”退役军人团队品牌　传承和弘扬革命文化 …………………… (038)
深化推动中华优秀传统文化内涵融入生产生活 …………………… (043)
“知行合一”深化企业文化理念培育　助推“双创中心”建设 …………………… (049)
打造美好项目部　构建“家”文化 …………………… (054)
崇初心　守使命　弘扬社会主义先进文化 …………………… (058)

促进企业文化落地

实施“六微”举措　持续打通企业文化的班组经脉 …………………… (065)
依托社区工作站　探索优秀企业文化在服务中的落地实践 …………………… (070)
依托“四大平台”　推进公司企业文化建设 …………………… (076)

构建“3+N”模式　推动企业文化在基层支部落地 …… (081)
将形势任务教育融入企业文化示范点建设 …… (087)
卓越文化锻造特高压密集通道“皖电卫士” …… (092)
心相通　力相聚　以“四心”打造“四力”信通调控中心 …… (098)
以“三泉”促“三先”　打造特高压直流古泉站示范标杆 …… (103)

持续深化精神文明建设

传承优良家风　助力公司新时代文明实践落地 …… (109)
“五心关爱”管理实践　志愿服务体现价值 …… (113)
打造“三维一体”传播阵地　汇聚“智库建设”精神力量 …… (118)
以一流服务文化　打造“一站式”服务窗口 …… (123)
传承“蜜蜂”精神　“星级”供电所助力乡村振兴 …… (129)
基于四新打造“沉浸式”精神文明家园的探索与实践 …… (135)

利用红色资源推进党史学习教育

“三聚焦三培养”　以红色文化培根铸魂、滋养前行力量 …… (141)
激活红色引擎　传承革命文化 …… (146)
实施“三红三送”工程　传承红色基因 …… (151)

发掘利用电力文化遗产

以“五个一百”追溯皖电源头　实施电力传承工程 …… (157)
传承百年明远精神　助力企业高质量跨越发展 …… (163)
“三维一体”弘扬百年皖电先进典型文化 …… (168)

开展“我为群众办实事”志愿服务实践活动

构建志愿服务“吹哨报到”机制　推动国网战略落地实践 …… (174)
打造“当电小青”品牌　助力青年定标启航 …… (179)
依托“禹风”精神推进“五零”志愿服务 …… (185)
红色“碳”寻　赋能小岗绿色发展 …… (191)
电“亮”老街文化品牌　打造美丽乡村生活 …… (196)
“燕飞来”志愿服务架起联系群众连心桥 …… (202)
“药都之光”共产党员服务队“百千万”工程 …… (207)
基于重点工程建设　推动“四度七彩”企业文化落地实践 …… (212)

开展企业文化宣贯传播与落地实践，促进国网公司战略实施

以五心理念打造网格化服务新模式　推动公司企业文化厚植落地 ……………… (218)
“树人文化”在人才培养工作中的实践 ………………………………………… (224)
汇聚“三心梦”　推进企业文化在基层班组落地深植 ………………………… (229)
以专项文化示范点建设促进企业文化有效落地 ……………………………… (235)
以“四维四美”推动“亭满意”　企业文化落地实践 ………………………… (241)
基于“以人为本”安全文化理念　构建“平安回家”安全守护体系 ………… (247)
挖掘徽州文化“廉因子”　打造廉洁文化“微载体” ………………………… (252)
“幸福砀电”助力企业文化落地实践 ………………………………………… (257)
打造“一三五”皖电创新文化体系 …………………………………………… (262)
构建“1＋5”品牌价值体系　领航古泉换流站标杆建设新征程 …………… (267)
打造企业文化论坛　为实现跨越式发展聚力赋能 …………………………… (272)
对标一流专业　专注全面打造“徽木兰”办公服务文化品牌 ……………… (277)

加强思想政治工作针对性实效性

打造党建创新实践基地　激发思想政治工作新动能 …………………………… (284)
打造“四色”课堂　凝聚公司发展强大精神动力 ……………………………… (289)
多维融合　推进党史学习教育专题党课立体化 ……………………………… (294)
“四步法”助推思想教育出实效 ……………………………………………… (299)
“六铸六提”为安全文化赋能 ………………………………………………… (304)
“五抓”提升青年思想政治工作的针对性和实效性 ………………………… (308)

强化职工思想教育工作

互联网思维下的战略目标宣贯体系构建与实施

国网马鞍山供电公司

一 案例背景

战略是关系企业全局和根本的重大问题，战略目标的宣传贯彻（以下统称“宣贯”）是企业文化建设中极其重要的一环。近年来，随着互联网媒介的广泛深入应用，战略目标宣贯的方式方法也受到了深刻的影响，传统宣贯方式面临着“学”的渠道失灵、“讲”的受众流失、传播过于单向等问题。因此，进一步加强和改进战略目标宣贯，需要有效认知、把握互联网环境下战略目标宣贯的规律，运用互联网思维重构战略目标宣贯体系，使员工深刻认知、主动认同、积极参与进而自觉转变，真正打通战略目标宣贯从“墙上”到“心里”的最后一米。

二 案例内容

（一）工作思路

国网安徽省电力有限公司以习近平新时代中国特色社会主义思想为指导，综合分析新时代战略目标传播体系的管理需求，充分发挥互联网思维透明、开放、融合、便捷、产生大数据等与互联网媒介息息相关的特征优势，做实“学”和“讲”两个关键环节，应用用户思维、流量思维、迭代思维、平台思维等互联网思维的主要分支思维，通过搭建宣贯平台、组建宣贯智库、转化宣贯成果、优化宣贯方式，构建战略目标宣贯体系，实现统筹规划、广泛参与、持续优化的良性循环，形成全员目标共识和价值认同，为实施“一体三化”现代能源服务提供强大的精神动力和文化支撑。

互联网思维下的战略目标宣贯体系

（二）具体措施

1. 把握关键环节，运用用户思维立体搭建宣贯平台

“用户思维”是指在价值链各个环节中都要“以用户为中心”去考虑问题，是互联网思维最核心的理念。对于企业战略目标宣贯来说，员工即是最大的用户。基于此，公司在全省范围内搭建“四微共学平台”和“精品宣讲平台”，组织员工全面自主参与战略目标学习，打破战略目标宣贯由公司向员工单向灌输、由党建部门自转自建的局面。

一是搭建“四微共学平台”。以员工易于参与、全程参与为目标，搭建共学平台，组织员工利用碎片化时间深入开展战略目标学习交流。编印“微读本”，领会战略目标内涵。创新形势任务教育读本编发形式与内容，聚焦战略目标提出背景，应用生动的图片展示、翔实的数据分析和精炼的文字，深刻解读有关中央精神和决策部署，增加学习资料的可读性和可推广性，近几年结合自身实际，共计编印“《习近平谈治国理政》第三卷讲了什么、怎么学”“脱贫攻坚这些年”“把握新形势、谱写新篇章”等形势任务教育“微读本”8期。组织“微交流”，凝聚战略实践共识。聚焦战略目标内涵，组织员工以微信展示、微博互动讨论等形式开展“战略目标大家谈”“寄语新员工”等交流活动，分享学习感悟体会与宣贯落实经验，进一步增强战略认同。开展“微测试”，自查战略学习盲点。在国网大学手机 App 建立“安徽电力学习专区”，开展“一周一题”“一月一课”“一月一测”战略目标传播测评活动，举办网络主题知识竞赛，根据测试竞赛结果把控宣贯效果，分析宣贯盲点。推送“微课堂”，检验战略宣贯成效。广泛征集本部、基层单位、班组、站所等不同岗位层面的员工，在战略目标宣贯中的典型场景、案例、事迹等，编制微故事、微动漫、微视频等，通过公司微信平台、微博、抖音官方账号等媒介推送，全面展示基层宣贯效果。

二是搭建精品宣讲平台。以增强员工体验感、强化员工主体地位为目标，组织员工围绕战略目标讲体悟、讲初心、讲担当、讲奉献。建设“实践典型示范讲堂”，挖掘亮点讲

2020 年 7 月 25 日，国网安徽省电力有限公司举办抗洪救灾保供电暨先进事迹报告会并首次引入网络直播

好战略宣贯故事。充分运用先进典型库资源举办道德讲堂、事迹报告会、网络演讲比赛，通过先进典型现身说法，引导员工将战略目标认知认同转化为自觉行动。活动中首次引入网络直播、“谈感悟”网络互动等形式，进一步扩大先进典型宣讲影响力。建设“追梦学堂精品课程”，紧扣实际讲好战略落地举措。利用“追梦学堂”载体开设“我讲战略目标”精品课程，邀请系统内外专家学者围绕战略目标开设创新创效等专题课程，组织青年员工宣讲战略目标内涵，并结合自身岗位实际就学习体会、创新举措、工作进展等方面谈体会、谈认识。

2020 年 8 月 12 日，组织开展线上宣讲活动

2. 坚持点面结合，运用焦点思维同步转化宣贯成果

焦点思维是指依据自身特色，聚焦重点打造某一方面、某一领域的绝对优势产品或服

务，以此提升品牌的整体影响力与价值。据此，公司系统总结宣贯成果，通过点面结合形式重点打造核心品牌与先进典型，强化宣传效果。

一是“点”上发力，线上立体展示成果。利用微信平台、电子相册等形式线上推广宣传“学讲活动”成果。在建党 99 周年、“八一建军节”等重要节点，以及防汛保供电、中高考保供电等急、难、险、重任务期间，利用融媒体平台开展集中性人物宣传 5 次，将战略目标宣贯成果形象化、人格化。

二是“面”上深化，线下同步深化应用。将学讲平台建设的优秀成果、核心典型，利用电子屏幕展播、电脑屏保播放、二维码扫描关注等形式，在办公区、生产区、营业厅进行同步滚动式、常态式、立体式的宣传，确保战略目标宣贯全覆盖。

3. 充分整合资源，运用平台思维系统组建宣贯智库

互联网平台思维是指应用互联网透明、开放的特征，形成共建共享的生态圈，在资源整合中实现共同提升。公司根据“共学”“宣讲”两个关键环节的实际需要组建三支柔性团队，集中整合、挖掘、共享各单位的优秀学习经验与宣讲资源。

组建课题研究柔性团队，定期开展线上线下同步调研，及时总结评估项目实施效果，挖掘宣传各单位的亮点经验；组建形势宣讲柔性团队，负责组织参与战略目标宣贯的理论宣讲、事迹宣讲活动，撰写发布宣讲微课，根据调研评估动态调整宣讲内容与计划；组建实践推动柔性团队，负责编发相关主题推送，设计统一规范的电子宣贯模板，编印故事集、案例集，组织开展微视频展播活动等。

4. 深化闭环管理，运用迭代思维持续优化宣贯方式

迭代思维是指在开发产品服务过程中以人为核心、循序渐进，在不断试错、持续优化中完善产品服务。运用这一思维，发挥互联网交互性优势，闭环评估宣贯效果，深入了解职工的思想需求，动态调整传播形式方法。

2020 年 9 月 17 日，国网安徽省电力有限公司围绕宣贯效果、基层意见、特色亮点等开展实地调研

一是以网络调研快速反馈宣贯效果。开展“皖电同心　共赴战疫”和“聚焦战略　聚集能量”专题网络思想动态调研，依据大数据分析结果，掌握职工对宣贯方式方法的认同度，据此同步修改调整工作举措。

二是以实地调研深入评估宣贯效果。组建调研组围绕不同形式的宣贯效果、基层意见、特色亮点等内容，开展实地调研，深入梳理问题，制定改进各单位的措施，及时纠正项目实施方向，拓展项目实施思路。

（三）主要成效

1. 战略目标理解深度进一步提升

进一步丰富了战略目标宣贯的“学”“讲”渠道与平台，先后制作《承接落实国网战略目标框架体系》系列专题访谈、《多站融合是什么》等15个战略宣贯微视频、40余个抖音短视频等一批具有传播推广价值的专题展示成果，在员工中受到广泛好评，有效解决了战略目标宣贯受众流失、传播过于单向等问题。

2. 战略目标落实力度进一步提升

通过宣贯体系的构建有效引导了广大干部职工围绕推进战略目标落地建功立业，在电网升级改造、重损台区治理、重要时段保供电等重点任务中献计出力。公司各级党组织和广大干部员工在抗疫抗洪、脱贫攻坚等大战大考中，先后2次受到国网公司党组通报表扬，6项典型经验获国网“党建工作专业标杆”称号。2名党员获国网“抗击新冠肺炎疫情功勋个人”称号，1个集体获国网“抗击新冠肺炎疫情功勋集体”称号。

3. 战略目标传播广度进一步提升

公司的品牌影响力得到进一步提升，公司荣获“2020年度全国电力行业党建品牌影响力企业”称号；1个所属市公司获得“2020年度全国电力行业企业文化影响力企业”称号，1个所属市公司团委获得“2020年度全国电力行业最美团青组织”称号；7名职工获评“全国劳动模范”，1名职工获得“全国学雷锋志愿服务最美志愿者”称号，1名职工获得“全国三八红旗手”称号。

三　分析与思考

本项目瞄准战略目标宣贯工作中的短板和不足，以小、实、新为原则，充分利用互联网传播媒介做实战略目标宣贯的“学”和“讲”两个关键环节，有效促进公司战略和价值理念融入基层工作、融入员工行为。下一步，公司将进一步发挥柔性团队的“智库”作用，围绕“文化铸魂、文化赋能、文化融入”专项行动方案，做好课题研究、形势宣讲、实践推动等方面的精品项目，进一步提升企业文化建设管理水平，为建设具有中国特色国际领先的能源互联网企业注入不竭动力。

（项目完成人：魏莱、陈银龄、赵阳、尹俊峰、陶洋、常舜禹、王强）

构筑内外“交互式”思想文化教育模式

国网池州供电公司

一 案例背景

开展思想文化教育，就是要用习近平新时代中国特色社会主义思想铸魂育人，引导公司干部员工增强中国特色社会主义道路自信、理论自信、制度自信、文化自信；就是要激发干部职工的“主人翁意识”，自觉融入“人民电业为人民”的企业宗旨和“为美好生活充电，为美丽中国赋能”的公司使命的实际行动中。对公司干部员工而言，接受思想文化教育，就要把提高政治站位、思想觉悟、道德水准、文明素养同落实当前改革发展稳定各项任务结合起来，同抓好本单位的中心工作结合起来，同提升为民服务水平结合起来，同激励干部守正创新、担当作为结合起来，进一步解放思想、开拓进取，以推动公司安全规范高质量发展的实际成果检验学习教育的成果成效。

二 案例内容

（一）工作思路

公司在构筑内外“交互式”思想文化教育模式的过程中，坚持以习近平新时代中国特色社会主义思想为指导，坚持“人民电业为人民”的企业宗旨，以党内政治文化为引领，结合地域文化优势和供电企业发展实际，坚持内质外形理念，深化员工理想信念教育，打造内外互通模式，凝聚思想文化传播合力，在文化传播的过程中，引导员工自觉践行企业文化信念和宗旨，在接受学习教育的过程中，引导员工成为企业文化的传播者、践行人、宣传员。

（二）具体措施

1. 内质外形，深化理想信念教育

坚持政治建设为统领，发挥党建引领优势，通过深化传播格局、丰富多层次文化资源

载体，全面加强公司企业文化建设和思想文化教育管理。

一是强化思想文化教育组织保障。强化公司党委抓企业文化建设的领导责任，定期通过党委会、党建工作领导小组会议，研究部署思想文化、战略目标植根落地实施方案。充分发挥党建工作领导小组办公室作用，定期召开会议推进党员政治教育、员工思想文化教育工作。

二是分层分类推进思想文化教育。树立公司领导成员在学习过程中的表率形象，打造党委理论学习中心组“示范班”，带头学习习近平新时代中国特色社会主义思想，开展《习近平谈治国理政》等理论文献的专题学习研讨。压实党支部思想文化宣贯责任，按月布置党支部书记落实第一宣讲人任务，通过支部书记季度宣讲、支部书记形势任务宣讲、支部书记示范党课等形式，结合支部特色业务，以支部为单位定期开展公司战略目标等企业文化理念传播，确保企业文化在公司范围内传播全覆盖、内容接地气、效果看得见。将思想文化教育融入党内组织生活，开展“新时代·星支部”创建，将思想文化建设作为创建的重要内容，推动思想文化教育成果惠及每一位党员。充分发挥党的群众工作优势，将党员责任区、示范岗同步打造为公司企业文化示范区、示范岗，发挥党员践行企业文化示范带动作用。

三是丰富思想文化教育资源载体。充分运用池州境内革命文化素材资源，组织干部员工前往东至县木塔红军纪念馆，市县革命烈士陵园、烈士纪念馆等市域内红色景点接受革命传统教育，引导广大党员争做党内先进政治文化的传播者。利用东至县内周氏家风馆开展党性教育现场教学，引导党员干部修身养性、厚植家风、培心正业。建设公司内部文化“硬”支撑，打造集文明传习、思想引领、服务践行、提炼创新为一体的四类党建阵地，获评池州市首批“党建示范基地”，以党建工作室、新时代文明实践站、融媒体中心、党员服务队为载体，实现思想文化可视化传播。

2020 年 3 月，公司组织女职工到“周氏家风馆”
宣讲周氏优良家风及家族中学有所成的名人轶事

2. 内外互联，凝聚思想文化传播合力

坚持聚焦目标、锁定发展，运用学文化、树典型、强整治、创载体“四个手段”，全面推进新时代思想文化宣贯传播、落地生根。

一是分层分类宣贯。聚焦国家电网公司战略目标，编制公司系统文化建设作品集，全面展示公司思想文化教育成果。坚持学以致用、用以促学、学用相长的成果导向，举办“做好电力先行官，架起党联系群众的连心桥”等专题研讨、专家讲座。发挥团员青年生力军作用，举办“新时代、星服务、心担当”主题道德讲堂暨青年员工入职成果报告会，引导青年员工将国网公司战略转化为统一意志、奋斗目标和行动自觉。

二是选树先进典型。广泛开展“人人争做最美”“推荐心中的楷模”等选树活动，大力培育“道德模范”“最美员工”，深入挖掘和选树职工身边的先进人物，组织“安徽好人”——公司员工徐贵东参加“最美人物”宣讲。广泛宣传荣获国网公司“百佳服务标兵”“安徽省十大江淮工匠标兵”“安徽省新兴产业领军人才”等荣誉称号的先进典型人物的优秀事迹。

2020 年 11 月，“安徽好人”徐贵东给青年员工开展现场宣讲

三是排查文化阵地。坚持市县一体化，系统开展文化阵地上墙标语更新、各级职工书屋封建迷信类书籍排查清理。以多元文化展厅、生动文化长廊、精品文化书屋、争先劳模文化室打造氛围浓厚的文化阵地，以一批班组文化角、一批供电所企业文化示范点，双层面地构建公司“大文化”格局。

四是创新传播模式。运用官方微博、微信公众号，制作微电影、微动漫展示公司疫情防控、抗洪抢中涌现出的险先进事迹，让思想文化传播工程“动”起来。加大文化创作力度，通过创作小品、情景剧等群众喜闻乐见的文艺作品展现企业风采。通过公司读书会平台，举办“立足岗位建功”主题读书分享和“我身边的劳动模范”主题征文。以“袁乔木农民画工作室”为平台，围绕光伏扶贫、安全生产、优质服务等题材构图，创作一批电力特色鲜明、深入人心的农民画作品。广泛收集市县公司职工企业文化建设优秀作品，打造企业文化系列丛书《点亮》《凝聚》。

五是深化“文化+”工程。夯实安全文化，开展“亲情助安”主题活动、“与安全同行”主题征文，以及“情系一线、粽送安全”“安全访谈”等系列主题实践活动，传达

“本质安全卓越文化”理念，促使员工一言一行、一举一动践行企业安全价值观。规范服务文化，结合“五星”供电所、“全能”供电所创建，实施规范营业厅建设、规范使用国网标识、规范服务标准“三规范”举措，确保服务用心、客户舒心。潜心扶贫文化，建立文化扶贫机制，因地制宜推出“专业专注”“志愿服务”“扶智行动”“阳光助学”“优质作风”五维一体的扶贫“文化套餐”，提升服务脱贫内生动力。

2020 年 7 月，公司基层党组织邀请职工家属访现场，开展“亲情助安”主题活动

（三）主要成效

1. 有力提升员工思想文化素养

充分发挥文化感染人、塑造人、凝聚人的作用，公司先后涌现出“安徽好人”、安徽省“江淮工匠”、国家电网公司“优秀共产党员”等一大批先进典型和员工楷模，以及“全国模范职工小家”“华东电力模范职工之家”等一批先进集体，切实营造了崇德向善、见贤思齐的良好氛围。

2. 有力提升公司党建工作质效

将思想文化建设纳入党建工作同部署、同落实、同检查、同考核，发挥文化引领力，通过文化登高助推党建工作登高，为基层党组织建设注入了源头活水。公司党组织先后获得国家电网公司和省公司“电网先锋党支部”称号和“池州市直五星级党支部”等荣誉。

3. 有力助推公司安全规范发展

内外“交互式”文化阵地作为员工教育基地、企业文化展示阵地、文明创建高地，解决了文化辐射范围小、影响力不足等问题，增强了企业凝聚力和向心力，为企业健康持续发展提供了坚强的精神动力、思想保证和文化支撑。

三 分析与思考

实施干部员工思想文化教育是一项综合性的系统工程。公司构筑内外“交互式”思想文化教育模式，从内、外两个维度，打造思想政治工作“交互式”传播体验，旨在深入贯彻习近平新时代中国特色社会主义思想，提升公司干部员工思想觉悟、道德水准、文明素养，凝聚广大职工的智慧和力量，为全面推动公司和电网高质量发展贡献智慧与力量。

（项目完成人：宋敏、方红兵、李慧、胡旭阳、张伦健、杨阳、章五九）

青春“正分享”
打造企业文化传播青年阵地

国网滁州供电公司

一 案例背景

习近平总书记指出：“青年兴则国家兴，青年强则国家强。青年一代有理想、有本领、有担当，国家就有前途，民族就有希望。”

2020年，国网滁州供电公司党委深入贯彻落实国家电网公司、安徽省公司各项工作部署，坚持党建带团建，将企业文化建设和战略目标的落地实践作为工作中的重中之重，高度重视青年成长，依托“正分享”青年工作室，聚焦国网公司企业文化、战略目标的全面落地、深入人心，创新形式、交流研讨、指导实践，共计有755名青年、16个团支部参与学习教育和主题实践活动，全面引导广大团员青年学进去、讲出来、干精彩。

二 案例内容

（一）工作思路

举办“三读一分享，三课一实践，三队一品牌”活动，定期组织青年员工开展读书、分享、讨论、主题实践，为青年提供一个学有所思、思有所想、想有所创的活动阵地，让青年学进去、讲出来、干精彩，构建青年“学思研创”成长体系，打造滁电品牌。

“三读一分享”是通过读党的理论书籍，读传统文化书籍和读专业书籍，分享读书感悟。通过三读，使广大青年坚定理想信念，厚植文化底蕴，在知行合一中提升专业技能。

“三课一实践”是通过举办追梦学堂、琅琊课堂、青工大讲堂，开展主题实践活动。通过举办分享青年马克思的追梦学堂、分享传统文化的琅琊课堂、分享专业知识的青工大讲堂，鼓励青年走上讲台探讨交流，碰撞思维，拓宽专业知识。

“三队一品牌”是通过创建青年突击队、青年创新团队、新媒体团队，打造滁电品牌。通过队伍建设，不断提升基层青年党务和业务水平，形成合力，促进党建工作与企业中心工作相融共促，打造滁电青年“正分享”学思研创品牌。

（二）具体措施

1. 聚焦主线，深刻领会学进去

理论武装，乐学深思。坚持用习近平新时代中国特色社会主义思想把舵定向、立心铸魂，组织青年员工定期开展读书分享活动，培养浓厚学习兴趣，学习历史知识与优秀传统文化，认真领悟马克思主义深刻内涵，将学习从需要上升为习惯，做到“乐学、深思、力践”。

2020 年 4 月 28 日，国网滁州供电公司“追梦学堂·青马课”首次线上开讲

企业文化，入脑入心。依托“青年工作室”，组织青年员工学习《企业文化建设工作指引 2020》，开展“我为公司战略添精彩”合理化建议活动，提高对国网战略目标的认知认同。在公司办公环境中充分营造战略宣传氛围，在公司网站、大屏上展示一图看懂国家电网战略体系，引导青年员工学懂重大意义、领会丰富内涵、弄通本质要求。

劳模引领，示范带动。重点宣传身边的典型，挖掘新获评的全国劳模马艳，扎根继电保护一线 30 年的先进事迹，在青年员工中广泛宣传，发挥典型引路作用，激励青年员工立足岗位建功立业。

2. 丰富载体，联系实际讲出来

举办“阅新知、悦分享、越成长”读书分享活动。组织青工在“青年工作室”选书、读书，定期开展读书分享活动，帮助青年坚定信仰、提升素养，在分享中融会贯通，获得成长。在“青年工作室”，青年员工通过看视频、学原文、上团课、手抄报、大擂台、小测试等丰富的学习形式，感知战略目标与所在岗位的内在联系，畅谈对战略目标的理解、业务岗位的认识和工作收获的感悟，让国网战略目标真正走进青年员工的心里去。

组建“企业用能优化分析”柔性工作小组。由互联网办、综合能源分公司、营销部和运检部等部门青年员工组成“企业用能优化分析”柔性工作小组，采用灵活方式开展企业用能优化分析研究工作。小组成员通过走访苏滁开发区企业，记录企业需求，现场解决基本电费问题；同时针对企业需求，制定个性化的用能解决方案，回访企业，解决企业用能问题。

2020 年 7 月 9 日，国网滁州供电公司团委举办“阅新知　悦分享　越成长”读书分享会

2021 年 2 月 26 日，国网滁州供电公司团委举办“青力青为”说安全辩论赛活动

开展“青工大讨论”。国网滁州供电公司团委围绕“2035 年对你意味着什么?”“你眼里的战略目标是怎样的?”“战略目标离你有多远?”三个问题，组织青工开展大讨论，引

导青年讲出认识、讲出责任、讲出担当。青年员工结合学习和工作实际，阐述自己对企业文化、战略目标的认识和理解，明确实现战略目标对自身岗位的职责要求、职业生涯的规划影响。

举办能源互联网论坛。紧跟当前新发展形势，在公司范围内营造全员学习和研讨“建设具有中国特色国际领先的能源互联网企业”战略目标的氛围，公司主要领导参与论坛发言，推动员工能力建设，培养青年员工的系统性思考能力、科技创新能力、团队合作能力。将论坛打造为助力滁州公司探索能源互联网前沿理念和先进技术的重要窗口，为青年员工接触能源互联网前沿领域、培养积极探索精神，提供系统化思维和国际化视野的重要平台，搭建与系统内外前沿团队建立合作的桥梁。

3. 知行合一，脚踏实地干精彩

履职尽责，助力完成重大保供电任务。市场及大客户党支部青年党员组成青年突击队，在配电扩容和线路改造中发挥模范带头作用，为城区所有中高考考点电力设备开展“体检”，测算新装空调使用负荷情况，制定应急预案，实行 24 小时值班制度，保障空调正常使用。

主动作为，积极融入“长三角”。公司青年党员服务队主动对接南京永宁供电所，选取滁宁交界处鹿源生态度假农场作为共同服务对象开展现场服务，检查农场用电设施，排查安全隐患，宣传夏季安全用电知识，为客户提供双重优质服务保障，有效提升“长三角”城市供电企业共享互联水平。

2020 年 4 月 13 日，国网滁州供电公司青年志愿者助力脱贫攻坚

党团携手，推动建功行动干精彩。建设部党支部依托党建“三级联创”项目，组织青年党员开展“现场演练微课堂”“安全教育我来说”等活动提升参建人员安全意识。以“三亮三比”“区岗创建”“青年安全生产示范岗”为载体，倡导“零违章”，引导全员自觉履行安全职责。2020 年疫情防控期间，党员突击队、党员先锋岗冲锋在前，发挥示范带头作用，“党建＋基建”保证三个电压等级输变电工程在全省实现了“三个率先”。

2020 年 9 月 18 日，国网滁州供电公司青年在来安县施官镇龙山水稻种植基地学习秋收知识

（三）主要成效

一是筑牢青年员工思想根基。依托“正分享”青年工作室，深化思想道德教育，发挥先进典型的作用等，使青年员工对国家电网企业文化、战略目标入脑入行，不断深化认同，从而提升了青年员工归属感、自豪感和责任感。

二是助推青年成长成才。围绕国家电网公司战略目标，有步骤、有重点地推动实施青年员工培训计划，助力青工快速适应电网工作节奏，逐步提升个人专业水平和管理沟通协调能力。青年员工贯彻落实国家电网公司、安徽省公司各项决策部署的执行力、凝聚力和创造力不断增强。

三是促进青年员工将个人发展和公司发展相统一。通过“三读一分享，三课一实践，三队一品牌”系列活动，激发青年员工的才能才干，锤炼干事创业的职业精神，在工作中接受挑战，在实践中破解难题，为自身发展打好坚实基础。通过持续深化“正分享”青年工作室动态管理，有效助推青年员工创新创效，为公司高质量发展注入青春活力和创新动力。

三　分析与思考

打造“三读一分享，三课一实践，三队一品牌”的“正分享”青年工作室是践行国网公司战略目标的生动实践，有效地将国网公司企业文化传播融入青年工作中，对于新时代如何开展青年员工思想文化教育有一定的借鉴意义。从项目实践来看，其组织形式、具体举措、实践方法等都具有实际操作性和可推广性；从实施成效来看，其既是打造文化传播阵地的有益实践，也为青年员工搭建了展示自我、发挥潜能的平台，又为服务地方经济发展产生积极正面作用，从而促进公司长远发展，创造了较为显著的实际效益和经济效益。

（项目完成人：魏倩霓、裴雯、宫建峰、苏雪娟、陈滢滢）

发挥先进典型引领作用

以榜样为引领的企业文化工作探索与实践

国网亳州供电公司

一 案例背景

习近平总书记在2020年全国劳动模范和先进工作者表彰大会上指出："全社会要崇尚劳动、见贤思齐，加大对劳动模范和先进工作者的宣传力度，讲好劳模故事、讲好劳动故事、讲好工匠故事，弘扬劳动最光荣、劳动最崇高、劳动最伟大、劳动最美丽的社会风尚"。《新时代公民道德建设实施纲要》也指出："推动践行以爱岗敬业、诚实守信、办事公道、热情服务、奉献社会为主要内容的职业道德，鼓励人们在工作中做一个好建设者。"在全面落实上述要求过程中，尤其需要在榜样树立的理论和实践层面制定出具体可行的工作目标、工作体系、实现路径和考核办法，使之形成一套完整、有效、可推广的榜样打造体系，更好指导以榜样为引领的企业文化工作实践。本项目具有比较完整严谨的实施思路，从优秀榜样引领，到身边榜样选树，再到培养榜样、宣传榜样、打造榜样。其中宣传榜样借助微视频、微传播等新颖方式进行，便于在公司传播学习，使广大职工看得见、摸得着、记得住。以榜样为引领的企业文化工作探索，旨在做到点亮一盏灯、照亮一大片。

二 案例内容

（一）工作思路

榜样是看得见的哲理。先进典型、英雄模范往往思想进步、品格高尚、业绩突出，其精神魅力于无形中让职工的灵魂受到触动、思想得到洗礼。习近平总书记就曾经谈及焦裕禄等先进典型对他产生的影响，无论上山下乡、参军入伍，还是做领导工作，他始终不曾忘记焦裕禄同志的形象，这对于他树立坚定理想信念有很重要的影响。可以说，榜样是最好的参照系，选择向谁看齐，与什么人对标，会对职工的思想境界、价值观念和人生追求产生巨大影响。亳州公司运用"学、树、育、宣、带"五步法，倾力打造"榜样"队伍。

（二）具体措施

1. 开展学习，营造氛围

以“学榜样当先锋”为主题，广泛开展光明战“疫”主题故事大讲堂等形式多样的学习宣传活动，大力宣传抗击新冠肺炎疫情期间和复产复工以来职工身边的优秀典型事迹，以鲜活的榜样力量教育、激励、鼓舞广大职工。分层开展“先进模范巡回讲堂进基层”活动，按照“既严谨又生动”的要求，创新方式方法，提高针对性、实效性，广泛交流经验，主动设置讨论话题，增加互动性，激发广大党员干部职工的参与热情。以“一人一部微电影”等形式，借助“两微一端”新媒体，全面立体呈现先进典型形象，增强先进典型的影响力、传播力。突出工作实际和专业特色，将“学楷模当先锋”岗位建功行动与“不忘初心、牢记使命”主题教育结合起来，做到主题行动全员参与、先进典型深入人心，在全公司营造学楷模当先锋、立足岗位建功的浓厚氛围。

2020 年 5 月 9 日，国网亳州供电公司举办光明战“疫”主题故事大讲堂

2. 选树典型，树立榜样

坚持边学边树，学树结合，按照“长期挖掘、持续选树、集中宣传、超前策划”的工作方法，在“学楷模当先锋”岗位建功主题行动实施过程中，及时挖掘扎根一线、思想觉悟高、责任心强、业务过硬、勇于创新的先进典型，动态更新先进典型数据库，并区别不同层次的先进典型，分别制定差异化的培养方案，积极向上级推荐申报。

通过工作汇报、走访调研、座谈了解、劳动竞赛等方式和“先进工作者”“先进集体”“优秀共产党员”“优秀党组织”等平台，多层面、多角度、多领域挖掘不同层面、不同专业的先进典型；并从中层干部、管理人员、一线人员中选树一批业绩突出、尽职尽责的榜样，以期不同岗位的职工找准“参照系”，与相应岗位的“榜样”对标，让榜样看得见、身边化。今年以来亳州公司先后培育选树了国网公司表彰的优秀共产党员及抗击新冠肺炎疫情功勋个人刘杨、全国劳动模范李子杰、2020 中国好人庞朝栓等。

2020 年 6 月 9 日，公司员工、全国劳模李子杰（左）向农业种植专业户宣传农村安全用电知识

3. 着重培育，促进成长

亳州公司不仅注重发掘榜样，还注重有意识、有步骤地培养先进典型。把思想素养好、业绩突出、善于学习的职工放在重要岗位或突击任务中去，如驻守在扶贫村的党员干部，让他们在实践中更快成长，并在提拔晋升、教育培训等方面优先考虑，借此培育出更多践行企业宗旨的“榜样”。

4. 丰富渠道，注重宣传

运用橱窗、报刊、展板、会议、微信等各种媒介，多渠道地宣传榜样，坚持用身边人带身边人，用身边事教育身边人，扩大榜样的影响力和号召力，充分发挥榜样的力量。通过道德讲堂、人物事迹大讲堂、展板等形式展示榜样，激励广大职工见贤思齐、择善而从，努力让讲道德成为一种习惯，让讲文明成为一种时尚。

5. 不断深化，持续带动

亳州公司在已形成先进模范梯队的基础上，组织广大党员干部员工通过道德讲堂、班组讲堂和职工讲堂以及网络平台等，广泛传播先进典型的精神内涵，努力形成向先进学习、向典型看齐的比学赶超的良性互动氛围，使立足岗位创先争优成为全员的自觉行为和价值追求；并通过建立“劳模工作室”“党员示范岗”“师带徒”等活动，发挥榜样的示范、引领、带动作用，影响广大职工在比学赶超的氛围中创先争优，从而达到以点带线、扩面引领和推动企业健康发展的目的。

（三）主要成效

1. 学习榜样，营造赶比超氛围

2020 年 5 月，亳州公司开展劳模工匠风采主题展演比赛暨“五四”表彰活动。通过讲述身边劳模的先进事迹，热情讴歌广大干部职工在电网建设、安全生产、优化营商环境方面勇于创新、锐意进取的工作作风。在场青年员工无不热血沸腾，立志向榜样学习，为公司做贡献。此外，还加强榜样选树统计，对公司优秀共产党员、劳动模范等楷模人物开展访谈式调研，逐步明确打造榜样的清晰路径，建立比较完整的、严谨的实施思路。对市县公司先进模范选树宣传基础数据建立调查表，统计共 69 名先进个人及 29 个先进集体。他们主动承担核心业务，践行各项指标，着力提升业绩水平；勇于担当，吃苦耐劳，在关键时刻站得出来，危险关头豁得出去。

2. 打造榜样，融入党建中心工作

以榜样为引领，教育广大党员群众坚守服务宗旨，争当甘于奉献的先锋。牢记“人民电业为人民”企业宗旨，主动参与共产党员服务队的活动，进行党性锻炼，在为群众办实事中作表率，以实际行动架起党群连心桥。2020 年，亳州公司共计开展党员服务队活动 52 次，出动队员 500 余人次，设立社区工作站 50 个，为企业、学校、社区等各类人员常态提供“五个服务”。

例如，在学雷锋月、“六一”儿童节等重要节日期间结合公司“光明驿站”“学雷锋示范点”到学校开展电力安全知识讲座，并为留守儿童带去了学习、生活用品，为学校检查线路，解决学校经常跳闸的问题。在中高考保电等重大活动期间，组织志愿分队、政治保电应急抢险分队、益源抢修分队在亳州二中、八中等考点提供志愿服务及政治保电服务，在考场外发放考试用品及校园用电安全宣传手册等。2020 年 6 月份利辛公司分队队员姜伟之成功捐献造血干细胞，是全国第 8512 名捐献造血干细胞的爱心志愿者，也是安徽省电力有限公司第二位、亳州市第十例捐献造血干细胞的爱心志愿者。

2020 年 6 月 1 日，国网亳州供电公司青年志愿者至亳州市五马八里小学光明驿站为留守儿童讲解安全用电知识

3. 树立榜样，固化榜样打造流程

今年以来，亳州公司选树国网公司优秀共产党员 1 名，省公司优秀共产党员 2 名，市

公司优秀共产党员6名；选树国网公司优秀电网先锋党支部1个，省公司优秀电网先锋党支部1个，市公司优秀电网先锋党支部3个；选树亳州市青年文明号1个，青年文明号标兵单位1个。激励各级党组织和广大党员牢记初心使命、主动担当作为，从学习“时代楷模”“改革先锋”张黎明以及公司典型代表许启金等先进模范人物为始，从优秀榜样引领着手，到身边优秀先进模范人物的选树，再到培养榜样、宣传榜样、打造榜样，固化榜样打造流程，健全先进典型培育选树机制，推动党内教育常态化、制度化，优化党组织党员发挥作用载体，建强党组织党员工作阵地，逐步探索以榜样为引领的党建工作，全面增强基层党组织主动性、创造性，促进企业党建工作科学化水平持续提高。

三 分析与思考

本项目虽取得一定的成绩，但仍存在部分问题，如：向基层班组延伸不够，挖掘出的榜样数量还比较少，在基层有很多立足岗位、默默奉献的“电工”待挖掘、待肯定。在宣传方式上还比较单一，仅仅是在“几篇新闻里”或是“几个文件里”，缺少了生命力和生机。

下一步计划从以下几个方面继续发力：

（1）在延伸基层方面：注重把挖掘榜样的工作层层压实，把那些为企业做出贡献的职工充分发掘出来，形成较强的示范规模。

（2）在宣传手段方面：结合新媒体，进行人性化、接地气的宣传，并汲取不同群体的智慧力量，群策群力，增强影响力。

（3）在推广学习方面：让榜样走向班组、走向业务一线、走向青年，在学习探讨中不断增强影响力，以期形成更好的“头雁效应”。

（项目完成人：李君、赵亮、胡阳、张钊瑞）

实施先进典型引领工程
助力思想政治工作提质增效

国网合肥供电公司

一 案例背景

立足新阶段新形势，国网合肥供电公司聚焦国家电网公司战略目标，不断加快转型升级和改革创新步伐，积极争创“一体三化”现代能源服务一流示范，这对员工的能力素质、工作干劲、创新精神等方方面面都提出了更高要求和期待。

习近平总书记指出：“善于抓典型，让典型引路和发挥示范作用，历来是我们党重要的工作方法。”国网合肥供电公司党委把运用先进典型宣传教育引导职工群众作为企业思想政治工作中的一个有效方法和手段，积极正视公司典型选树成效不足的问题，在典型引领上营造氛围、典型培育上下实功夫、典型选树上加大力度，引领带动广大干部职工学先进、争先进、超先进，为公司改革发展贡献最强力量。

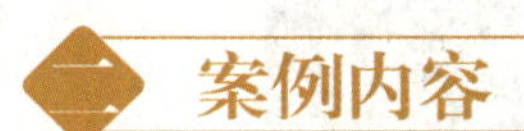

二 案例内容

（一）工作思路

公司党委以习近平新时代中国特色社会主义思想为指导，以树导向、聚人心、激活力、促发展为目标，充分发扬典型的示范引领作用，实施先进典型引领工程，在宣教、培育、选树上不断做深做细，引领广大干部职工把思想和行动都集中到学习先进、争当先进、赶超先进上来，以敢为人先的勇气、实干在先的志气、创新争先的锐气全力应对公司改革发展中的一切困难和挑战。

（二）具体措施

1. 构建立体式的宣教体系，奏响典型引领主旋律

公司把运用先进典型宣传教育引导职工群众作为思想政治工作中的一项长期基础性工

作，构建“线上＋线下”“书面学＋现身教”以及点面相结合的宣教体系，形成宣传典型、学习典型的浓厚氛围。

线上利用公司网页、微信公众号等媒体平台，以精准扶贫、防疫防汛、迎峰度夏、战略落地、我为群众办实事等重点工作落实为主题，常态开展“树典型　学先进”职工风采展，结合学雷锋月、劳模月以及建党节等节日深入宣传先进典型事迹，使榜样的精神力量时刻萦绕在职工周围。线下每季度开展道德讲堂活动，每月结合三会一课、主题党日等组织生活，组织干部职工向雷锋、王进喜、黄大年等道德典范、时代楷模学习，汲取向上正能量；举办劳模事迹宣讲会、职工大讲堂、“听典型说党史、学典型办实事”等活动，邀请系统内外先进典型现身说法讲述身边故事、党史故事等，以身边榜样教育感染身边人。同时采用点面结合方式，以公司先进典型的名字命名打造孙建明劳模创新工作室、王峰精益安全工作室等，创建“同心同筑”党建特色品牌、“杨忠”共产党员服务队，充分发扬先进典型的示范带动作用；开展“我身边的先进典型”主题演讲比赛、摄影展、书画展等活动，打造企业文化长廊，发动广大职工以文学作品、艺术作品等形式，展现先进典型风采，扩大典型辐射效应。

2020 年 7 月，国网合肥供电公司开展“防汛”主题职工风采展

2. 打造金字塔型的群英榜，弹好典型培育主题曲

公司系统梳理历年来选树的先进典型，综合当前在重点工程、重大竞赛、抢险救灾或宣传推广中涌现出的一些先进个人或集体，按照示范、重点、储备进行分层：示范即获得过全国荣誉、已在全公司范围内发挥引领作用的先进典型；重点即获得过省级及以上荣誉、在公司一定范围内发挥引领作用的先进典型；储备即获得过市级及以上荣誉、在公司一定范围内获干部职工认可的先进典型。同时，从先进典型的基本情况、主要业绩、获得荣誉、作用发挥、社会贡献、群众认可、性格特点等方面进行“人物画像”，按照劳模工匠、抢险救灾、奉献社会、巾帼建功四种类型进行分类打造，从而建立起三层四面的金字塔型群英榜，以此激励广大干部职工崇尚先进、争当先进。

针对榜上的每一位典型，公司根据各类别的培育特点，明确培育的责任主体，实施跟踪式、对照式的长期深度培养，进一步发扬长处、弥补短处。坚持组织公司先进典型参加

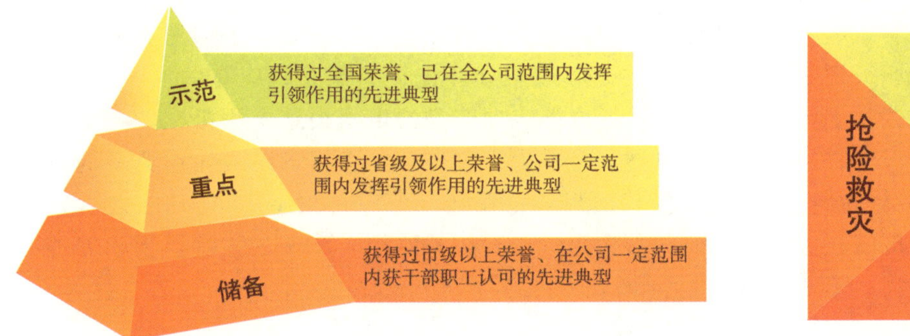

国网合肥供电公司三层四面金字塔型群英榜

系统内外相关培训、竞赛等，促使其在思想上、知识上、技能上、眼界上实现综合提升，亮出风采。坚持让先进典型主持或参与公司重点工程、重大科技创新攻关项目，促使其充分发挥先进性和示范性，在实践中获得经验积累和历练成长。坚持组织先进典型承担党员突击队或党员服务队工作，在急难险重、志愿服务中锤炼品格，贡献力量，促使其得到社会和群众认可。

3. 搭建多维度的成长路径，唱响典型选树最强音

公司始终把先进典型作为企业的无形资产和宝贵财富，坚持为先进典型搭建多条成长路径，充分激发他们的主观能动性，促使大家在更高平台、更宽领域、更大范围发挥引领作用，树立公司形象，同时激发员工“比学赶超”的动力和热情，为公司改革发展做出更多贡献，创造更多辉煌。

2021 年 7 月 2 日，国网合肥供电公司员工张作盛参加合肥市“七一”表彰大会

政治上，搭建政治理论学习平台，引导先进典型不断提高政治站位，提升理论素养，积极推选他们成为各级党代会、职代会、工代会代表，在更高平台发出公司声音。专业

上，创造更多的历练机会，激励先进典型不断提升专业技能水平，积极参与社会上、行业上的技能等级评定等，成为推动新时代电力行业发展的专家。职级上，根据先进典型的层级和作用发挥，在职级评定上给予一定的倾斜政策，让先进典型获得应有的地位和尊重，发挥更大的作用。荣誉上，拓展、畅通系统内外各项荣誉的申报渠道，积极推荐各层级先进典型申报更高等级荣誉，提升公司典型的影响力。宣传上，根据各层级先进典型的业绩和事迹，在更高等级的社会、行业媒体上加强对公司典型的宣传报道，扩大社会知名度，增强人民群众的认可度。这一系列的举措为先进典型成长厚植了肥沃的土壤，激励着他们不断进步、不断提高、不断成熟。

（三）主要成效

一是形成了见贤思齐的良好氛围。通过立体式的宣教传播，公司广大员工积极向先进典型学习，培养了统一的价值观和价值追求，在疫情防控、复工复产、脱贫攻坚、抗洪救灾等大战大考中勇于担当、甘于奉献，涌现出国家电网公司抗击新冠肺炎疫情先进集体瑶海中心党支部、合肥市优秀共产党员张作盛、合肥好人李萍等一批新的典型。

二是激发了干事创业的内生动力。公司打造群英榜让每一位先进典型得到尊重和赞美，给各单位带来了荣耀和肯定，激励着各单位、各专业员工比学赶超、争先进位、奋发有为、干出精彩。在典型的引领带动下，公司打造了始信路融合示范站等一批试点示范项目，获国家电网公司认可，被中央电视台报道，合肥市“获得电力”指标也首次迈入了全国“优秀”行列。

三是展现了公司良好的精神风貌。通过不断地宣教、培育、选树，使公司典型选树工作形成了良性的循环机制，员工的精神面貌不断提高。公司连续十年蝉联全国文明单位，所辖肥西县公司获第六届全国文明单位，忠旗共产党员服务队获全国电力行业雷锋式先进集体，均展现了公司良好形象。

三 分析与思考

先进典型代表着企业形象，影响着企业员工的价值导向。着眼新阶段、新任务、新特点，公司实施先进典型引领工程，建立健全宣教、培育、选树等长效机制，让员工不断成长为新阶段下符合时代特征的先进典型，让先进典型在新形势新任务下发挥出最大的价值，这为公司发展提供了源源不断的人才动力，为公司在新的征程上创造新业绩、铸就新辉煌凝聚了强大力量。但学习选树先进典型不是一蹴而就的事情，是需要长期坚持的持续性工作，需要企业与先进典型个人共同的努力。公司探索建立的先进典型引领工程已经取得了阶段性成效，但还需要继续刚性坚持下去，在重大典型培树上下更大力气，不断塑造提升公司内外形象。

（项目完成人：杨春波、程斌、何作为、夏俊丽、孙涵、陈冬琪、强丽丽）

实施“五星工程”以典型引领思想政治工作提质增效

国网阜阳供电公司

一 案例背景

《中国共产党国有企业基层组织工作条例（试行）》规定：“坚持以社会主义核心价值观引领企业文化建设，传承弘扬国有企业优良传统和作风，培育家国情怀……弘扬劳模精神、工匠精神，大力宣传、表彰先进典型，发挥示范引领作用。”国网阜阳供电公司将社会主义核心价值观与企业实际相结合，让社会主义核心价值观在每一个企业职工心中开花结果，进一步发挥榜样示范、典型引领作用，营造比学赶超、创先争优的良好氛围，为推进国网战略目标落地实施凝聚强大力量。

（一）工作思路

国网阜阳供电公司紧紧围绕国网战略目标，突出党建引领，选树、培育企业发展中的优秀集体和个人，通过绩效考核、表彰表扬、事迹展示等多种渠道，全方位、多维度“树星”，把先进的事迹升华为具象的企业文化，让员工切身体会到身边的感动，以文化的力量鼓舞人，从而汇聚成企业向前的引领力、推动力，助力国网战略目标的实现。

（二）具体措施

1. 组织之星——以月度量化积分评选“流动红旗”为抓手，选树先进基层党组织

牢固树立“公平、公正、公开”原则，突出为基层减轻负担导向，持续优化基层党组织量化积分考评机制，动态调整、发布考核项，定期公布、兑现考核结果，提升考核针对

性、精准性。注重“抓两头、带中间”，定期评选党建“流动红旗”，策划开展先进典型主题宣传，通过选树党建工作示范点、党建登高特色案例、电网先锋党支部标兵等先进基层党组织，长效提升党组织标准化建设水平。

2. 党员之星——以绩效评价为主要依据，选树岗位建功的优秀共产党员

在全体党员中深入开展“三亮三比”岗位建功活动，让党员的先锋模范作用在岗位上得到充分发挥。

（1）以肯干事体现担当。广大党员知重负重，攻坚克难，用强烈的责任感激发工作热情。

（2）以会干事体现能力。坚持理论联系实际，持续提升个人党性修养，遵循客观规律，坚持实践实干。

（3）以干成事体现落实。树立正确政绩观，把各项工作往实里做、往实效处做。

（4）以不出事体现干净。既勇于改革，开拓创新，又不碰红线，不越底线，清正廉洁。

3. 攻坚之星——以在急难险重任务面前能否勇挑重担为评价点，选树创先争优的先进典型

在2020年的抗击新冠肺炎疫情、淮河流域抗洪救灾、迎峰度夏等期间，保供电形势严峻，任务繁重，国网阜阳供电公司党委号召全体党员攻坚克难，广大干部群众积极响应，一大批基层党员、业务骨干以大无畏的精神忘我付出，无私奉献，赢得了抗击疫情、抗洪保电、高温大负荷期间安全供电的全方位胜利，赢得了地方党委政府、社会各界的高度评价和广泛好评。

2020年2月16日，国网阜阳供电公司开展助力
王家坝各庄台复工复产安全用电启动仪式

2020 年 7 月 5 日，国网阜阳供电公司开展
“小红帽”共产党员服务队进社区活动

4. 服务之星——以在为民服务中突出表现为抓手，在“小红帽”共产党员服务队中选树先进

深化阜阳“小红帽”共产党员服务队建设。突出“1＋N”社区服务模式，积极开展社区联建活动，针对社区特点，不断拓展服务的深度和广度，制定联建社区服务活动方案，编制“一书两表”服务模本，提升便民服务质效，建立 19 个社区工作站。评选“政治服务、抢修服务、营销服务、志愿服务、增值服务”标兵，制定“五大服务”标兵评选办法，对年度优秀队员进行评比和嘉奖，进一步激励队员的积极性和主动性。

2020 年 4 月 23 日，国网阜阳供电公司开展世界读书日
“青年悦读”活动主题读书活动

5. 文化之星——以传承文化弘扬美德为依托，选树“供电好人”

组织开展“供电好人·季度之星”评选工作，从“爱岗敬业”“诚信友善”“扶贫助困”“孝老爱亲”四个方面，挖掘选树群众身边的各类好人。实行季度评选、季度宣传、年度表彰的评选工作机制，采用现场投票和专家评审相结合，严把评选关。以“道德讲堂”“先模巡回讲堂进基层”等群众喜闻乐见的形式，在公司系统内开展学习宣传活动，彰显榜样力量，并积极通过新闻网页、微信公众号等载体，报道“供电好人”先进事迹，激励广大干部职工积极践行社会主义核心价值观。

（三）主要成效

通过实施“五星工程”，积极向上的文化氛围日益浓厚，以文化人的作用充分发挥。广大职工贯彻落实公司战略的自觉性更加坚定，为民服务意识持续增强，干事创业的精气神有效激发。

1. 党建引领建新功

党建工作的量化、督导、考核、评选机制，推进了基层党组织标准化规范化建设，使其常态化管理水平明显提升，各支部之间互学互促互进的良性竞争力迸发。2019 年以来，国网阜阳供电公司党委先后获国网安徽省电力有限公司“红旗党委”、阜阳市五星级标准化党委、阜阳市直党建工作“先进单位”等称号，8 个基层党支部获评阜阳市五星、四星级标准化党组织。

2020 年 6 月 23 日，国网阜阳供电公司开展
“供电好人”抗洪保电先进事迹分享活动

2. 典型示范显担当

在“五星”的选树和培育过程中，涌现出一批攻坚克难、诚信友善、孝老爱亲等先进

典型，形成了以点带面的示范效应，推动公司各项工作不断取得新进展。尤其在抗洪救灾保供电中，先进典型的事迹被中央电视台、新华社、人民日报等中央媒体和阜阳本地主流媒体、新媒体多次报道。国网阜阳供电公司抗洪救灾电力保障工作还得到了习近平总书记的赞许。2018 年至 2020 年，公司共表彰 90 名季度供电好人、10 名年度供电好人，在阜阳供电系统营造了崇德向善、见贤思齐的良好风尚。

3. 用心服务树形象

阜阳“小红帽”共产党员服务队用心擦亮服务品牌，提升了用电客户的电力获得感。2018 年至 2020 年，服务队累计开展各类活动近 800 次，直接服务客户 4200 余人次，定点帮扶困难群众 22 人，捐助资金 7 万余元。学习强国、人民网、新华社、国家电网报等媒体宣传报道服务事迹累计 70 余篇，服务队先后获得国家电网公司青年志愿服务先进集体、安徽省第五届青年志愿服务项目大赛一等奖、安徽省“我最感动的江淮志愿服务”优秀集体典型、安徽省电力公司志愿服务优秀集体等荣誉称号。

三 分析与思考

企业文化植根于企业，源于实践，源于员工，同时又滋养着企业，熏陶着员工。长期以来，不少企业把企业文化作为一个单项工作来做，脱离了企业的发展初衷和广大员工的工作实际，变成了“两张皮”，导致出现“企业文化工作者出力不讨好，一线员工不欢迎、不待见”的尴尬局面。国网阜阳供电公司以实现国网战略目标为导向，通过实施“五星工程”弘扬积极向上的主旋律、正能量，把看得见、感受得到的“身边的人、身边的事”升华为企业文化，凝聚共识与力量，在企业员工中引发良性互动、互促互进，真正形成了崇德向善、见贤思齐的良好风尚。

（项目完成人：张允林、张子云、饶瑞南、齐丹梅、孙文婷）

推动优秀文化传播

革命文化涵养党内政治文化创新实践

国网安徽党校（培训中心）

党的十九大报告指出，文化是一个国家、一个民族的灵魂。革命文化是中国特色社会主义文化的三大组成要素之一，是党内政治文化的“魂”。

开展革命文化涵养党内政治文化创新实践项目是深入学习贯彻习近平新时代中国特色社会主义思想，落实全国国有企业党的建设工作会议精神，将公司战略目标细化落实到企业文化建设领域的创新举措；同时也是扎实开展“旗帜领航·三年登高”计划，着力实现“立根铸魂”思想登高的具体行动。高举党的旗帜，强化文化驱动，用党的革命传统、优良作风为党内政治文化建设提供源源不断的正能量，教育引导广大党员牢固树立“四个意识”，坚定“四个自信”，做到“两个维护”，为推动公司战略落地凝心聚力。

（一）工作思路

以习近平新时代中国特色社会主义思想为指导，按照习近平总书记提出的“把红色资源利用好、把红色传统发扬好、把红色基因传承好”要求，聚焦革命文化所具有的忠诚品质、担当意识和创新精神，从组织体系、资源平台、行为模式三个方面着手，以革命文化涵养党内政治文化，实施“旗帜领航·文化登高”行动，为建设具有中国特色国际领先的能源互联网企业提供强大精神动力。

在公司党委领导下，公司党校和基层单位党组织深入挖掘安徽省域红色资源，通过完善辐合式红色教育体系，共建共享革命文化教育培训基地，开发红色资源图谱，编写教育读本，开展丰富多彩的教育活动等，在公司范围内形成学习、传承和弘扬革命文化的氛围，从思想上激发全体员工践行公司战略的原动力，推进“一体三化”现代能源服务企业建设。

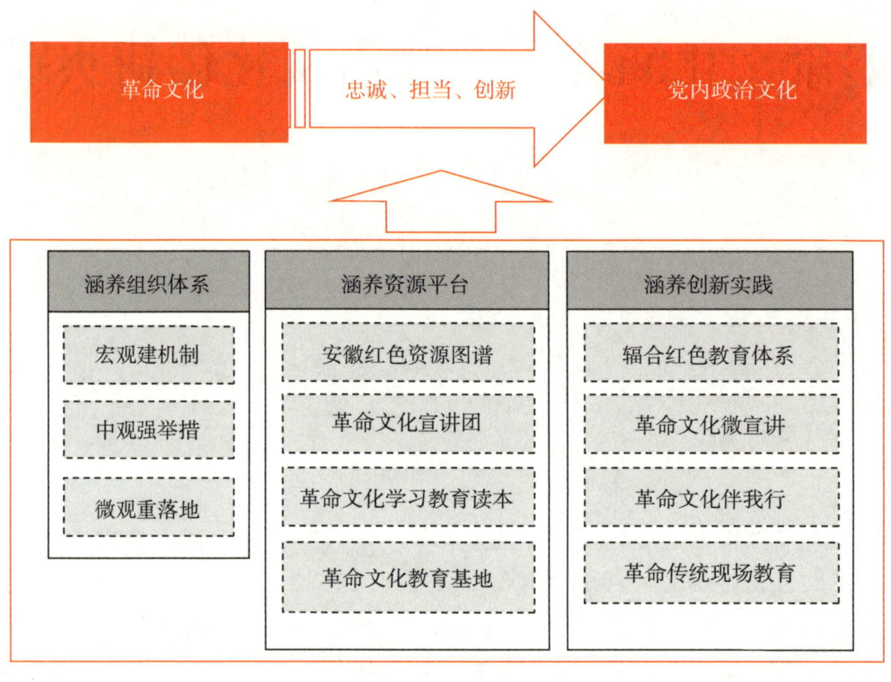

工作思路图

（二）具体措施

1. 构建组织体系

按照公司牵头组织和统筹谋划、公司党校策划设计、基层党组织具体落实的思路，形成党建引领、协同推进、共建共享、全员参与的工作格局。

（1）宏观建机制。公司层面制定项目实施方案，从宏观层面进行把控，组建工作团队并充分授权，通过党建工作月度例会，对项目实施情况进行管控和指导。

（2）中观强举措。公司党校成立工作小组，开展调查研究、构建课程体系、共建共享平台等，组建宣讲团，开展党员干部培训，指导基层单位落地落实。

（3）微观重落地。基层单位积极响应和支持项目实施中的各项举措，大力征集素材，推送宣讲员，并利用红色资源开展丰富多彩的党员教育活动和各类职工培训。广大员工积极参与“革命文化伴我行”活动，主动接受革命传统教育。

2. 打造资源平台

（1）开发安徽省红色教育导引图谱和微信小程序。深入挖掘安徽省域红色资源，按照“党史、新中国史、改革开放史、社会主义发展史”维度进行教育实践分类，按照党性教育、担当教育、国防教育等进行课程建设归类，形成图文并茂的安徽省红色教育导引图谱。开发设计红色资源微信小程序，为各级党组织开展革命文化教育培训提供资源信息平台。

安徽省红色教育导引图谱和微信小程序

（2）组建革命文化宣讲团。面向系统广大员工，通过基层单位推荐、项目组遴选等形式，组建“革命文化宣讲团”。分期对宣讲团成员进行培训，对其宣讲内容反复修改，并制作宣讲视频微党课，充实到革命文化涵养党内政治文化的线上、线下教育培训内容体系中。

（3）编写革命文化学习教育读本。结合项目实施，编写了《革命文化学习教育读本》。读本通过介绍革命文化、党内政治文化以及企业文化的内涵及其联系，结合安徽省域红色资源的内涵特点和时代价值，突出了公司系统在忠诚、担当和创新方面的践行，为教育培训提供理论支撑和实践指导。

（4）共建共享革命文化教育基地。公司党校和基层单位党组织合作，重点打造三个红色教育实践基地（小岗精神党性教育现场教学点，金寨革命老区红色教育暨阳光扶贫现场教学点，宣城电力铁军精神党性教育现场教学点）和新开发建设三个基地（黄山岩寺新四军旧址忠诚教学基地，芜湖王稼祥纪念园教学基地，合肥渡江战役纪念馆暨“七站融合”示范站创新教育基地），引导、指导有条件的单位拓展共建企业文化示范点，讲好革命文化与企业文化融合的故事。

3. 创新行为模式

（1）构建辐合式红色教育体系。借鉴职业教育理论，构建了辐合式红色教育体系，作为革命文化涵养党内政治文化的思想教育模式。辐合式红色教育体系是指通过目标体系、红色资源、教学模式、课程体系、流程管控和评估体系（六根辐），支撑革命文化传承目标（车毂）的实现，并通过持续改进（车轮持续向前滚动），实现革命文化的代代相传。

辐合式红色教育体系构成图

（2）开展“革命文化伴我行”活动。在公司系统内开展“革命文化伴我行”课程素材征集活动，收集文章34篇、视频材料12份。充分挖掘公司系统内忠于人民、勇于担当、不断创新、追求卓越，推动企业持续发展的典型人物和事件。

（3）开展微宣讲和教育培训。2020年受疫情影响，公司线下教学相对减少，线上教学相对增加。2020年，公司党校共组织处级领导人员、优秀年轻领导人员、新任党支部书记等各类培训班到金寨县、凤阳小岗村、泾县等红色教育基地学习培训1880人天。各基层党组织利用红色图谱，组织广大党员开展形式多样的革命传统教育，增强传承党的自觉性和行动力等优良传统。

（三）主要成效

（1）建立安徽省红色教育导引图谱，彰显公司社会责任担当。首次深入开展安徽省域重点红色文化资源专项调查、整理挖掘。吸纳安徽省域红色资源所蕴含的革命文化，围绕当前党内政治文化建设要求，研究阐释革命文化对公司战略贯彻落实的实践引导力和精神感召力，提炼涵养重点——忠诚、担当和创新。忠诚回答了为谁干的问题，担当明确了干什么，创新则是强调了怎样干。

（2）创建革命文化传承教育培训品牌，提升教育培训实效。在系统内首次提出辐合式红色教育体系，分层分类构建革命文化融入的教育培训体系，与地市公司共建教育培训基地。在省公司处级领导人员培训、优秀青年干部培训、省公司纪委书记履职能力“五项修炼”、党建部负责人培训、企业文化专项培训等重点培训中，采用参与式、情境式、案例式等教学方法，构建丰富活泼的革命文化课程教育形式，培训质量满意率达99.7%，提升了教育培训的实效。

（3）创新开展革命文化传播活动，营造人人参与传承的浓厚氛围。首次建立一队（文化宣讲队伍）、一书（革命文化学习读本）、一手册（革命文化教育基地培训指导手册）；

首次建设“互联网＋红色资源”平台，增强革命文化的吸引力和感染力。各级党组织有序推动，员工广泛参与，全力推进战略落地，公司上下呈现出“政治站位高、争先意识强、发展势头好”的良好局面，在抗疫情、保供电的大战大考中交出精彩答卷。2020 年安徽公司 7 人当选全国劳动模范，当选人数居国网系统第一。

表 1　部分宣讲视频课件一览表

序号	视频课件名称	提供单位
1	传承“渡江第一船”精神　繁昌变聚力攻坚再争先	国网安徽检修公司
2	渡江精神美名扬　谱写电网新篇章	合肥公司
3	三位老班长　我的好榜样	淮南公司
4	用心践行初心使命　主动作为服务为先	光明物业
5	扎根乡村大地争做供电“劳模”	亳州公司
6	长征永远在路上	铜陵义安区供电公司

三　分析与思考

传承弘扬革命文化是时代赋予我们的责任。以革命文化涵养党内政治文化，实施“旗帜领航·文化登高”行动，通过“互联网＋”、现场教育、共建共享、微宣讲等方式方法开展教育实践，基层组织和员工参与意愿强，体验感好，革命文化潜移默化融入党员思想，滋养党内政治文化，引领企业文化建设，促进公司在改革发展道路上行稳致远。

项目实践过程中，收集整理安徽省域红色资源，通过纸质版和电子版红色资源图谱，宣传安徽省域红色资源，打造红色教育品牌基地和精品课程，彰显了国家电网的社会责任和担当。

项目实践探索的过程，是革命文化涵养自身的过程，是用自身行动践行忠诚、担当和创新的过程。

（项目完成人：孙大鹏、王祥薇、徐鑫、王蕾、郝红梅、张静、金凤）

打造“相电尖兵”退役军人团队品牌传承和弘扬革命文化

国网淮北供电公司

一 案例背景

国网安徽省电力有限公司淮北供电公司“相电尖兵”品牌建设源于公司配电运检党支部，支部共有正式党员 16 名，其中有 10 位是退伍军人。运检党支部以退伍军人党员为骨干引领，推行“标准化抢修、军事化管理、专业化服务”的班组体系建设，结合党员服务队建设，全面打造一支“听党指挥、为民服务、作风优良、立岗建功”的“相电尖兵”。“相电尖兵”品牌党员服务队始终坚持“四统一、四严格”的班组文化建设，全面开展“标准化抢修、军事化管理、专业化服务”建设，切实达到“一提振、两提高、三增强”的工作成效，获国网省公司级多项荣誉。

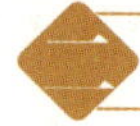

二 案例内容

（一）工作思路

深入践行习近平总书记对国家电网共产党员服务队“做好电力先行官，架起党联系群

2020 年 6 月，国网淮北公司“相电尖兵”团队开展党史学习教育活动

众的连心桥”重要指示精神，实施以退伍军人为技术骨干的“相电尖兵”党员服务队品牌建设工程。突出政治文化引领，结合党史学习教育，全力打造“听党指挥、为民服务、作风优良、立岗建功”的基层党建队伍。引入军事化管理，开展“标准化抢修、军事化管理、专业化服务”，在关键时刻冲锋在前。切实履行社会责任，实行进企业、进矿区、进园区上门服务常态化，打造便民服务圈，有效促进业务融合，以运检、带电、抢修一体化特色服务代替单纯的业务抢修，提高为人民服务的效率。

（二）具体措施

1. 成立项目小组，明确项目任务目标

为组织实施好“相电尖兵”品牌建设企业文化项目工作，持续打造品牌社会效应，公司成立以党建部、城区供服中心相关人员为成员的工作组，“线上线下”两条线推动项目实施。“线上”以微信群，线下以集中研讨会方式，全面组织落实工作。

2. 宣传品牌标识，注重对外推广宣传

结合“党建＋专业”融合，优化营商环境，革命文化涵养党内政治文化等工作新形势、新任务、新要求，以现有“相电尖兵”服务队为基础，对“相电尖兵”品牌标识、口号、宣传阵地等进行优化设计、对外宣传。

3. 明确活动计划，打造便民服务圈

主动担当作为，将军人纪律与作风融入电力员工日常工作中来，创新开展运检、带电、抢修一体化特色服务。结合重大保电任务和常态化工作制定具体活动计划，着力解决供电短板，提高服务效率，打造便民服务圈，做到让政府放心、客户暖心。

4. 倡导军人作风，履行企业社会责任

在日常工作中，服务队退伍军人将军人作风引入工作生活中，视工作安排为军事任务，以军人特有的干练和执行力，带动全体员工自觉履行社会责任，展现部队作风和退伍不褪色的军人风采。集中展示宣传退伍军人服役期间的先进感人事迹，以老照片及典型故事短片加以升华，让退伍军人进一步展现自己退伍不褪色的本色，以此引领全员提升精气神。

5. 推行军事化管理，提升抢修服务效率

将军人的优良作风和铁的纪律融入抢修服务工作中，推行“标准化抢修、军事化管理、专业化服务”的班组体系建设，明确“四统一、四严格”的规范管理要求，即统一规范备件管理、统一规范工具配置、统一规范作业流程、统一规范服务用语，严格执行准军事化内务、严格执行准军事化着装、严格执行准军事化训练、严格执行准军事化应急拉练。规范抢修人员着装、内务、值班、办公、作业、培训等标准化、准军事化管理措施，以全新的运检、带电、抢修融合为一体的特色服务代替单一的抢修服务，提升服务效率和形象，全面打造“听党指挥、为民服务、作风优良、立岗建功”的“相电尖兵”。

2020 年 7 月，国网淮北公司“相电尖兵”开展军事化管理提升抢修服务训练

6. 弘扬优良作风，助力国网战略落地

淮北市经济在负重顶压中仍处于资源型城市转型崛起的关键期，城市配电网架结构不合理、转供互带能力较弱、配电网建设标准不统一，已不能适应城市经济快速发展和人民用电量迅速增长的新形势。“相电尖兵”服务队把军人无畏困难、奋勇争先的优良作风融入配网管理中，坚持问题导向，通过统一配电网建设标准，加强设备运维管理，消除电网及用户供电隐患，加快新技术应用，从根本上提升配网供电安全能力和用电可靠性，为城市转型发展和国网战略落地贡献自身力量。

2020 年 9 月，国网淮北公司“相电尖兵”开展上门服务，确保客户安全可靠用电

7. 弘扬工匠精神，打造为民服务阵地

弘扬精益求精的工匠精神，把工作标准定位在干到最好、做到最优，使“相电尖兵”成为退伍军人的创新阵地，为员工工作创新搭建平台，为开展专利发明创新带来便利。以

“三亮三比”为平台，打造为民服务阵地。亮身份、比作风，在深入企业、小区等用电集中地方开展用电安全排查、消除安全隐患，确保客户安全可靠用电；亮职责、比技能，在迎峰度夏、节日等重大活动等关键时刻冲在前、打头阵，带动和引导广大职工积极投身于运维、抢修服务、保电工作中；亮承诺、比业绩，积极参与专业领域技术革新、管理创新，主动了解、解决客户用电难题。退伍军人主动走入工作现场、走入用电企业、走入贫困群众家中，宣传电力政策、优质服务内容、科学用电知识，上门为企业、学校、孤寡老人等排忧解难，真正做到“转作风、为人民”。

（三）主要成效

1. 有效提升政府及社会满意度

抗击疫情以来，“相电尖兵”成立抗疫保电突击队，不分昼夜 24 小时坚守疫情防控保电最前线，加强全天候值班值守、不间断巡检电网设备、第一刻消除异常缺陷、全身心保障供电可靠。坚决执行上级命令，落实上级工作部署，坚守一线、昼夜不休、带头冲锋，以最艰苦的守候、最有力的举措确保全市公共服务机构及居民民生供电安全可靠。在开展企业文化建设中，支部带领全体员工用文化引领思想、用行动践行义务、以责任体现担当，获得了政府和社会的认可，被市委、市政府联合授予淮北市先进集体。

2020 年 9 月，国网淮北公司“相电尖兵”开展应急抢修

2. 不断提升“相电尖兵”品牌影响力

通过“零距离”对接客户，打造“相电尖兵”服务队铁军，以“四统一、四严格”的规范管理要求，全面推动了应急抢修标准化、准军事化管理，达到了“一提振、两提高、三增强”的工作成效，实现日间 1 分钟、夜间 3 分钟紧急出动，20 分钟内到达现场处置。黄礼祥获评为省公司“青年五四奖章”荣誉称号和淮北好人、淮北市最美拥军人物。

三 分析与思考

1. 持续以“相电尖兵”服务队为纽带，结合党史学习教育，以“不忘初心军人显本色、牢记使命退伍不褪色”的精神开展“相电尖兵”企业文化品牌建设，使员工的思想理念、工作行为适应企业的发展，更快推动企业健康持续发展。

2. 以打造特色企业文化品牌为抓手，以“三亮三比”平台，让“相电尖兵”在班组建设中充分发挥先锋模范作用和文化引领作用，在基层班组中营造积极向上的企业文化氛围。

2020 年 10 月国网淮北公司“相电尖兵”开展“四个一”工程，强组织树品牌

3. 深化党建品牌建设和典型选树，聚焦供电保障服务等急难险重任务，打造“相电尖兵”立岗建功、为民服务的品牌典型，持续开展“党建+”主题实践活动，促进党建与生产经营深度融合，推动服务水平的再提升。

（项目完成人：葛成龙、宗毅、黄礼祥、马艳、陈顺、陈松）

深化推动中华优秀传统文化内涵融入生产生活

国网黄山供电公司

一 案例背景

文化是一个国家一个民族的灵魂。中央对实施中华优秀传统文化传承发展工程作出明确部署，要求坚持创造性转化、创新性发展，坚守中华文化立场、传承中华文化基因，不断增强中华优秀传统文化的生命力和影响力。新时代下，国家电网公司确立了建设“具有中国特色国际领先的能源互联网企业”战略目标，强调要以党内政治文化引领建设优秀企业文化。国网黄山供电公司深入研究党内政治文化要素构成，分析中华优秀传统文化的丰富内涵和基本特征，扬弃继承、转化创新，深化推动中华优秀传统文化内涵融入公司生产生活，涵养企业精神，持续提升企业文化软实力，为企业发展提供强大精神动力。

二 案例内容

（一）工作思路

公司深入学习贯彻习近平总书记关于中华优秀传统文化的重要论述，结合实际，提出“培育→植入→宣传→转化”的一体化“四阶”模式，并细化分解每个阶段具体建设路径，着力推动文化内涵深度传播和深入实践。

（二）具体措施

1. 培育阶段：深挖掘，提炼文化内涵理念，提升文化感染力

围绕国网战略目标和价值理念体系，从企业实际需求出发，结合儒家文化“仁爱、和

培育阶段
重在深挖掘
提炼文化内涵理念
提升文化**感染力**

植入阶段
重在强管控
建立工作保障机制
提升文化**凝聚力**

宣传阶段
重在搭平台
推进理念广发传播
提升文化**辐射力**

转化阶段
重在推实践
推动融入生产生活
提升文化**引领力**

中华优秀传统文化内涵融入生产生活建设路径

谐、诚实、中庸”基本价值观念，法家思想“与时俱进、与时俱变”精神，墨家思想“兼爱、尚贤、节用、科学”内涵，萃取形成“忠诚、仁爱、担当、创新”内涵理念，加快普及速度，拓宽普及广度，提升文化感染力。

2020 年 4 月 7 日，国网黄山供电公司员工学习内涵理念指引

2. 植入阶段：强管控，建立工作保障机制，提升文化凝聚力

公司构建组织领导、过程管控、考核评估三项支撑机制；建立以基层党支部为核心、以企业文化联络员为骨干、以专家学者为指导的三支队伍；搭建以党员为号角、以职工为主体、以家属为延伸的分层联动建设网络；形成网络阵地、纸上阵地、立体阵地、生活阵地四类传播阵地。

3. 宣传阶段：搭平台，推进理念广泛传播，提升文化辐射力

积极探索用时尚、现代的方式解读优秀传统文化，让文化更好懂、好听、好读，扩大传播空间，提升文化辐射力。

（1）融入主题教育，拓宽辐射广度，传递价值理念。围绕国网战略目标，聚焦内涵理念，结合党史学习教育和“四史”宣传教育，通过举办“传统文化进电网”“道德讲堂”“职工文化大讲堂”等方式，以阐释优秀传统文化和国学经典的方式解读国网价值理念体系。组织干部职工参观创新性科技企业、创新项目、电网重点工程等，激发干部职工向着战略目标迈进。

（2）融汇传播渠道，拓展辐射深度，深化文化认知。通过微电影、微故事等“微媒介”和文化衫、文化书签等“微实体”，直观展示内涵理念，实现文化与日常多元共融。深入构建“文化＋典型”“文化＋专业”等传播模型，深层次挖掘职工身边的先进事迹，把榜样的力量转化为职工的生产实践。深入开展“览文化遗存、感文化沉淀”“企业文化班组行”系列活动，组织干部职工灵活多样进行体验式教育，不断涵养传统文化修养。

4. 转化阶段：重实践，推动融入生产生活，提升文化引领力

坚持理论与实践相统一，着力将中华优秀传统文化所倡导的理想信念、价值理念、优良传统嵌入到工作实践中。

2020 年 3 月 20 日，国网黄山供电公司员工向茶农宣传安全用电

（1）筑牢“忠诚”根基，践行初心使命。坚持以文化镌刻、滋养初心使命，不断深化对党的初心使命的认识与理解。在紧跟组织中维护忠诚。扎实推进党史学习教育，组织开展“党建培训月”“六个一”“党员集体过‘政治生日’”“党建＋文化送基层”主题活动，持续涵养良好政治生态。在为民服务中彰显忠诚。学习借鉴徽商等传统优秀商帮的诚信之

道，以“文化＋服务”方式，组织开展“阳光茶园行”“公众开放日”“主题党日＋优化营商环境”系列活动，举办供电“服务之星”竞赛，传递真情服务、守信理念。在奉献社会中诠释忠诚。深化“徽骆驼”党员服务队建设，开展“架起党群连心桥”“新安江畔徽骆驼”等专项行动，建立与政府部门、大中型企业常态联系机制，架起党联系群众的连心桥。

（2）传承“仁爱”精神，涵养和谐之风。坚持以人为本，传承“推己及人，仁爱待人”，关心关爱职工，助力创造美好生活。①以“仁爱”之心构建互动沟通桥梁。深化实施“四维感知”员工思想教育体系，积极实践“互联网＋思想政治工作”，推行“三必贺三必访”“六必谈六必访”工作机制，切实做到思想上解惑、心理上疏导。②以“仁爱”之行推进“和美家园”建设。紧扣职工需求，深入推进“五小”供电所文化文体场所建设、职工大病爱心帮扶建设等“实事”，切实让职工看见变化、感到温度。加强职工文明礼仪教育，深化“尚德四礼”，彰显中华传统礼仪文化时代价值。③以“仁爱”之道弘扬良好家风。深入开展“我们的节日”主题活动，不断丰富传统节日的文化内涵，深化“职工家属进电网”“金秋助学”等活动，积极选树家风小典型、微故事，引领带动职工构建和谐家庭。

2020年1月13日，国网黄山供电公司举办“迎新春”联系列活动

（3）倡导“担当”追求，激励主动作为。①打造“勇于担当”高素质干部队伍。强化班子主动担当，全力推进水电供区电网改造等攻坚任务。强化干部担当作为，以“专题培训＋轮训”模式抓好干部培训，着力培养高素质干部队伍。②锻造“善于担当”攻坚克难先锋力量。深入实施“党建引领·初心建功”行动，开展党组织联建共创，深化解放思想大讨论，推进党员“三亮三比”，打造高质量党员队伍。③铸造“敢于担当”职工文化品格。深化“文明部室（单位）”创建，以“干部讲堂”讲文化自信、“道德讲堂”述文化实践、“职工文化大讲堂”释文化经典等方式，激励员工崇德明礼、向上向善。

2020 年 12 月 28 日，国网黄山供电公司员工特巡宏村景区

（4）实践“创新”理念，激活发展动力。坚持守正创新，着眼基业长青，激发创新活力。①以创新管理筑牢安全根基。深入开展传统文化与安全理念宣传活动，开展支部书记讲安全党课、安全主题征文、安全故事征集等活动，不断培育安全文化“沃土”。②以创新思维促进战略落地。强化战略目标学习宣贯，激励干部职工积极投身“一体三化”现代能源服务实践。注重文化和历史遗产保护，形成“绿色电网点亮美丽黄山”责任理念，推动电网建设与人文自然和谐统一。③以创新实践激发创新活力。发布科技创新立项指引，建立“带头人”“联合攻关”机制，组建多专业融合创新柔性团队。完善青年“导师带徒”机制，组织开展青创赛、技能比武，推动青年创新创效。

（三）主要成效

1. 以德育企扎实落地

公司蝉联四届“全国文明单位”，荣获“全国电力行业企业文化品牌影响力企业”“国家电网企业文化建设专业标杆”等荣誉。

2. 经营管理持续提升

文化的融入和浸润，有力促进了干部员工的思维锤炼和行为养成，2020 年公司最大负荷同比增长 12.15%，提质增效做法在省公司作为典型交流。

3. 内质外形不断深化

文化融入从历练“内功”、彰显“形象”等方面深入实践，公司在全省率先开展全域型配网不停电作业，实现茶季用电“零投诉”，服务效能在全市名列前茅。

三 分析与思考

丰富多彩的中华文化，像一条悠久的历史长河，从远古流到现在，从现在流向未来。黄山公司将中华优秀传统文化内涵融入安全生产、经营管理、优质服务等方方面面中，有力增强了企业凝聚力和向心力，这既是对企业文化的一种探索和提升，更是围绕中华优秀传统文化“创造性转化和创新性发展”这一时代课题的生动实践。

（项目完成人：周群、祝超龙、吴坚强、江莎莎、巴慧珍、孙晓燕、宋海华）

“知行合一”深化企业文化理念培育 助推“双创中心”建设

国网安徽电科院

一 案例背景

为全面落实党中央、国务院大力推进大众创业万众创新的战略决策部署，在更大范围、更高层次、更深程度上开展“双创”工作，2019 年 12 月底组建国网安徽省电力有限公司双创中心（基地）（以下简称“双创中心”），投入面积 6000 平方米，设有创客空间、路演大厅、会议室、洽谈室、机房、餐厅、休闲书吧等功能区域，营造良好的办公环境，可以满足约 600 人入驻办公。“知行合一”深化企业文化理念培育，助推“双创中心”企业文化示范点建设，从技术人才集中、高新技术密集的特点出发，联系服务职工，在实践中改进、在巩固中提高，保障“双创中心”的持续有序运转，为建设具有中国特色国际领先的能源互联网企业注入文化新动能。

二 案例内容

（一）工作思路

一是领导机制、工作机制和保障机制健全有效。院党委、各党支部定期研究、部署、解决企业文化建设过程中的问题。各层级主动履行各自在企业文化建设中的职责，有效形成党政工团齐抓共管工作格局。

二是价值引领作用发挥顺畅。注重发挥企业文化的保障和引领作用，用公司企业文化理念统一职工的思想和行动，筑牢共同的思想基础，确立一致的价值追求。注重公司价值理念的人格化，选树培养践行公司企业文化的先进典型。

三是企业文化理念高度认同。培育和践行社会主义核心价值观，弘扬以客户为中心、专业专注、持续改善的企业核心价值观，对公司发展战略和价值理念认知认同率达100%。全面落实《企业文化建设工作指引（2020）》，推进公司价值理念内化于心、外化于行。

四是企业文化建设融入中心工作。坚持公司使命，在创新创效等方面开展丰富多彩的企业文化落地实践活动，企业文化建设和各项业务工作有机融合，有效促进中心工作开展，职工广泛参与，取得务实管用、亮点突出、可推广应用的建设成果和经验。

五是工作业绩优秀成效显著。职工自觉遵守公司规章守则，模范贯彻执行公司通用制度，严守纪律、勤奋学习、爱岗敬业、业务精湛、勇于创新。在党建工作各项任务中带头实践、示范表率，在安全生产、优质服务、经营管理等业务工作中业绩优秀、成效显著。

国网安徽电科院“双创中心”效果图

（二）具体措施

1. 确立四大功能，打造创新阵地

（1）创新理念传播功能。借鉴国内外知名科技企业的创新研发环境，在“双创中心”构建入住孵化项目、成果展示项目、实物模型展示等创新元素，激发创新创造灵感，将创新理念潜移默化地融入经营管理、科技进步、支撑服务、队伍建设中，使职工真正从思想上、行动上成为科技创新的推动者和实践者。

（2）创新教育培训功能。开展“创新火花沙龙”“创新讲坛”等活动，邀请专业领军人才、学科技术骨干讲授最新技术动态和先进管理理念，通过导师讲解、专家答疑、现场讨论，打破思想束缚、增进专业交流，多渠道推进资源开放共享。

（3）创新成果展示功能。设立成果展示区，通过图文看板、视频演示、模型器具等形式，集中介绍科技创新、管理创新、专利发明的先进集体和个人，展示创新历程、分享创新经验。

（4）创新典型宣传功能。录制先模和创新项目宣传视频，弘扬典型精神，激发广大职工学习先进、追赶先进和争当先进，汇集干事创业正能量。

国网安徽电科院“双创中心”

2. 建立“三动”模式，开展创新活动

建立“职工主动、中心联动、党群推动”的工作模式，一贯到底，扎实开展创新活动。形成“项目驱动、自主管理”的运行机制，各团队之间和团队内部保持横向协同，纵向贯通。协调科技部、各团队共同开展活动，“中心搭台、团队唱戏”，推动形成创新活动整体合力。

国网安徽电科院“双创中心”创客团队

3. 营造一种氛围，激发创新热情

丰富创新环境建设，充分借助新媒体平台，在中心营造宽松自由、锐意进取、合作尊重的氛围，将企业文化理念深植人心。

4. 推进两个机制，规范创新体系

一是创新激励机制。将创新成果纳入职工绩效、团队业绩考核，充分调动科技人才和管理骨干的创新热情，实现创新激励机制系统化、规范化和常态化。二是成果转化机制。建立统一的成果展示、经验交流、方法推广平台，在全院范围共享创新成果、分享创新经验，打造创新成果精品，提升创新成果转化应用水平。

（三）主要成效

1. 科技创新水平和能力显著增强，精品成果频出

破除原有工作机制和思想束缚的约束，充分解放思想，切实提高管理各环节的工作效率，解决科研、生产、经营中的实际问题，明确创新重点和主攻方向，在关键领域实现突破，大大缩短了研发周期，在新能源、量子通信等领域形成公司发展的竞争优势，达到提高生产力的目的。公司“量子精密测量”双创孵化项目将量子精密测量与电力行业需求相结合，研制量子电流互感器和电力磁共振仪，在行业内首次利用量子精密测量技术实现了电流高精度量测和电网设备的状态检测，为高压直流量测、设备缺陷检测和材料探伤提供了新的技术手段，开辟了新研究领域和产业方向；J 型线夹带电接火自动安装成套装置项目解决了配网带电作业领域导线的自适应剥切和 J 型线夹的全自动安装的两个技术难题。“双创中心”已申请 2 项 PCT（国际专利），J 型线夹带电接火自动安装成套装置在国网电商采购平台（二级）上线，在全省 88 个市县公司推广应用，同时还受邀在南网贵州电力、国网江西电力、福建电力等多家省公司作交流展出。

国网安徽电科院“双创中心”推广应用成果
——J 型线夹带电接火自动安装成套装置

2. 培育企业创新业态，扩大生态圈影响

通过贯通“产研用”价值链的建立，以尊重创新创造价值、激发各类人才的积极性和

创造性的手段，建设一支数量充足、结构合理、素质优良的创新型人才队伍，激发企业员工的工作热情，通过微信公众号、论坛、培训等各类线上线下活动，扩大安徽公司“双创”工作影响力。自双创中心揭牌运营以来，共接待全国系统内外 25 批 300 余人次的参观交流，媒体报道 10 余篇，同时吸引了上下游产业链相关公司 10 余家参与安徽公司“双创”工作，产生了示范效应，履行了社会责任。

3. 健全人才体系，夯实创新核心力量

通过“知行合一”深化企业文化理念培育，电科院进一步加强优势领域的创新人才梯队建设，锻炼和储备青年创新人才队伍，支持青年人才拓展攻关方向，聚焦企业发展和生产经营的热点、重点领域，积极参与各类创新论坛和培训以及国内外学术活动；建立员工创新发展体系，为不同职业目标和特长的员工提供多重创新路径选择，按照“技术、技能、管理”三个通道有序规划职业发展路径，引导员工多元化发展和创新发展，发挥创新潜能。

三 分析与思考

企业文化是推动战略实施的持久动力。将“知行合一”深化企业文化理念培育与“双创”平台建设有机融合，是推动企业文化理念落地的重要载体。拓展双创基地功能区域与软硬件基础设施，充分运用“大”“云”“物”“移”“智”等新技术和新媒体，务实开展多种形式的创新交流。推动企业文化融入双创中心建设、融入专业管理、融入员工行为，推动企业文化建设示范点成为创新创效示范点。

（项目完成人：陈中元、熊慧、徐尧、裴倩、汪玉、陈凡、李博）

打造美好项目部　构建“家”文化

国网安徽建设公司（安徽监理公司）

一　案例背景

国网安徽省电力有限公司建设分公司（以下简称“公司”）作为国网安徽省电力有限公司电网建设重要业务支撑机构，电网建设项目遍及全省各地，多数远离市区。因工作需要，项目部人员需要长期驻守工地，主要工作生活场所在工程现场及其附近，四海为家的项目部员工，一个月甚至几个月都不回去一趟家，很难感受到家的温暖。电力工程施工现场的特殊性，项目部工地现场存在工作环境单调，业余文化生活贫乏等问题。“打造美好项目部　构建家文化”，可以强化项目部人员人文关怀，提升归属感，有利于公司团队人员稳定，促进人才成长。

二　案例内容

（一）工作思路

公司高度重视项目部文化建设，制定专项实施计划。从员工角度出发，坚持以人为本，以业主、监理项目部为单元，将“家”的理念融入项目部管理中，打造人才、模范、文化、暖心的家文化，以“家”的理念聚人心，打造优质和谐团队，实现员工、企业、社会的共荣共生、共同发展。

（二）具体措施

1. 抓好职工日常精神文化建设，打造“暖心之家”

一是以项目部职工之家为重点，改善员工驻地建设，使项目部驻地实现规范化、花园化，动态更新安徽电力工程监理有限公司项目部后勤管理细则、外部用工薪酬管理办法，持续关心关爱项目一线生产生活，落实项目上生活工作保障措施，为职工创造舒适的工作生活环境。二是策划开展困难职工帮扶救助，强化团队人文关怀，让职工感受到企业大家庭的温暖。三是建设娱乐活动场所，组织项目部文体活动，配置设施，让职工工作之余有去处、有玩处，满足员工求知、求乐的文化需求，提升项目部生活的质量，创建和谐稳定的企业氛围。四是配置网络、空调等设备，积极倡导健康文明的文化生活方式，健全相关慰问制度，深入开展冬送温暖、夏送清凉、平时送关爱等活动。五是聚焦解决员工关心关注的各类问题，定期开展项目部员工思想调研，解决职工的实际问题，完成 16 个地区团队调研，收集并解决职工诉求 53 条。

±1100 千伏古泉换流站工程项目团队员工合影

举办户外拓展活动

2. 营造和谐发展的环境，打造“人才之家”

以和谐为主题，努力营造人与公司共同发展的项目部环境。一是科学编制公司青年骨干培养计划，有序组织注册监理、造价考前培训，努力培养出一批学习型、知识型、技能型项目专家人才。二是通过加强员工培训的方式，搭建良好的员工成长平台，建立公司、部门、项目部三级培训机制，开展各层面的培训活动，2020 年累计培训 2636 人次。严格实行绩效考核，拓展员工晋升通道，项目部人员累计提升岗位共计 28 人，进一步激发员工干事创业激情。三是依托管理创新、QC 课题等活动开展，鼓励以项目部为单元的团队创新，培养员工善于思考、勤于动脑的能力，形成管理创新、QC 课题 39 项。四是定期开展青年员工座谈会，努力为职工营造好的工作环境、好的生活环境，让大家感到舒适、舒心，有归属感。

3. 发挥骨干作用，打造“模范之家”

一是开展劳模事迹宣讲。组织安徽省“江淮工匠”彭宝权，安徽省五一劳动奖章获得者涂潜、宋华松等劳模工匠结合自身岗位工作，讲述重点工程一线奋斗故事，用实践经历阐释什么是劳模精神、如何弘扬劳模精神。二是组织青年座谈会，聆听劳模工匠事迹，分享学习心得体会，充分发挥劳模工匠先进典型的榜样效应。结合青年员工成长成才，做好青年员工的职业规划，引导青年职工深入学习劳模精神、工匠精神，立足岗位、担当作为。三是开展班组微讲堂，组织劳模工匠进班组、进工地，分享岗位成长成才故事。四是针对工程现场点多面广、人员分散的特点，依托微信公众号、云端智能培训教室及传统网站、纸媒，广泛传播弘扬劳模工匠先进典型事迹，展示劳模主题海报、书法等文艺作品，让广大职工更为直观的了解榜样、汲取力量。2020 年以来，公司克服新冠疫情对建设影响，积极调动专业骨干，确保关键岗位有人、关键管控到位，保障承监重点工程平稳投产。

开展送文化进一线活动

4. 提升职工素质，打造“文化之家”

开展文化进项目、进岗位等活动，将安全、廉洁等文化渗透到每个员工，累计开展活动 38 次。设立文化展板，细化现场措施，完善规章制度，定期开展先进个人评选，宣传经验事迹，营造项目部良好氛围。建立项目读书角，创造良好的学习环境。开展“送文化进一线”活动，定期送质量管理、文学、人物历史等书籍到一线，鼓励一线人员在工作之余多读书、多学习，陶冶情操，提升综合素质，与企业共同发展。开展主题读书活动，营造和谐、健康的文化氛围，提高员工凝聚力、向心力。

（三）主要成效

通过“打造美好项目部，构建‘家’文化”项目的实施，对分布在全省各地的 44 个项目团队建设、资源保障、凝聚力建设发挥了显著的支撑和保障作用。项目建设的效果内化于心灵，外化于行为，广大团队员工精气神显著提升，企业荣誉感、归属感明显增强，企业凝聚力和向心力得到彰显，这些转化为促进企业高质量发展的不竭动力，维护了企业和谐、健康、稳定的发展局面。

三 分析与思考

“家”文化是项目部团队建设不可或缺的部分，也是项目团结发展的精神动力，但在实施过程中，也存在相关职能部门配合不够到位，相关制度体系制定还有待加强的缺点。如何发挥党建引领在“家”文化创建中的作用，让项目成员如亲人般的相亲相爱，把“家”文化融入公司和项目部发展中去，还需要公司多调研、多研究，还应关注基层员工群体的诉求，健全完善相关制度，用“家”的理念来解决员工吃、住、行、洗、医、乐等问题，不断增强项目团队员工“我在我家”的归属感、“我爱我家”的荣誉感。

（项目完成人：翁仕庭）

崇初心　守使命　弘扬社会主义先进文化

国网无为市供电公司

2021 年，中国共产党迎来了建党 100 周年。百年栉风沐雨、百年风雨兼程，中国共产党带领中国人民实现了中华民族伟大复兴。在此过程中，诞生了中国共产党精神谱系，形成了先进的党内政治文化。国网无为市供电公司（以下简称公司）所在驻地安徽省无为市，是渡江第一船的始发地。从无为走出的名仕贤达有台湾开山之祖陈棱、“父子丞相”王之道和王蔺，仁人志士、抗日民族英雄戴安澜、擂鼓诗人田间。基于国家电网公司“文化铸魂、文化赋能、文化融入”专项行动，公司以地方文化与党内政治文化相结合，推动党史学习教育深入开展，实现刚柔并济的局面，促进公司广大党员干部职工进一步强化党史学习，达到“润物细无声”效果。

（一）工作思路

公司立足自身实际，以党内政治文化为引领，紧密围绕国家电网公司战略目标，秉承“崇文守正、无为有为”的无为精神，崇初心、守使命，持续开展政治理论学习引导，强化“我为群众办实事”行动执行。“崇初心”即开展党史学习，推送习近平重要讲话精神、党中央政策，宣讲形势任务等，深化精神引领初心共鸣；“守使命”即以支部为单位，在新冠肺炎疫情防控、防汛救灾保供电等急难险重战场，在脱贫攻坚、乡村振兴等国家战略中，在电网建设、为民服务等领域中推动党支部战斗堡垒作用和党员先锋模范作用发挥，并通过“文化墙”，展播先进事迹，达到传播、学习效果。

（二）具体措施

1. 崇初心，筑牢理想信念

一是线上线下结合学。线下利用公司文化墙和宣传栏，按月度大事记形式开展先进性教育，如中国共产党精神谱系、习近平谈治国理政、习近平关于党史学习教育相关重要论述等重要党内政治文化宣传，便于职工在上下班时间阅读学习。线上结合芜湖公司网站“领航”板块，将国网安徽省电力有限公司每月下发的党支部学习资料、党内重要文件和制度规范上传至党支部学习专栏，将历次中心组学习资料上传至中心组学习专栏，以便党员群众随时开展学习。利用“国网大学云课堂”安徽专区组织党员开展线上学习党史，每天推送“党史百年·天天读”，让党员时刻处于党史学习氛围。

二是红歌中的党史沉浸学。从党史学习教育四个专题中精心选择中国共产党成立、红军长征、抗美援朝、深圳特区建立四个节点，基层党支部书记围绕党史节点讲授该阶段党史专题微党课，党支部联队合唱党史节点代表性红歌，全体党员共学习近平关于党史节点的重要讲话精神，并寻访公司红色足迹，宣讲家门口的新时代传承革命精神先进事迹，以“讲唱”结合、“学做”结合，推出四期“微党课＋红歌联唱”，在学习中“唱”响主旋律，在唱歌中“学”出新体会，将广大党员带入到党的百年伟大奋斗历程中。

2021 年 4 月 21 日，国网无为市供电公司举行
“红歌中的党史”第一期微党课＋红歌联唱活动

三是“学讲看思”四维学。习近平总书记在2020年秋季中青年干部培训班上勉励青年干部提高七种能力，勇于直面问题，想干事、能干事、干成事，不断解决问题、破解难题。在强化全体干部职工初心教育的同时，公司重点把握青年员工入职前五年的“培养启程期”。在国网安徽省电力有限公司团委“追梦学堂”体系下，公司团委组织开展“菁英青马课”，构建“学”（青年依次领学《习近平谈治国理政》等政治理论知识）、“讲”（参学学员分别开讲专业知识、心得体会）、“看”（组织观看《叩问初心》《八佰》等教育片）、“思”（课后围绕思想融入、作用发挥等方面开展思考）的四维教育模式，通过思想教育、专业共享、警示反思，加强公司青年党内政治文化和专业培养互联互通，培育新时代青马。

2021年7月1日，国网无为市供电公司团员青年收听
收看庆祝中国共产党成立100周年大会

2. 守使命，践行誓言承诺

一是强支部，作表率。坚持党的一切工作到支部的鲜明导向，树立“支部建在连上，文化建在支部上”的思维，推动党支部承担好企业文化建设任务。坚持“讲给书记，书记讲到”，以党支部书记为轴线，举办党务培训，强化党支部书记宣讲技能水平，建立起一支“能讲会道”的书记队伍；围绕“崇文守正、无为有为”的地域文化，探索承接国网公司企业文化体系和地方特色的文化落地，建设“桃花”石涧、“创新”高沟、“争先”无城等企业文化站所，召开“党建引领·文化融入”主题道德讲堂等活动，推动党支部在弘扬党内政治文化、建设企业文化上走在前、作表率。

二是“党建+”，建新功。围绕党史学习教育“我为群众办实事”和国网安徽省电力有限公司“党建引领·初心建功”行动，坚持学习实践同步推进，把“我为群众办实事”实践活动作为学习教育成效的“试刀石”，以建功提质效为抓手，按照“专业牵头、上下联动、分级管理、齐抓共管”的运作方式，构建“党委、党支部、党员服务分队、攻坚小组”战斗矩阵，建立保安全、优服务、护通道、树典型四大行动，通过建功项目激发党员初心使命，切实将文化赋能转化为现实生产力。

2021 年 4 月 15 日，国网无为市供电公司举行第一届职工文体活动月

2021 年 4 月 10 日，国网无为市供电公司党员服务队石涧镇
黄龙岗码头指导“船老大”使用岸电充电桩，推进电能替代项目

三是树先进，弘正气。坚持“三抓三出”积极选树先进典型，构建“文化+典型”传播模型，把榜样的力量转化为职工的生动实践。建立公司“群英谱”先进典型数据库，实现“群英谱”先进典型数据库的长期分享应用。深化大学生积分培养和“菁英青马课”，搭建入职轮岗、变电站青年培训、青年创新创效等平台，推动青年职工学习思想理论、钻研业务技能。开展事迹宣讲活动，讲述“先进模范事迹”，讲述“最美员工故事”，以身边的事感染身边的人，弘扬企业核心价值观，弘扬“正能量”。

2021 年 7 月 28 日，国网无为市供电公司迎战“烟花”，逆行保电

（三）主要成效

1. 促进优秀政治文化引领企业文化

充分发挥党组织的领导核心和政治核心作用，聚焦公司改革创新发展和为民服务，以全面加强党的建设为出发点，以有效解决实际工作存在的问题为导向，构建了符合党建工作需要的文化载体，形成内涵丰富、特色鲜明、影响广泛的文化落地实践案例。

2. 促进公司企业文化与无为地方文化的融合

无为文化底蕴丰厚，台湾开山之祖陈棱、“父子丞相”王之道和王蔺、擂鼓诗人田间等均出自无为；无为红色基因浓厚，是新四军七师师部、渡江第一船始发地，源于此诞生“崇初心·守使命”。以文化墙为载体开展环境建设，宣传展示党内政治文化、国网公司企业文化理念，形成“红色无电”文化载体，促进“桃花”石涧、“创新”高沟、“争先”无城，一批融合地方文化的企业文化项目落地建成。

3. 促进员工形成共同价值追求

通过立体、全方位的宣传和引导，党内政治文化与公司企业文化融合并进，从“无形”到“有形”，从“无感”到“有力”，公司全体员工凝聚共识，形成价值共识。新冠疫情，公司上下同心，涌现出“泡面”支书、“急先锋”所长、“硬核”队长、“丫头”运维员……一批先进典型；年中酷暑，洪魔肆虐，公司勠力同心，4 小时完成 9.8 公里裕溪河大堤应急照明架设，11 小时完成“泡汤”4 台区重建……

三 分析与思考

“十四五”规划、长三角一体化发展、安徽自贸区建设等一系列国家战略，是全国人民共同追求；国家电网公司建设具有中国特色国际领先的能源互联网企业战略目标，是公司和员工的价值追求。如何有效地将战略落地，国网无为市供电公司秉持“有为”文化，崇初心，守使命，传承“崇文守正、无为有为”无为精神的文化底蕴和红色基因，通过以党建为引领，线上线下强化政治理论武装，在乡村振兴、疫情防控等“战场”践行岗位承诺，在学习中增强行动自觉，在行动中检验学习。

（项目完成人：梅江涛、牛犨、钟宝弟、冯家栋、丁静文、李朝玉）

促进企业文化落地

实施“六微”举措
持续打通企业文化的班组经脉

国网淮南供电公司

一 案例背景

2020年3月，国家电网公司提出“具有中国特色国际领先的能源互联网企业”的战略目标。在推动战略目标落地的过程中，国网安徽省电力有限公司淮南供电公司（简称淮南公司）发现部分班组员工由于年龄偏大、学历较低等原因，对战略目标和企业文化学习不全、理解不深、思考不透，影响了战略目标的贯彻落实。为加快国网战略和价值理念转化为广大职工的情感认同和行动自觉，进一步推动社会主义核心价值观、企业文化在公司落地落实，淮南公司决定开展企业文化项目，持续打通企业文化的班组经脉。

二 案例内容

（一）工作思路

淮南公司认真分析企业文化在班组落地的难点、痛点问题，针对性实施“微课堂”“微创新”“微变化”“微服务”“微故事”“微分享”等“六微”举措，利用零散时间，具化传播内容，划分传播对象，运用微媒体手段，持续打通企业文化的班组经脉，全面提升公司思想文化工作水平，为建设具有中国特色国际领先的能源互联网企业提供强大的精神文化动力。

（二）具体措施

一是开设“微课堂”，深刻领会学进去。党支部、班组负责人是企业文化落地落实的责任者、推动者。淮南公司充分发挥党支部的组织优势，明确基层党支部在企业文化落地中的主体责任，要求党支部、班组负责人在支部大会、班组例会之后常态化开展企业文化“每周一课”“班组微课堂”等十分钟活动。各党支部、班组负责人亲自宣讲，以上率下，结合《企业文化建设工作指引》内容精心准备图文并茂的PPT“微课程”，通过深入浅出、以例说理的表述把企业文化和国网战略“讲到职工心里去”，引导广大职工深刻领会学进去。据统计，2020年公司共有22个班组形成了微课堂成果，促进了广大职工对国网战略体系的认知和理解，减轻了广大职工对国网战略如何落地的困惑和思想负担。

二是强化“微创新”，文化载体接地气。强化企业文化活动创新，为新员工准备企业文化“初心礼盒”（礼盒中包括企业文化宣传帆布袋、精美文化书签、深化研究报告、《习近平讲故事》读本以及青春导航手册），让新员工从入职伊始就熟知企业文化和国网战略，尽快找准自身成长发展的目标定位，自觉成为班组企业文化的宣传者和践行者。强化企业文化载体创新，组织专业班组拍摄“国网战略大家谈”1分钟视频。供电服务指挥中心的小伙伴们从服务机制优化的角度，谈了自己对战略落地的看法，请大家欣赏。通过这种微视频的形式，国网战略在公司进行了可视化传播，企业文化创新成果不断涌现。

2020年7月，国网淮南供电公司为新入职员工准备了企业文化“初心礼盒”

三是交流“微变化”，联系实际讲出来。立足国网战略、当前形势任务，举办“我说战略关键词”青年说活动。活动聚焦安全生产、优质服务、经营管理中的某项管理微变化、制度微变化、业务微变化，通过各班组、站所广泛参与，实现知识吸收、见微知著，准确找到战略落地和本职工作的结合方法，明确下一步工作思路。利用党支部、班组微信群，定期开展“承接国网战略落地实施”微话题讨论。引导班组员工结合实际参与在线交流，围绕特定主题晒留言、晒评论，加深对新型基础建设、提质增效的学习理解，让企业文化在不断深入人心的同时，也为工作交流群增添活力。

四是开展“微服务”，凝聚力量干精彩。面向职工营造和谐氛围，定期举办班组建设成果发布、班组微讲堂竞赛，实现环境文明整洁，文化氛围浓厚，队伍和谐稳定。面向社会营造服务氛围，围绕脱贫攻坚、抗击疫情、防汛保电等急难险重任务，组织淮南“五色”共产党员服务队针对性开展“红色保电政治服务、橙色应急抢修服务、绿色创业营销服务、蓝色咨询志愿服务、金色阳光增值服务”等“五色服务”，在深入践行的过程中帮

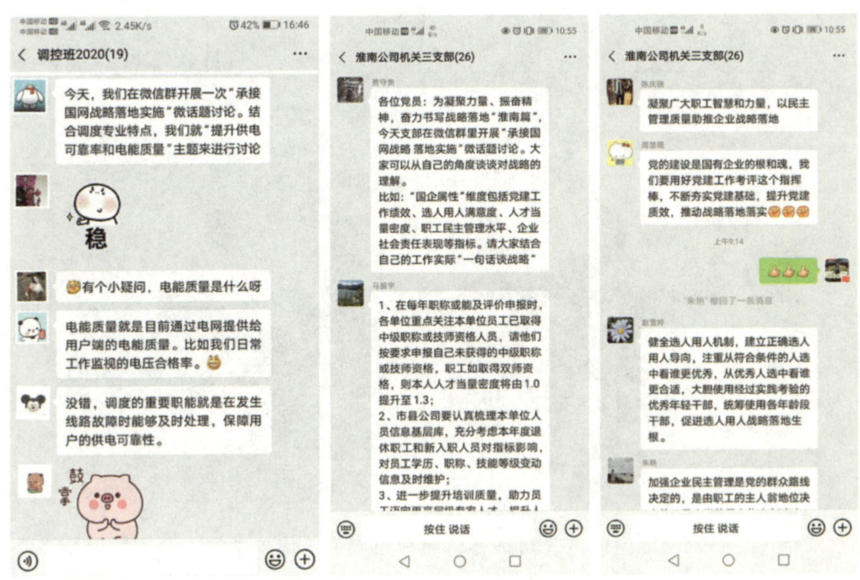

2020 年 4 月，国网淮南供电公司开展“承接国网战略落地实施”微话题讨论

助职工领悟国网战略内涵，提升员工对企业文化的情感认同和行为自觉。加大新闻宣传力度，持续推广“五色服务”特色品牌。增强重大服务活动的影响力，生动展现公司社会责任形象，凝聚正能量、提振精气神，助力公司各项事业发展。

2020 年 8 月，国网淮南供电公司举办“班组微讲堂”竞赛

五是展示“微故事”，选树典型转作风。讲好“淮电故事”，围绕“最美奋斗者”“抗疫防汛先进模范”等，挖掘有温度的故事作品，形成“生产经营的能手、创新创效的模范、提质增效的标兵、服务群众的先锋”四类新闻库，加强企业文化的人格化承载、故事化诠释。实施“微光计划”，结合“劳模宣传月”“先进人物展播”，举办“建功树典型

2020 年 5 月，国网淮南供电公司举办“建功树典型　岗位学先进”主题道德讲堂

岗位学先进”道德讲堂和“立足岗位　建功立业”青年公益讲座等活动，传播劳模故事，用榜样力量照亮公司职工在落实国网战略中的前行路，形成“二十四行显担当”的故事矩阵，以人为本推动作风转变。

六是组织“微分享”，示范效应初显现。以国网战略落地为主题，组织开展青年演讲比赛，结合省公司思想宣讲柔性团队相关要求，择优选聘公司企业文化宣讲员，壮大国网战略宣讲队伍，形成可持续的企业文化传播力量。重点关注在企业文化建设工作中带头示范、在中心工作上业绩优秀、在融入融合上成效显著的班组站所，提炼总结一线工作中以小见大、务实管用、亮点突出、可推广应用的建设成果和经验，开展台上“道德讲堂”、台下“宣讲员进班组”分享活动，形成良好的班组示范效应。

2020 年 9 月，国网淮南供电公司举办“学战略、讲担当、干精彩”主题道德讲堂

（三）主要成效

一是打造了企业文化传播新载体，班组企业文化的落地“痛点”被消除。结合公司实际和职工意愿探索设计了新的企业文化载体，如为新入职员工精心制作的“初心礼盒”、党支部结合专业拍摄的《国网战略大家谈》微视频等，生动多样的传播载体让企业文化传播受到广大职工的认可和欢迎。

二是拓展了企业文化宣传新渠道，班组企业文化的覆盖“盲点”被扫清。设计制作了企业文化口袋书和企业文化工作手册，并安排企业文化宣讲员对员工年龄偏大的班组进行上门送书、送册和宣讲，实现了班组企业文化学习的全覆盖。

三是搭建了企业文化交流新平台，班组企业文化的理解“堵点”被打通。依托“创客空间”定期开展“企业文化创客沙龙”，组织开展“国网战略之我见”青年演讲比赛，通过搭建企业文化新的交流平台，员工开始运用创新思维、发展思维深入思考如何推动企业文化更好更快在班组落地生根。

四是形成了企业文化建设新思路，班组企业文化的贯彻“难点”被攻破。组织优秀班组、站所开展企业文化建设经验交流，结合班组实际讨论总结“六微”举措的亮点和不足，形成了企业文化宣讲员聘任等企业文化建设新思路，保证了班组企业文化建设更加科学、更加有效、更可持续，班组员工践行更加积极、贯彻更加自觉。

三 分析与思考

一是“微课堂”的学习效果要充分发挥，提升党支部、班组负责人的理论水平是前提。党支部、班组负责人只有对企业文化和战略体系有较为系统、全面、深入的学习和思考，才能在开展企业文化“每周一课”等十分钟活动时不停留在字面、表层。下一步要继续通过多种形式加强对党支部、班组负责人的培训，为他们开展活动提供“金点子”、好想法，提升活动质效。

二是“微分享”的示范效应要真正显现，拓展宣传方式、分享渠道是关键。一些班组将企业文化与中心工作融合得较好，虽进行了一定的宣传，但由于以文字形式、网站渠道分享较多，未能达到预期的示范引领效果。下一步要继续在“线上图文分享”“线下舞台讲述”上下功夫，着力形成比学赶超的企业文化建设氛围。

（项目完成人：权勤升、刘婷婷、安莉、王银、朱艳、周楚薇、陈庆骁）

依托社区工作站
探索优秀企业文化在服务中的落地实践

国网铜陵供电公司

一 案例背景

近年来，国网铜陵供电公司在党员服务队建设方面不断健全工作机制、优化工作流程、创新服务方式、提升服务效率，搭建起以供电企业为“1”，多方共同参与的“1+N”共享服务平台，为社区特殊群体提供安全用电、电力维修、情感陪护、医疗帮扶、应急救援、法律援助等服务，为引领保障公司发展做出积极贡献。但当前优质服务工作还存在以下问题：差异化精准服务不到位、服务模式单一、服务范围覆盖面较小、客户需求响应效率有待提升、供电公司与客户之间交流互动有待加强等，急需在现有工作成果的基础上更新共产党员服务体系，充分发挥各级党组织的战斗堡垒作用和广大党员的先锋模范作用，全面提升供电服务水平，助力公司高质量发展。

二 案例内容

（一）工作思路

国网铜陵供电公司不断深化党员服务队社区工作站设计，把服务阵地不断前移，把连心桥架到群众身边。通过与社区“共驻共建”、启用并发挥“连心桥”服务平台功能，加强服务文化与服务意识宣传教育，建立多元服务机制等措施，整合资源，服务人民群众美好生活需要，提升人民群众幸福感、获得感，为“人民电业为人民”企业宗旨落地生根提供了实体平台，为推动建设“具有中国特色国际领先的能源互联网企业”战略目标的实现，营造积极的外部环境。

2020 年 6 月 16 日，党员服务队“连心桥”平台正式启用

（二）具体措施

1. 组织多维思想宣贯

一是“地毯式”思想宣贯。结合“三会一课”，广泛部署开展“我为优质服务做什么”大讨论、大反思活动，认真研究分析优质服务工作的重要意义、存在的问题困难和可行的解决对策，不断强化主体意识、责任意识。借助“服务微党课”讲授活动，以领导讲形势、部门讲政策、书记讲经验、先锋讲事迹、党员讲成长的“五讲”活动，提升服务思想认识。

露采社区工作站队员和“与我同行”爱心协会队员一起带空巢老人踏青赏花

二是“精准式”引导思想。坚持通过定期调研、访谈、走访等形式了解各级员工对国网企业文化服务理念的认知程度和接纳程度，通过面对面的形式向广大员工宣传教育，实现项目建设对员工思想变化带来的影响，提高其自身参与优质服务工作的积极性与主动性。

2. 建立立体服务机制

依托社区工作站，通过建立“主动式、互动式、响应式、延展式”四相结合的立体服务机制，推动优秀企业文化在服务中落地，践行“人民电业为人民”的企业宗旨。

一是建立主动式服务机制。主动开展“全覆盖走访”，通过共产党员服务队与社区工作人员一起挨家挨户走访特殊群体，与居民深入沟通用电期望、查看用电现状，根据不同类型的特殊群体制定差异化的用电对策，为特殊群体用电把脉会诊。在社区内每个居民楼道口张贴工作站人员信息服务卡，确保服务信息全覆盖。进驻社区开展小讲座，宣传便民服务举措，大力推介“国网安徽电力”微信公众号等新型缴费方式，锻造具有国家电网特色的文化名片。

主动走访社区，摸底排查登记造册特殊弱势群体情况

二是建立响应式服务机制。建立党员服务队“连心桥”平台，通过共产党员服务队 24 小时热线电话及服务管控系统实时监控，实现各类服务诉求全流程闭环管理，辅以前端业务窗口最新推出的供电服务人员积分考核机制，着力解决当前共产党员服务队在服务工作中各项“难落地”问题。开展“做好电力先行官、架起党群连心桥”共产党员服务队主题活动，组织各党支部负责人与服务队队长带队深入社区，与社区党支部签订了“电亮生活”党建联建共创协议书，向社区发放《网上国网 App》宣传手册，了解社区用电需求和存在困难，积极协调处理，妥善解决。

三是建立互动式服务机制。“光明益家”深入社区，发挥党员的带动效应，吸引社区志愿者、“铜陵好人”、商铺店家等主动帮助供电公司宣传安全用电、协助安全检查等工作。例如，通过渔具店向前来购物的市民分发钓鱼防触电的渔具袋和宣传册，达到源头防控目的。“光明驿站”建在学校，鼓励学校的高年级学生帮助发放安全节约用电和钓鱼防触电的宣传手册。

四是建立延展式服务阵地。国网铜陵供电公司在社区工作站建立的成功经验基础上，创新搭建“水电气”服务联盟、园区、矿区、港口工作站等“红色联盟”服务平台。通过“红色联盟”服务平台，实现水电气联动立户和过户一次性完成，制定园区安全可靠供电的共同行动计划，建立各类矿产高危企业党组织组建矿区联盟，推进港口岸电建设。

3. 建立多重服务保障

一是组织保障。采取“总分”模式开展共产党员服务队标准化建设，在公司层面组建1个共产党员服务队总队，在各支部和区县公司建立12个服务队分队，建立由公司党委书记、总经理任服务总队队长，各党支部书记、县区公司党委书记，党建、工会和团委负责人任总队队员的组织管理体系，目前共有416名队员。

二是资金保障。设立“光明基金”，为共产党员服务队优质服务提供资金保障。光明基金主要来源于特殊党费、职工爱心捐赠、企业捐赠、基金增值等，用于共产党员服务队社区工作站开展安全用电检查、电力维修、走访慰问等公益活动，服务群体主要针对特殊群体。

三是人才保障。开展优质服务培训，对共产党员服务队实行有针对性的服务技能、服务标准、服务技巧的培训，逐步建立起一支知识面广、专业性强的优质服务队伍。实行优秀人才“双推双培”机制，择优把入党积极分子推荐为党的发展对象，把优秀队员推荐到重要技术和管理岗位、中层干部队伍，为公司培养各级各类优秀技术专家人才、优秀业务管理人才。

（三）主要成效

1. 减轻基层投诉压力，有效降低客户投诉率。

党员服务队“连心桥”服务热线成立以来，共计呼入呼出电话23775通，办结各类诉求工单6096起，一次性办结率达到74.36%，通过快速处理用户诉求有效避免40起投诉。2020年，该公司共计受理投诉84件，同比下降51.16%，其中，营销类18件，同比下降58.14%；运检类66件，同比下降48.84%。

2. 稳步提高客户满意度，提升优质服务水平。

通过开展一系列优质服务活动，稳步提升服务水平，推动服务零距离，让客户办电更省力、更省时、更省钱，全面增强客户用电获得感和幸福感。在客户办电过程中的接电环节、接电时间、接电成本、供电可靠性和电费透明度四方面评价效果显著。2020年，该公司在全市行风评议中获得第二名的好成绩，优化营商环境评价位列全省A段。

3. 获得社会高度评价，逐渐打响铜电品牌。

铜陵市政府下发文件，对供电公司强力推进铜陵地区电网建设，不断强化安全生产，持续提升安全可靠供电水平等方面工作表示认可，对供电公司共产党员服务队在建设现代

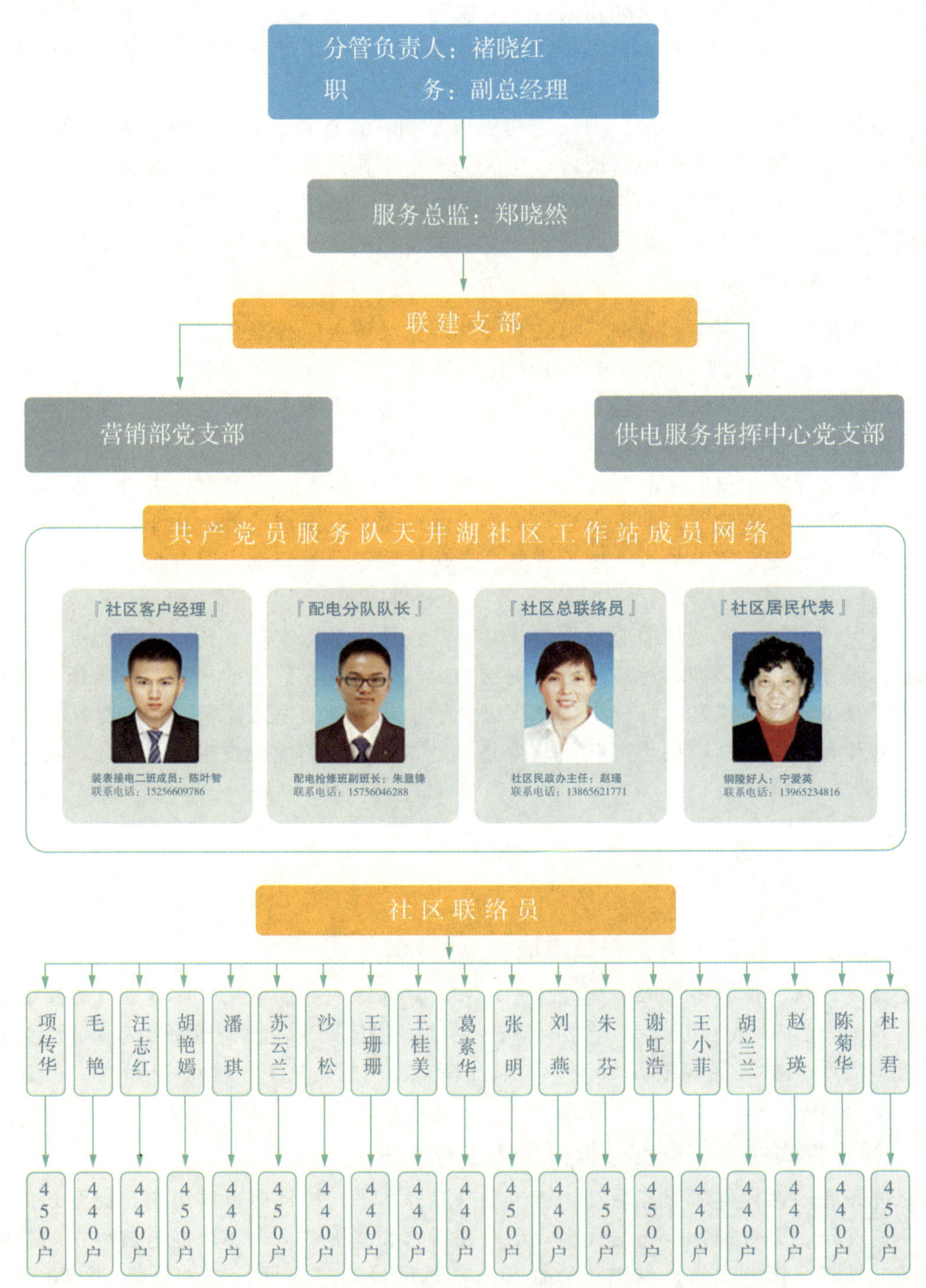

党员服务队天井湖社区工作站组织结构图

化幸福美丽新铜陵方面作出的突出贡献予以通报表彰。省公司董事长、党委书记陈安伟，铜陵市委常委、组织部部长吴劲等各级领导深入铜陵公司“红色联盟”阵地，高度表扬铜陵公司社区工作站“小而精”，对公司共产党员服务队工作表示高度肯定。

“水电气”党员服务联盟在天井湖社区工作站联合开展服务活动

三 分析与思考

国网铜陵供电公司扣紧社区这个社会治理的源头和支点，通过政企联动、合作共建、网格管理的党员服务队建设方式，推动服务力量整合、服务模式升级，找准了企业党建工作融入城市基层党建、有效参与社会治理的结合点，让服务成了企业最亮丽的名片。下一步，该公司将进一步升级服务体系，探索优化适合铜陵模式的优质服务道路，切实推动优秀企业文化在服务中的落地，充分践行“人民电业为人民”的企业宗旨。

（项目完成人：刘斌、孙英、丁金嫚、阳江明、陈泓旭）

依托“四大平台”　推进公司企业文化建设

国网安庆供电公司

 案例背景

2020 年，国家电网公司实施建设具有中国特色国际领先的能源互联网企业的战略目标，开展“文化铸魂、文化赋能、文化融入”专项行动。基层党支部作为企业文化建设的主体，起到至关重要的作用。为有效解决基层企业文化建设不平衡、无抓手等问题，国网安庆供电公司（以下简称公司）从文化传播、文化实践、文化载体、文化融入四个环节，依托深化文化传播平台、深化典型选树平台、深化家园工程建设平台、深化志愿服务活动平台建设等“四大平台”，推进基层党支部企业文化建设。

 案例内容

（一）工作思路

以国网电网公司战略目标为指导，坚持以人为本，大力弘扬党内政治文化，积极践行社会主义核心价值观，加快“和美家园”建设，让职工共享公司发展成果，建设和谐企业。通过深化文化传播平台、典型选树平台、家园工程建设平台、志愿服务活动平台建设，使“以文化人”的作用充分发挥，营造浓厚健康向上的文化氛围，提升干部职工干事创业的精气神。

（二）具体措施

1. 深化文化传播平台

强化政治引领，.通过“党委领学”“支部讲学”“青年活学”等载体，宣讲政策、开展爱国主义教育、公民道德教育，上好基层思政课。

(1) 党委书记创新形式讲战略。公司党委书记以“深刻领会战略目标的丰富内涵”为主题，通过“互动式党课＋抖音直播”方式，将主题党日活动搬上了互联网直播平台，为其组织关系所在党支部全体党员、市县公司2700余名党员详细解读了国家电网公司战略目标的具体内容。

2020年6月19日，公司党委书记邢应春以
“互动式党课＋抖音直播”方式开展党员教育宣讲

(2) 支部书记结合实际讲形势。党组织书记通过“百名书记”大宣讲、“党课开讲啦”“微学习、微党课、微宣讲”等形式积极宣贯国家电网公司、国网省公司重大决策、形势任务等，上好基层思想政治课。积极开展普通党员集中轮训，党支部书记带头人积极为市县公司党员宣讲党章、党史等，提升党员党性。

(3) 青年党员践行岗位悟初心。公司持续开展“追梦学堂”建设，努力培养一批坚定有为的新时代青年马克思主义者。通过“耘梦”读书会、“五四精神·传承有我　助力原水电供区人民圆梦”等活动，提升青年员工党性。公司青年党员汪智鑫在省公司“争做坚定有为的新时代青马”演讲比赛中荣获二等奖。

2. 深化典型选树平台

积极推进社会主义先进文化在公司的落地生根。公司积极探索“选、树、带”先模选培工作模式，突出先模示范引领作用，不断增强公司软实力，凝聚企业发展正能量。

通过“选”，构建典型选树的广度。在市县两级劳模选树上整合先进典型资源，全方位挖掘，建立先进典型库，形成多专业、多层次的先进模范典型群体。实施市县“一体化”选树、宣传工作机制，不断增强先进模范选树的实效性。积极在防疫复工、原水电供区移交改造、防汛救灾等方面挖掘“好苗子”，确保先进典型立得住、叫得响、有影响，逐步成长为重大先进典型。

坚持“树”，构建典型选树的高度。制作省、市公司劳动模范宣传栏，遴选出10位2020年重点宣传劳模先进人物、1个先进集体，推出公司微信公众号11期，将劳模视频、

2020 年 6 月 12 日，公司在太湖县原水电供区弥陀镇开展劳模工匠进工地活动

事迹在公司网页劳模精神专栏、公司大屏幕上予以宣传。在公司企业文化展馆开辟劳模专廊，强化劳模精神宣贯。

广泛“带”，构建典型选树的深度。结合公司“党建引领·建功树典型”行动，开展“聚榜样力量、践初心使命”职工大讲堂暨“劳模工匠进工地”活动。组织全国劳动模范、安徽省“江淮工匠标兵”等成员前往太湖供电公司，通过视频展示和故事分享等形式，让基层一线职工现场感受劳模工匠的榜样魅力，形成良好的示范带动效应，达到互学、互动、互助、互进的目的，激发广大职工干事创业的正能量。

3. 深化家园工程建设平台

坚持以职工为中心的工作导向，以“和美家园”建设为主线，履职尽责、主动作为，共享公司发展成果，化解存在的问题，建设和谐企业。

打造和谐高效的工作环境。“高起点、重实效、市县一体”全力推动班组减负工作，参会班组覆盖率达 60%，共收集班组减负意见建议 98 条，积极解决存在的问题。加强职工民主管理。征集职工代表提案 16 件，召开提案专委会进行分类处理。开展合理化建议集中征集活动，组织召开职代会联席会议，讨论通过涉及广大职工的切身利益的制度和办法。

打造和睦同心的职工队伍。要求公司各党支部围绕水电供区电网改造等工程开展劳动竞赛，提升职工参与公司重点工作的热情。深化劳模工作室建设，选取先进人物与先模人物结对，定点培养。基层党支部以 QC、“五小”等群众技术创新及技术比武为抓手，落实班组长素质能力提升“雄鹰计划”，激发全体职工特别是青年职工的劳动热情和创造活力，促进职工队伍素质提升。

打造温暖幸福的职工家园。确定 2020 年重点办好职工诉求服务中心建设、解决职工周转房问题、班组减负等实事，提升职工幸福满意度。深化职工诉求服务，持续推进“诉求＋心理关怀＋慰问”等工作。定期开展“六必谈六必访”，结合“三必贺三必访”，及时了解职工思想动态，为员工送去温暖和关怀。

2020 年 5 月 20 日，公司召开班组减负调研座谈会

4. 深化志愿服务平台

按照国网公司把“共产党员服务队”建设作为推进全面从严治党向基层延伸、加强基层党建工作的特色实践，作为公司履行央企“三大责任”、做好电力先行官、提升服务水平的有效载体。

固化社区吹哨、服务队报到机制。利用微信互动平台，在党员服务队包保滨江苑社区防疫工作的基础上，固化“社区吹哨、服务队报到”工作机制。经过 51 天的精心防控，确保社区安全防疫。在安庆文明城市创建过程中，锡麟街社区吹哨，公司积极开展“党建带群建、合力抓创建”工作，引领群团组织发挥桥梁纽带作用，激发广大党员干部群众参与创建的工作热情，全面推进文明城市创建工作。

2020 年 2 月 1 日，公司党员服务队在滨江苑社区为居民办理出入证，
守好社区防疫主阵地关口

常态化开展“五零五进”服务。推出以“零距离、零延时、零推诿、零差错、零投诉”，“进企业、进现场、进社区、进园区、进困难户”为主要内容的“五零五进”服务机制。公司营销党员服务队积极为安庆曙光化工公司解决了“自备汽轮发电机组”六年未并网难题，每年为企业节约支出 4000 余万元。生产单位党员服务队在迎峰度夏期间，开展“零点检修”“带电作业”，积极保障居民企业用电。

在急难险重中积极发挥作用。公司在原水电供区电网改造专项行动中开展“电网连心·先锋先行”主题活动。在防汛救灾过程中，积极下好防汛工作的“先手棋”，动员 800 余名党员，成立党员突击队，做好防汛抢险的“先锋队”，对中高考考点、重要防汛点、居民安置点等场所进行精密排查，确保重要用户供电“不断档”，筑起一道道“红色堤坝”，齐心协力共同打赢防汛抗洪抢险救灾硬仗。

（三）主要成效

1. 企业内部氛围显著提升

2020 年，公司广大员工奋勇拼搏，圆满完成了疫情防控、防汛救灾保电等急难险重任务。同时公司决策层积极为职工解决实际困难，企业信访逐年下降，舆情同比下降 18%。2020 年，公司营销类投诉量 57 件，同比下降 61.2%，为推动公司高质量发展创造了良好的舆论环境。

2. 内质外形建设水平全面提升

公司员工金永红、贺国强等在防疫、防汛的突出成就，受到国家电网公司通报表扬，其中，金永红荣获国网公司抗疫功勋个人、优秀共产党员称号、省公司“青年五四奖章”。公司 3 个集体和 8 个人荣获省公司抗洪救灾先进集体和个人称号。公司荣获 2020 年安庆市脱贫攻坚“创新奖”。

三 分析与思考

“四个平台”推进党支部企业文化建设，依托三级学习、“选树带”先模选树机制、家园工程建设、党员服务队建设等载体进一步推进企业文化建设，丰富了企业文化建设的形式，有效提升干部职工的参与度，积极践行国家电网战略目标。同时存在基层党支部在建设企业文化过程中的积极性不强、参与度不够。下一步，国网安庆供电公司将通过面对面调研等形式，对接基层党支部企业文化建设方面的需求，解决存在的困难，提升干部职工获得感。

（项目完成人：谭华、马跃、杨振林、杨臻、杨剑、马兰珍、方孙伟）

构建“3＋N”模式 推动企业文化在基层支部落地

国网六安供电公司

一 案例背景

习近平总书记指出，每到重大历史关头，文化都能感国运之变化、立时代之潮头、发时代之先声。面对中华民族伟大复兴的战略全局和世界百年未有之大变局，国家电网有限公司坚持以习近平新时代中国特色社会主义思想为指导，以具有中国特色为根本，争创国际领先，实施“文化铸魂、文化赋能、文化融入”专项行动。国网六安供电公司及时响应号召，高举党的旗帜，领航文化发展，强化支部文化建设，促进支部文化持续登高。

二 案例内容

（一）工作思路

以习近平新时代中国特色社会主义思想和党的十九大精神为指导，扎实推进国家电网公司“旗帜领航·提质登高”计划，深入实施“文化铸魂、文化赋能、文化融入”专项行动，充分利用基层党支部这一关键传播节点，紧密围绕促进企业文化在基层落地这一主线，通过构建“3＋N”模式，推动企业文化在基层支部落地，教育引导广大党员干部树牢“四个意识”，坚定“四个自信”，坚决做到“两个维护”，推动公司实现高质量发展。

（二）具体措施

1. 广泛搭建支部学习阵地，加强“文化铸魂”

一是搭建集中学阵地。以党支部标准化建设为契机，打造、完善党员活动室与企业文化传播室为一体的集中学习阵地，结合“三会一课”，支部定期组织“支部文化课”，由支部书记、优秀党员等带领支部党员学习贯彻公司企业文化、安全文化、廉洁文化等1000余次，做到开展党建工作的同时，让企业文化入心入脑。

二是搭建现场学阵地。结合清明、端午、中秋等中国传统节日及五一、十一等重大节日节点，开展“五进”（进社区、进校园、进企业、进乡村、进困难户）活动，广泛宣传安全用电知识、节日文化等内容，传播公司“你用电、我用心”企业文化理念，提升公司品牌影响。

三是搭建交流学阵地。编制、印发“以例说理之崇尚《党章》、遵从《准则》、敬畏《条例》”系列学习手册，按月开展“以例说理”系列学习活动，组织党员干部谈体会、谈感想。充分利用道德讲堂这一平台，按季度开展劳模领学、“导师带徒”一对一教学等活动，进一步强化文化传播质效。

2020年4月22日，国网六安供电公司经研所支部开展新战略研讨

2. 多种渠道传播支部典型故事，深化“文化赋能”

一是选树微典型。通过制定详细的考核办法，确立“事迹典型、业绩突出、职工称赞、受众公认的先进班组和模范个人”的评选条件，从获得荣誉等级、品牌价值、知名度等方面，采取综合考评，经公司评审后，结合公司优秀共产党员、优秀员工、优秀班组、优秀团员等评比，授予荣誉称号，并通过公司“两会”、党建会等予以授奖，树立基层先进模范。

二是展示微事迹。充分利用支部微信群、电子屏、文化长廊等线上线下宣传阵地，围绕身边劳模事迹、先进人物故事、技术能手攻坚克难事例等，不定期宣传支部发生的故事，助推劳模精神、工匠精神深入支部，落地班组。从身边人、身边事出发，通过制作精致的幻灯片、微电影、各种情景小品等，从不同层面、不同角度，用最直观的“语言”传诵先进模范人物爱岗敬业、恪尽职守的精神，创造出的不凡业绩。

三是举办微讲堂。通过“服务意识大讨论”“青年党员大学习”等活动，开展支部标杆、班组模范讲典型事迹、讲服务经验、讲成长心得，精选优秀案例，结合公司“入职礼”“拜师礼”“成长礼”等活动，广泛宣传一线模范事迹，营造崇尚模范、热爱模范、学习模范、争当模范的浓厚氛围。

2020 年 5 月 15 日，国网六安供电公司配电党支部开展“以例说理”学习活动

2019 年 11 月 7 日，国网六安供电公司市场党支部开展学榜样、做榜样活动

3. 深度融合开展支部实践，助推“文化融入”

一是践行初心使命，勇负急难险重。坚持在大战大考中冲锋在前、彰显责任担当，让先锋文化在防疫复工、防汛救灾、重大保电第一线凸显作用。面对新冠肺炎，400 余名党员 24 小时坚守抗疫一线，实现全市 80 余家重点用户供电万无一失。面对极为罕见的洪涝

2020 年 4 月 26 日，国网六安供电公司抗“疫”
保供电先进代表时争秒分享他的保电经历

冰雪灾害，“房顶哥”段启东、“冰河哥”霍本红等一系列先锋模范，被中央电视台、新华社、人民网等报道宣传。面对重大保电考验，各级支部党员坚守岗位、冲在一线，圆满完成建国 70 周年、进博会、高中考等重大保电任务。

二是提升服务质量，拓展价值创造。结合六安地域特点，以群众需求为导向，以企业文化示范点为基础，开展共产党员服务队“一站一点”阵地建设，建立社会联络站 21 座、党员服务点 110 个，创建“物电联盟”便民服务新模式，开展“五进七彩”服务，落实“守初心、担使命、建新功”等专项行动，实施“电网先锋在一线”“安全服务进茶乡”等

2020 年 7 月 20 日，国网六安供电公司党员服队务奋战防汛一线，让党旗高高飘扬

一系列特色服务工程。

三是强化党性修养，培育优良作风。始终坚持政治文化建设，以“不忘初心、牢记使命”主题教育、党史学习教育为契机，全覆盖开展“学理论、振精神、提标准、强执行”专项教育，结合公司“举旗铸魂·跨越登高”行动计划，编制《“严细实快”标准化服务手册》，坚持严的主基调、细致入手、实处着力、快字求效，强化责任担当意识，树牢“严细实快”工作作风。

N方面拓展深度广度，提升企业文化价值。依托水电供区网格化管理体制，深入推进“电网连心·先锋先行”活动，持续深化保障安全生产亮旗行动，不断强化“文化＋安全”，向安全生产进一步延伸。集中公司广大党员力量，围绕强化行业扶贫、深化定点扶贫两条主线，持续推进脱贫攻坚阳光行动，不断强化“文化＋扶贫”，向脱贫攻坚进一步延伸，助力脱贫攻坚战取得圆满胜利。全力推行“阳光业扩”、严格执行新修订的供电服务“十项承诺”和员工服务“十个不准”，提供线上办电、“一站式服务”等，不断强化“文化＋服务”，落实落地优化营商环境服务行动，向优质服务进一步延伸。

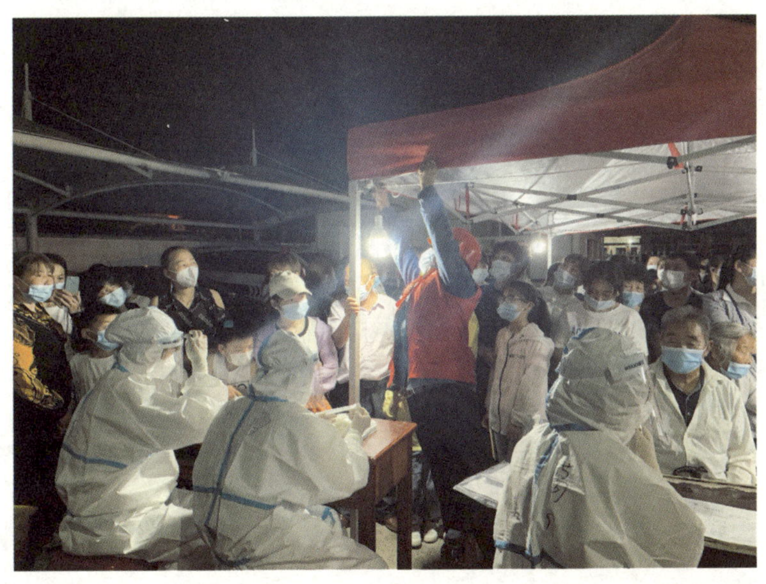

2021年5月14日，国网六安供电公司党员服务队为核酸检测点接通临时电源

（三）主要成效

1. 推动企业文化在基层落地生根

国网六安供电公司将企业文化与支部工作相结合，提炼总结相融合的方式方法，增强了广大员工对国家电网有限公司新时代企业文化的认知认同，实现了企业文化与员工的思想融合和行为融合，促进了企业文化在基层一线的有效落地。创作的《建设“线上线下”多彩画廊》《开展“尚德四礼” 深化“以人为本”理念》《深化“一路五景”布局打造企业文化示范点》等案例入选省公司企业文化典型案例集。

2. 推动内外部环境向上向好

通过开展“学理论、振精神、提标准、强执行”专项教育，企业文化的凝心聚力作用进一步发挥，正确选人用人导向进一步树立，党风廉政和反腐败工作深入开展，后勤建设改造加速推进，职工就餐办公环境不断改善，干部员工队伍心更齐、气更顺，精神明显振奋，公司自然生态和政治生态进一步向上向好。公司获“全国文明单位”称号。杜娜同志荣获“全国劳动模范”称号，1 名员工获“最美国网人”称号，12 名员工获评“安徽好人”“六安好人”称号。

3. 推动中心工作取得显著进步

公司安全生产保持稳定，电网建设加快推进，营销服务更加优质便捷，关键业绩指标实现较大进步，取得迎峰度冬、抗击疫情、重要保电等重大胜利。原水电供区、贫困村、行蓄洪区等重点农网项目按期投运，兆瓦级氢能综合利用站科技示范工程顺利开工。“醉美大别山”乡村改造获国家电网公司“百佳工程”称号。金寨大湾村成为“5G+”智慧全电旅游示范景区，“电制茶”示范项目入选国家电网公司乡村电气化提升工程典型案例。

三 分析与思考

近年来，国网六安供电公司积极践行优秀企业文化，促进企业文化融入基层一线生产生活，取得了阶段性成效，但企业文化建设工作是一项长期的工作，需要持续不断地创新工作思路，拓展传播渠道。今后，国网六安供电公司将继续深入推进企业文化建设工作，一是加强策划，不断创新企业文化建设工作的方式方法，促进企业文化扎根一线，与中心工作深度融合；二是坚持走出去，带进来，开展企业文化交流学习活动，及时汲取企业文化建设工作的先进经验，提升创建工作质量；三是持续深入发挥企业文化引领带动作用，提升团队能力，为建设具有中国特色国际领先的能源互联网企业作出新的贡献。

（项目完成人：刘高、周二红、李标、程晋春）

将形势任务教育融入企业文化示范点建设

国网蚌埠供电公司

一 案例背景

形势任务教育是思想政治工作的重要组成部分。随着企业文化示范点建设在国网蚌埠供电公司各班组站所的全面推进，思想教育上存在的队伍“薄弱化”，战斗力不强；方式“单一化”，吸引力不足；教育内容过于“死板”，影响力不够深刻；风格过于“官腔化”，致使感召力不大等不足日趋凸显。如何促进企业文化在各项业务工作中有机融合，如何推动公司战略目标落地落实，国网蚌埠供电公司通过将形势任务教育融入企业文化示范点建设，用理论武装职工头脑，把形势讲透、方向讲明、信心讲足，激发职工爱岗敬业、创新创造的热情，不断增强干部职工贯彻落实公司战略的自觉性和坚定性。

二 案例内容

（一）工作思路

通过对员工进行形势和任务的宣传教育，帮助和引导员工认清形势、统一思想、激发调动员工的积极性、主动性和创造性，为企业改革、发展、稳定提供坚强的思想保证。实现把正“方向盘”，让党建引领“实”起来；畅通“主动脉”，让企业文化“强”起来；把牢“主动权”，让思想建设“严”起来；管好“助推器”，让班组建设“动”起来。具体坚持五个原则：

（1）坚持正确政治方向。突出政治引领，坚持党组织在形势任务教育中的政治领导力、思想引领力、群众组织力、社会号召力，确保形势任务教育始终沿着正确的方向开展。

（2）坚持围绕中心服务大局。把统一思想、凝聚力量作为中心环节，自觉围绕党和国家工作大局，将企业发展融入国家经济社会发展，为改革发展稳定营造文明和谐社会环境。

2021 年 7 月 1 日，国网蚌埠供电公司举行新党员入党宣誓仪式．

（3）坚持党的群众路线。做好上情下达和下情上传，动员干部员工人人参与到形势任务宣讲中，让决策部署、目标任务直通广大员工，转化为员工的思想自觉和行动自觉，不断增强广大干部职工获得感、幸福感、安全感。

（4）坚持践行社会主义核心价值观。把思想道德建设、中华优秀传统文化等融入形势任务教育，培育职业精神，弘扬时代新风，不断提高干部员工的思想觉悟和文明素养。

（5）坚持问题导向。把解决思想问题和实际问题结合起来，注重形势任务教育的日常、经常、平常，注重落细、落小、落实，注重精准施策，不断推动内容载体、方法手段的创新。

（二）具体措施

1. 把正“方向盘”，让党建引领“实”起来

公司各基层党组织发挥在形势任务教育中的领导作用，用习近平新时代中国特色社会主义思想为员工剖析当前形势与任务。各支部每季度按照形势任务需要，定期在企业文化示范点开展形势任务宣讲活动。为保证支部书记形势任务宣讲质效，公司连续两年对基层党支部书记形势任务大宣讲课件进行评选，并组织企业文化示范点案例发布。

2. 畅通“主动脉”，让企业文化“强”起来

公司常态化开展基层党支部书记形势任务大宣讲活动，以“支部书记讲党史”为主题，每周至少开展 1 次党史故事专题形势任务微课宣讲。2021 年上半年，公司共组织制作形势任务微课件 22 期。公司先后开展春节“心安之处是故乡”、清明“红色家书”诵读、劳动节“劳动创造幸福”、建军节“老兵永远心向党”等主题活动，不断增强员工贯彻落实国网战略的自觉性和坚定性。

2021 年 4 月 2 日，国网蚌埠供电公司开展“红色家书”诵读活动

2021 年 2 月 25 日，国网蚌埠供电公司开展
“光影颂清风、翰墨扬正气”职工廉洁文化摄影书画展

3. 把牢“主动权”，让思想建设“严”起来

公司及时掌握员工思想动态，各企业文化示范点将形势任务教育融入“六必谈六必访”“三必到三必贺”和员工思想动态分析。通过企业文化示范点“家园建设”及时了解不同类型员工的想法、意见和利益诉求。从 2019 年开始，各企业文化示范点每月上报员工思想动态月报表，紧跟公司发展节奏。2021 年上半年通过员工思想动态报表，共开展“六必谈六必访”344 次，“三必到三必贺”159 次，走访慰问员工 194 人次，慰问金额合计 45479 元。

2021 年 2 月 25 日，国网蚌埠城西供电服务部开展
“家庭学党史　传承红色基因”绘画活动

4. 管好“助推器”，让班组建设“动”起来

公司挖掘现有载体潜力，以禹风学堂、道德讲堂、班组大讲堂等现有活动为载体，结合党史学习教育、提质增效、安全生产、优质服务等业务实际，2021 年各企业文化示范点共开展形势任务主题实践活动 18 次，鼓励广大员工在大力实施“一体三化”现代能源服务中“争先锋、当典范”。公司运用互联网思维搭建班组“微课堂”“微读本”“微交流”

2021 年 7 月 1 日，国网蚌埠供电公司组织获得光荣在党 50 年勋章的老党员
和 2021 年新发展党员共同收看庆祝中国共产党成立 100 周年大会盛况

“微活动”共学平台，指导基层开展形势任务教育。2021 年各企业文化示范点共制作形势任务教育“班组微课”资料 65 篇。

（三）主要成效

1. 将形势任务教育与工作实际结合，使员工达到“四个明确”

即明确面临的内外部新形势，明确国网公司成立初心及应承担的社会责任，明确公司发展战略、重点工作和阶段性目标，明确企业发展中个人应担负的职责和任务。公司先后涌现出全国“五一劳动奖章”甘正功、安徽省“劳动模范”詹斌、“蚌埠好人”唐传佳等一批典型。

2. 实现以党建促业务，以业务强党建

公司在企业文化示范点建设中，部署开展建功保安全、建功强基建、建功优服务、建功助脱贫、建功立标杆、建功树典型等“党建引领·初心建功”行动，把党建工作全方位融入企业管理。企业文化示范点供电服务指挥中心荣获“国家电网有限公司电网先锋党支部”称号，禹风共产党员服务队荣获“国家电网优秀共产党员服务队”称号。

3. 促进公司文化示范点软实力不断提升

推动企业文化融入专业管理、融入基层工作、融入员工行为，充分调动企业文化示范点各专业、各层级干部职工干事创业的积极性、创造性。2021 年公司荣获“安徽省先进基层党组织”称号。

三 分析与思考

1. 创新载体，让形势任务教育“入眼”

运用互联网思维，抓好传统会议室教育向网络教育逐步转变，充分发挥多媒体直观、生动的优势，抓住员工的眼球，让枯燥乏味的文字教育逐步向生动的、立体的、互动的教育方式转变，增强渗透力和亲和力。

2. 丰富形式，让形势任务教育“入脑”

了解员工思想动态、征询发展需求、问计员工群众，切实从员工所思、所想、所盼、所需出发，做到不回避问题、不夸大其词，积极倡导互动式交流、自发性参与，倡导现场式参观、“品牌”式教育，使群众呼声能得到及时回应。

3. 真情实感，让形势任务教育“入心”

认真落实“六必谈六必访”“三必到三必贺”常态化工作，让员工切实感受到企业关爱，感受到自己的生活与企业的建设、国家的发展休戚相关。

（项目完成人：常诚、刘新梅、高伟、牛路、高新、李莉莉）

卓越文化锻造特高压密集通道“皖电卫士”

国网安徽送变电公司

一 案例背景

安徽地处华东西部，承东启西，是西电东送的重要通道，国网公司在运的 11 条特高压直流线路有 5 条途经安徽。2019 年 9 月，±1100kV 吉泉线正式投运，安徽电网形成了世界上电压等级最高的交直流混联体系。境内公司级重要通道 9 个/1641 公里，省公司级重要输电通道 2 个/85 公里，其中±1100kV 吉泉线、±800kV 锦苏线、复奉线、灵绍线跨区直流线路在皖南横穿东西，形成 6 处/463 公里密集输电通道，数量位居全国第一。通道内导线相邻最小距离 57 米，最窄宽度 108 米，通道断面额定输送容量最大达 3160 万千瓦。密集通道具有传输容量大、通道断面窄、运行风险高，输送负荷重等特点，直接关系到大电网的安全稳定运行，密集通道安全管控显得尤为重要。

二 案例内容

（一）工作思路

2020 年，国网安徽省电力有限公司（以下简称省公司）在皖电党〔2020〕17 号《中共国网安徽省电力有限公司委员会关于印发“党建引领、初心建功”行动实施方案的通知》中，提出七个重点方向，其中之一为开展建功护通道。安徽送变电工程有限公司（以下简称公司）作为特高压密集通道的运维单位，坚持以党内政治文化引领企业文化建设，全面落实国网公司新时代发展战略，把企业文化作为外塑形象、内聚人心的重要途径，持续深化精神文明建设，以卓越文化锻造一支尖兵队伍，在守护特高压密集输电通道放心行动中凝聚精神力量。

（二）具体措施

1. 建设“卓志凌峰”生产阵地

“卓志”代表着“努力超越、追求卓越”的企业精神，“凌峰”代表着跨越困难的凝聚力。公司践行“人民电业为人民”的企业宗旨，充分发挥基层党组织战斗堡垒作用，在密集输电线路运维一线建设“卓志凌峰”生产阵地。

成立“密集通道放心行动”临时党支部，由运维岗位、应急岗位、生产技术岗位及相关协作单位党员构成临时支部，突出文化引领，使企业文化建设在运维一线落地见效。发挥组织优势，成立“启航党员突击队”，在带电作业、无人机巡视和智能调控领域成立三支青年突击队，围绕密集通道管控，深入开展各项工作，并做好“做好电力先行官、架起党群连心桥”的主题党日等相关活动，激励党员和青年员工。

深化“一支铁军”的精髓与内涵。不断强化文化渗透，发挥皖送“四特”精神，锻造“铁军”精髓，把党员责任区、突击队责任区建在密集通道运维第一线、急难险重最前沿。圆满完成春节、“两会”、迎峰度夏、国庆中秋“双节”等各类保电任务，尤其是打赢防疫阻击战。

2020 年初新冠疫情暴发时，春节值班人员持续坚守运维一线长达 60 余天，完成了平日里一倍以上的运维工作量，体现了企业文化对员工坚守信念的影响。广大党员干部坚定信心、冲锋在前，为确保复工复产期间电网设备安全可靠供电，坚持“能带不停”的原则开展应急处置。3 月 12 日、20 日，先后完成两次带电作业应急处置，让党旗在防控疫情斗争第一线高高飘扬。

2020 年 3 月 12 日，完成 500kV 清昭 5311 线带电作业

2. 建设“红色传统”文化阵地

公司深入践行“三先”工作理念，在密集通道现场，依托党员服务队，强化红色教育，搭建“红色阵地”，开展联建共创，构建坚强电网，营造多方共赢、共享局面。

组织员工前往密集通道周边参观红色教育基地，切实把红色资源利用好、把红色传统发扬好、把红色基因传承好，讲好“红色故事”，让更多的党员干部群众接受红色教育，接受革命精神的洗礼，进一步坚定理想信念，达到以红色传统推动实际工作的效果。组建浙苏皖长三角守护特高压红色联盟，联合浙江湖州公司和江苏检修公司开展“迎七一·浙苏皖党旗汇聚守护特高压”主题活动，以实际行动向建党 99 周年献礼，构建长三角红色阵地，有效推进三方互通的输电线路故障应急抢修联动机制落地，共同守护联盟区域内特高压输电线路安全运行。与芜湖供电公司党委开展联建共创活动，开展对接签约，不断加强在电网运维和属地协调等方面的互动合作，强化党员在密集通道运维管理和风险管控中的示范作用，推动“党建+”实践在密集通道管控一线落地。

2020 年 7 月 1 日，“迎七一·浙苏皖党旗汇聚守护特高压”主题党日活动

全方位开展文化渗透。国网公司企业文化建设“百千万”工程首批示范点带电班，引领示范作用明显，以点带面，推动各班组全力打造和提炼各自的“文化名片”。全力打造更具吸引力的红色文化阵地，有效传承弘扬红色基因，建成党建教育基地，将党员活动室、党员服务队队部、职工书屋“三合一”，搭建党员、职工美好活动平台，以潜移默化的方式传递“五心护航、党徽闪光”的主导思想。安徽电网智能巡检中心、机巡中心不断提升文化氛围“软实力”营造，建设一个良好的对外展示平台，2020 年 9 月 29 日，时任国家电网有限公司董事长、党组书记毛伟明调研时，听取了“大云物移智链”技术应用、无人机智能巡检等情况的介绍，对安徽电力有限公司加快信息与能源技术融合，提升电网安全运维水平给予肯定。

3. 建设“最美劳模”品牌阵地

发挥劳模引领效应，在密集输电通道运维一线，发动广大职工在带电作业、无人机巡视、智慧线路建设等领域进行攻关。全力打造学习会、创新室、实训场、特训营“四大阵地”，为新员工发展搭好成长舞台，实现“出一个、传一群、带一批”的人才发展局面，在带电作业领域，通过固定人员搭配合作，培育 6 对“黄金组合”，增强高空人员与地面人员的互信度与默契度，实现作业好协作、零差错。

2020 年 11 月 16 日，完成世界首次±1100 千伏直升机吊篮法带电作业

以±1100 千伏带电作业第一人、劳模吴维国为先锋，号召广大党员、职工在急难险重工作中起到表率作用。3 月 22 日，吴维国团队开展 1000 千伏湖安Ⅰ线检修作业，央视财经频道全程跟踪报道、直播连线，公司保障皖电东送战略通道、有序推进复工复产和华东地区电力供应的事迹，品牌阵地再次大放异彩。6 月 25 日、26 日，吴维国带领带电班分别采用“跨二短三”法和软梯摆入法完成 1000 千伏淮芜Ⅰ线、±800 千伏复奉线带电作业，不同电压等级的线路、不同的作业方法、连续高强度的高空作业，彰显了带电班这一全国工人先锋号班组的雄厚技术力量。11 月 16 日，成功实施世界首次±1100 千伏吉泉线直升机吊篮法带电作业，刷新了国内外直升机带电作业的最高电压等级记录，是一次向新领域、新技术的重要突破，标志着安徽电力自主掌握了适用于超、特高压输电线路的直升机带电作业技术，为大电网应对突发自然灾害等应急抢修积累了宝贵经验。

2020 年 7 月 14 日，公司党员服务队队员在九华密集通道开展防汛保电特巡

众志成城防汛保电。2020年夏天，受连续强降雨影响，安徽多地防汛形势异常严峻，在密集通道防汛形势严峻时，全面开展抗洪救灾工作，应急基干队伍前往受灾严重地区，利用冲锋舟勘察水淹塔位，积极开展特巡、夜巡，排查隐患、加固堤坝等，涌现出了一批忠于职守、敢打硬仗、善于攻坚、甘于奉献的优秀集体和先进个人，集中体现了特别能吃苦、特别能战斗、特别能奉献的电网铁军精神，让党旗在防汛抗灾和供电服务保障第一线高高飘扬。“最美劳模”品牌切实发挥带动作用，广大党员干部主动担当、冲锋在前，切实保障大电网安全稳定运行。

（三）主要成效

公司通过建设“卓志凌峰”生产阵地、“红色传统”文化阵地、“最美劳模”品牌阵地，强化党内政治文化建设，加强优秀企业文化建设，为密集通道安全提供了坚强保障。

1. 守护通道安全运行

通过卓越文化精益管理，构建了密集通道立体防护体系，密集通道自形成以来零跳闸。不断强化文化渗透，传承皖送“四特”精神，锻造“铁军”精髓，在抗冰抢险、应急处置等紧急任务前发挥重要作用，在保障国家能源安全，服务人民美好生活中当排头、做表率。

2. 凝聚企业发展合力

通过红色文化在运维一线的渗透，使企业文化落地生根，激发了职工锐意进取、干事创业的热情，整体队伍素质显著提升，员工保持强烈事业心、荣誉感，执行力和向心力持续提升，企业凝聚力和创造力显著增强。

3. 实力登高再创辉煌

通过劳模引领作用，锻炼了一支勇于担当、敢为人先的坚强队伍，1名员工荣获“国网公司抗击新冠疫情先进个人”称号，1名员工荣获“合肥工匠”提名，2人分别获得安徽电力“首席带电作业技能大师”和“首席无人机技能大师”称号，2个班组、5名员工荣获安徽电力抗洪救灾保电先进集体、个人称号，2名员工开展援藏帮扶工作，助力西藏山南公司机巡业务发展。全年完成公司科技项目2项，省公司重点管理创新项目1项，国网公司管理创新推广项目1项；授权实用新型专利3项，受理发明专利5项，实用新型专利4项，授权软件著作权5项，带来了良好的经济效益、社会效益。

三 分析与思考

卓越文化锻造特高压密集通道“皖电卫士”取得了一定成效，但在企业文化导入运维一线方面还存在一定的难处，公司将进一步深化企业文化建设，使企业文化在运维一线实践落地。一是坚持党建引领，深入推进建功行动落实落地。强化党内政治文化引领，牢牢抓住“建功护通道”行动，结合党建工作，加强品牌建设，做好新闻宣传策划，全面推进

"党建+"实践与落地，让特色更特，让红色更红。二是做好先进员工的典型选树。在重要输变电设备迎峰度夏运维保障立功竞赛、带电作业、防汛保电、秋季检修等工作中深入挖掘先进典型人物，以典型带动推进队伍建设，推进工作开展。三是大力开展企业文化培训。结合专业实际，将文化内涵渗透到岗位工作中，将企业文化理念和放心通道的品牌，传递给每一名员工。

（项目完成人：杜洋、许翔、王龙胜、叶义德、董南北）

心相通　力相聚
以“四心”打造“四力”信通调控中心

国网安徽信通公司（国网安徽数据中心）

一　案例背景

2020年，国网公司发布“文化铸魂、文化赋能、文化融入”专项行动计划和2020年思想文化建设项目计划，推动国网战略和企业文化进基层、进班组、进站所，将战略意志转化为全体职工的情感认同和行动自觉。国网安徽信通公司作为国网安徽省电力有限公司信息通信业务支撑机构，负责安徽公司的信息与通信系统建设与运行维护，为安徽公司实施“一体三化”现代能源服务提供坚强的信息通信支撑保障。2020年，国网安徽信通公司紧紧抓住“新基建”的发展机遇，围绕5G行业应用，积极探索5G技术与电力行业业务融合的应用研究，深入打造特高压古泉5G应用等新基建精品工程，同时在全面落实国网公司战略目标的过程中推动企业文化深入基层，实现企业文化与专业工作的有机融合。

二　案例内容

（一）工作思路

国网安徽信通公司以“心相通、力相聚，以‘四心’打造‘四力’信通调控中心”为主题，全方位、多维度推进企业文化建设，借文化春风，着力打造充满引领力、防护力、服务力、创新力的信息通信调控中心。积极实现企业文化与专业工作的有机融合，激活全员潜能，解放思想、敢为人先、实干在先、创新争先，着力保障电网高质量运营，奋力担当能源互联网建设主力军，在国网战略实践中做好支撑服务，为美好生活充电，为美丽中国赋能。

（二）具体措施

一是不忘初心，强化思想引领力。依托“微课堂”“学习强国”等平台做好思想政治工作，筑牢全员思想根基。创新党建活动方式，与各地市信通党支部、发电厂党支部等开展联建共创活动，打造首家厂网通信联建共创示范基地，进一步强化政治引领力。深入落实省公司党委七大行动专项工作相关要求，以党员服务队为先锋队伍，遴选各专业精英，打造古泉换流站示范引领高地。持续创建“党员责任区”“党员示范岗”，通过亮身份、亮承诺、亮作为等让责任区、示范岗树起形象，形成学先进、赶先进、争先进的浓厚氛围。

2020 年 5 月 28 日，国网安徽信通公司共产党员服务队为古泉换提供无线接入通道

二是专注安心，压实安全防护力。通过安全活动日、通信反事故演习等方式让全体员工树立安全理念和安全红线意识。建立安全责任清单，明确组织、岗位、个人职责，提高设备运行可靠性、安全性。实施从流程到作业现场的全过程管控，制定详细的周计划，按计划进行风险等级评估，根据评估结果实行相应层级领导到岗到位，保障通信网安全运行。通过省市协同、应用 AR/VR 新技术提升通信保障能力和应急处置水平。每月联合地市公司开展通信无脚本应急演练，提升全员化解险情、科学应变的能力。

三是凝聚精心，提升运维服务力。打造±1100kV 古泉换通信运维示范高地，在此基础上制定通信站标准化手册，推行通信站标准化建设，完善各通信站标识标牌、设备升级改造等，优化通信网络，所有站点建立一站三册，针对各站点情况编制详细的运行资料、运维资料和应急预案，进行精细化运维。为疫情防控特殊时期的生产、经营和管理活动提供安全、可靠的信通支撑，制定基于先进信息通信技术的“开会不见面”“办公不中断”“服务不停息”等远程办公模式，助力疫情防控。

2020 年 11 月 19 日，远程指导班组工作人员应用
AR/VR 新技术开展通信安全检查

2020 年 6 月 19 日，国网安徽信通公司圆满
保障安徽电力支援湖北出征动员会召开

四是铸就匠心，激活实干创新力。开展跨专业、跨部门、跨层级的轮岗锻炼，让员工理解不同岗位所承担的不同责任，提升员工凝聚力和战斗力。充分发挥班组员工“老带新”“新促老”作用，开展形式多样的“微课堂”教学，强化员工专业实操能力，着力打造业务精通的专业人才队伍。依托于浩劳模创新工作室、5G 技术及应用实验室两大平台开展创新活动，遴选中心专业人才组建创新团队，结合“数字新基建”十大重点建设任务，围绕 5G 开发、应用开展技术创新、管理创新、服务创新，以班组为单位组建不同专题创新小组，全面开展群众管理创新、科技创新以及服务创新等。

2020 年 9 月 12 日，古泉 5G 智慧换流站获评安徽省
“5G＋工业互联网”十大创新应用

（三）主要成效

思想根基更牢固。通过理想信念教育，广大党员职工政治站位得到了明显提高，党员职工精神振奋。通过“学战略、讲担当、干精彩”主题党日活动、共产党员服务队专题活动等开展“化整为零”上门服务，找准政治实践与业务工作的结合点，发挥专业和技术优势，为安徽公司和其他兄弟单位的通信工作提供服务支撑。通过立项“特高压＋5G”——电网新基建，争做排头兵初心建功专项行动，赋能特高压古泉站智能运维、智能巡检，提升古泉站智能化水平，充分发挥了基层党支部战斗堡垒作用和党员先锋模范作用。

安全防护更强实。发挥专业优势，开展系统安全防护相关研究，实现全省不同品牌及同一品牌不同用户的数据采集和访问隔离。通过加设防火墙、入侵检测、流量检测及纵向加密装置等，大幅度提升系统服务器及网络安全水平。按照“谁使用、谁编制、谁修订”的原则，对原有安全责任清单进行完善，进一步聚焦安全生产责任。开启全省通信备品备件集中统一管理模式，提升全省集中统一调拨效率，强化资源共济，节约成本。

服务质效更专业。为落实疫情防控工作要求，充分发挥信息通信技术优势，发挥电视电话会议系统作用，开启不见面会议模式，启动封闭值班模式，圆满完成支援湖北出征动员会通信保障任务。不断总结提炼典型经验，围绕疫情防控期间安徽通信调度运行值班保障和视频会议等多个主题连续三个季度在华东区域通信运行会上做交流发言，得到了华东分部和相关省公司的认可和充分肯定。

创新价值更优质。通过不断推动 5G 技术与电力产业的深度融合，加强技术研究与业务实际需求对接，形成一系列应用成果。其中，《国家电网宣城古泉 5G 智慧换流站项目》和《基于“5G＋”AI 的特高压站房自动管控应用》两个项目在第三届“绽放杯”5G 应用征集大赛中分别获得智慧园区专题赛三等奖和浙江分区赛二等奖的优异成绩，牵头实施的“宣城古泉 5G+特高压智慧换流站”项目成为唯一入选安徽“5G+工业互联网”十大创新应用的电力行业应用项目，填补了电力行业在全球 5G+特高压建设应用领域的空白，成为新基建建设应用的标杆。

三 分析与思考

在推进文化项目的进程中，对项目的归纳、提炼不够全面，业务工作与文化推进的融合缺少完备的策划方案和具体可行的长远规划，思想文化力量有待进一步增强。成果展现缺乏闪光点，文化品牌缺乏实际的落脚点和载体。

下一步将持续推进以“心相通　力相聚　以‘四心’打造‘四力’信通调控中心”为主题的企业文化建设，全方位加强过程管控，实施动态管理，及时了解情况、发现问题、督促改进、持续改善，确保文化项目作用持续发挥。利用报纸、网站、钉钉等媒体，积极宣传工作特色做法和实践经验，搭建工作交流和经验共享平台。协同推进企业文化长廊项目建设，对办公楼楼道、员工书吧和创新室进行统一设计，达到视觉宣传的效果。

（项目完成人：何健、于浩、李振伟、阮庭庭、张兰兰、戴望、苏涛）

以“三泉”促“三先”打造特高压直流古泉站示范标杆

国网安徽电力超高压公司

一 案例背景

±1100kV古泉换流站是拥有世界“四最”头衔（电压等级最高、输送容量最大、输电距离最长、技术水平最先进）的昌吉—古泉±1100kV直流工程的受端换流站，在保障疆电外送、华东地区电能可靠安全供应中发挥重要作用。面对运维世界上电压等级最高换流站的压力与挑战，国网安徽电力超高压公司强化党建引领，以企业文化为内在驱动力，将深化企业文化示范点建设与交直流混联电网运维工作深度融合，全力推进国网公司新时代发展战略体系传播、落地；以“敢为人先·泉（全）心泉（全）意、实干在先·泉（全）力以赴、创新争先·泉（全）员合力”守护“大国重器”安全稳定运行，发挥电力“顶梁柱”的重要作用。

二 案例内容

（一）工作思路

全面贯彻落实习近平总书记关于文化建设的重要论述，以国网公司“建设具有中国特色国际领先的能源互联网企业”战略目标为引领，贯彻落实安徽公司“三先”工作理念，营造“泉心泉意、泉力以赴、泉员合力”的古泉文化氛围，重点将文化融入安全生产、智慧运检、创新创效等中心工作，彰显中国特色、铸就国际领先、树立示范标杆，全面筑牢特高压古泉站安全防线，提升特高压大电网运维管理能力，彰显企业良好形象。

（二）具体措施

1. 敢为人先·“泉心泉意”，彰显中国特色

一是政治教育为先，“泉心”锤炼党性修养。深入学习贯彻习近平新时代中国特色社会主义思想，以三会一课为载体，利用党员活动室、宣传栏、学习强国、微课堂等“线

上十线下”资源，加强理论学习。通过走进皖南事变教育基地、党员志愿服务等方式开展沉浸式教育，锤炼党性修养。

2020 年 5 月 10 日，古泉站员工在职工书屋进行阅读分享

二是家园建设为先，“泉心”滋养精神家园。通过“心灵港湾”“职工书屋”“家人寄语”等多项措施，营造“家”的氛围。做细做实“六必谈、六必访”，推广“支部书记联络员制”，与站内青年员工进行一对一沟通交流，常态关注职工思想状态。针对不间断疫情封闭、迎峰度夏、政治保电等繁重任务，详细了解员工们的工作时间安排和家庭状况，认真开展攻坚阶段慰问工作，缓解工作压力。

三是党建引领为先，“泉心”构筑坚强堡垒。构建以党员为骨干、覆盖班组全员的“党员设备主人制”，广泛开展“党员身边无违章”活动，深度激发党员履职尽责的主动性和积极性，形成“支部—党员服务队—攻坚小组”战斗矩阵，层层发力，构筑起保障电网安全稳定运行的坚强堡垒。

2020 年 10 月 17 日，古泉站党员张贴“党员设备主人”标签

2. 实干在先·“泉力以赴”，铸就国际领先

一是奋战保电在先，“泉力”守护电网安全。国网安徽电力超高压公司作为全球唯一一家同时肩负着交直流电压等级最高运维职责的单位，始终将古泉站的安全稳定运行放在首要位置。面对防疫保电、迎峰度夏保电、极寒天气保电等重难点任务，成立以党员服务队为主力的“精兵队伍”带头开展设备保供电工作，通过精心巡视、精确跟踪、精准应急，“泉力”守护交直流混联电网的安全。

2020 年 7 月 10 日，古泉站党员服务队队员开展保电特巡

2020 年 9 月 30 日，古泉站安全员利用自主编印的
安全口袋书对外委工作人员进行安全警示教育

二是安全管控在先，“泉力”铸就运检样板。结合“安全生产月”“安全活动日”，组织开展“文化+安全”微课堂、“我为安全献一策”等交流活动，通过评选“每月一星”、曝光违章作业、通报事故分析等方式，抓好安全教育。面对首次年度综合检修，古泉站作为新设备使用、新模式探索的先行者，迎难而上、聚力攻坚，采用“网格化、智慧化”安全管控模式，确保作业现场安全，在首检中顺利攻克多项世界首次、行业首次难题。

2021 年 1 月 18 日，古泉站党员服务队队员通过智慧运检平台监控设备运行情况

三是智慧运检在先，“泉力”打造数字示范。通过数字化换流站工程建设，实现业务数据融合、运检数字化、透明化管控、全息感知，建立设备智能“监测”、智慧“听诊”、智能“分析”等智慧运检体系。依托“大云物移智”技术，推动运检模式从“传统人工驱动”向“数据智能驱动”转变，打造数字化示范站。

3. 创新争先·“泉员合力”，树立示范标杆

一是创新创效争先，凝聚“泉员”发展合力。开展古泉换流站创新创效成果展，营造浓厚氛围，培养员工创新精神。以党员、青年骨干为核心组建科技攻关柔性团队，以“跟着干、学规范、解难题、写报告”的理念成立“课题攻关组”。充分发挥平台优势、人才优势、年轻优势，以问题为导向，聚焦工作难点、痛点，积极抢抓科技制高点，形成古泉经验，提供古泉方案。

二是人才培养争先，提升“泉员”运检能力。坚持双向培养，将业务骨干培养成党员，将优秀党员培养成业务骨干，实现党性修养与业务素质的双提升。拓展培训渠道，通过专题讲座、实操培训、应急演练等理论与实践相结合的培训活动，加快青年员工、后备人才培养，提升“泉员”运检能力，打造一流人才队伍。

三是典型选树争先，激发“泉员”同频共振。深入挖掘身边的技能能手、优秀党员、劳动模范等先进典型的事迹，加强内外宣传，增强带动作用。通过榜样树立，将“当标杆”理念传递给每位员工，激发“泉员”干事创业热情。

四是品牌塑造争先，彰显“泉员”责任担当。抓住重要事件、突出成果，加强宣传主题策划，树立“见人见事见思想”理念，通过宣传视频、H5 微页面以及 VLOG 新媒体等方式展现古泉换流站工作成效和古泉青年工作风采。

（三）主要成效

1. 取得“防疫”与“安全生产”双线胜利

疫情期间，古泉站动员实行最严格的管控措施，全员封闭值班 74 天。作为国网系统首个大型复工复产现场，率先完成 24 台换流变分接开关改造，“一停多用”作业模式作为典型经验推广。圆满完成年度首检任务，7261 项操作精准无误，实现对 38 家作业单位、9843 人次安全管控，为超特高压大型检修现场提供“古泉样板经验”，受到国网设备部表彰。2020 年，荣获国网公司“特高压隐患整治特殊贡献奖”“精益管理红旗站”等荣誉。

2. 推动“智慧运检”与“科技创新”初见成效

组织全站力量，连续攻坚 10 个月，累计 2158 人次不分昼夜参与数字化换流站建设，完成在运 24 台换流变智能终端装置与巡视点位全部匹配工作，打造智慧运检管控平台。紧紧围绕现场运检业务需求，开展课题攻关、QC 活动、专利论文撰写等科技创新工作，累计发表 16 篇论文、8 项专利，智慧运检建设成果入选国网最佳典型案例，获国家级管理创新一等奖 1 项。

3. 促进“队伍素质”与“窗口形象”两项提升

常态组织开展设备故障案例讲解、仿真培训、技术问答、事故应急演练、技能实操等各类形式培训，60 余名员工参加 2020 年 7 月集中封闭轮训活动，专业技能水平显著提升。在 9 月份国网公司组织的换流站培训考核中，在全国 12 个满分中，古泉站 15 人有 10 人取得满分。古泉站多次迎接各级领导、兄弟单位、社会团体来站参观调研，完成各级迎检任务 312 项，1689 人次，摄制多部形象专题片，充分展示“特高压站窗口形象”，并得到央视、学习强国、新华社、国家电网报、安徽卫视等十余家媒体专题报道。

三 分析与思考

企业文化项目实施过程中，坚持以国网公司战略实施落地为落脚点，强化战略承接，通过项目实施，促进国网战略在专业、岗位中变成具体行动。下一步将紧跟国家战略和国网公司发展布局，进一步提升企业文化建设质量和效果，为推动古泉站高质量发展注入不竭的文化动能，争创一流标杆示范站。

（项目完成人：杨栋、徐斓瑛、杨波、奚媛媛、盛山青、况亚萍、孟磊）

持续深化精神文明建设

传承优良家风
助力公司新时代文明实践落地

国网东至县供电公司

公司秉持着“让新时代文明在企业落地生根”的理念，将素有“尧舜之乡”的属地优秀传承文化——周氏“六世书香　百年家风”融入新时代文明实践活动中，以新时代文明实践站为依托，引导员工学习和传承传统文化，让文化内涵深入到职工工作生活的方方面面，让员工切实感受到优秀传统文化的魅力，做新时代文明实践中华民族独特文化基因的践行者。

（一）工作思路

以贯彻习近平总书记关于家风建设的重要讲话精神为引领，弘扬中华优秀传统文化，传播社会主义核心价值理念，挖掘传统文化和良好家风，传播向上向善的正能量，引导全公司党员干部从自身做起、从家庭做起，讲道德、守规矩、重家风，营造家风好、民风纯、党风正、政风清的良好氛围。

（二）具体措施

1. 多元化宣传属地优良家风家训

以公司网站、工作微信群、展板、自制书签、宣传画册作为载体，精心设计和组织开展了内容鲜活、形式新颖、吸引力强、员工乐于参与并能深入人心的活动，宣传好“传承好家风，培育好家训”。

开展了“培育好家风好家训”系列活动：公司全员参与的“诵读经典家训 培养文明家庭”主题的道德讲堂；征集“好家风好家训”，汇总具有文化内涵的家训以展板的形式在公司大厅处展示；以“治家格言和家庭美德”为主题的各类题材故事征文，在公司网站开设专栏展示；征集了以“好家风好家训好家庭”为主题的绘画、书法作品，以专题活动方式组织公司全员分批次观赏；团委进行了“我喜爱的家风家训”评议、传诵等活动。

2021 年 5 月 12 日，国网东至县供电公司开展“道德讲堂”活动，
诵读周氏家训的“家规十八条”

2. 以党风带学风宣导传承传统文化的意义

（1）全体党员自学或集中学习时围绕什么是家风家训、传承良好家风的重要意义以及如何传承良好的家风家训，从身边的例子、名人的事迹、典型的社会事件、舆论的热点话题入手，明晰家风家训的古今意义，强化自身的党性教育。

2020 年 7 月 3 日，国网东至县供电公司青年员工在宣讲周氏家风、
家族中的名人轶事及传承优良传统文化的意义

（2）各支部将“传承家风家训”融入“主题党日＋”活动中，拓宽思路、覆盖到全体员工，开展了家风家训与党风政风座谈会、家风家训专题党课等。

（3）结合支部及班组开展的各类学习活动，倡导“人人讲、人人做”的学习与宣讲的方式，组织员工“学家风、讲家风”，其中以青年员工及入党积极分子等优秀员工为主要宣讲员。

3. 家风传承落地实践

“大手拉小手”，切实认知、感受和体会到“家风家训”对于自己和家人生活工作的深远影响。

组织员工与孩子一起聆听“周氏家风家训”专题宣讲，到“周氏家风馆”及“周氏家族祠堂”实地参观了解东至县周氏家族优良家风的传承历史故事。针对家庭和睦、教育孩子的方法、邻里之间的相处之道等方面，大家都畅谈了自己对家风家规的认识和体会。

2021 年 9 月 7 日，国网东至县供电公司员工在家中与女儿一起背诵《周氏家训》《三字经》等

假期里，组织孩子们到父母亲工作的场所参观并诵读《周氏家训》《朱子家训》《范氏家训》《曾国藩家书》等名篇佳句，一起学习传承家风文化的同时，也让孩子明白父母亲工作的辛劳不易，更让员工们认识到培养文明家庭及言传身教的益处，共同将良好的行为习惯自觉地践行到自己的生活、学习和工作中。

（三）主要成效

围绕建设新时代文明实践站、依托各基层党支部开展活动，创新方式方法，把大力弘扬传承优秀传统文化精神作为新时代文明实践的重要抓手，开展了各级各类学习教育活动，加强了员工的思想道德及党性教育，以务实的作风能担善为，以良好的家风涵养初心，扎实推进了职工综合素质提升工程，推动了新时代文明新风的传播。

1. 以家风带学风，养成全员参与的新时代文明实践风

公司全体干部员工自觉传承好家风家训，在职工中营造了良好的学习氛围，切实发挥出党员干部在营造和美家庭氛围中的示范带头作用，以自己的实际行动投入到建设好家风的活动中，形成人人谈家训、廉洁自律树家风的良好氛围，树立尊老爱幼、勤俭持家、自立自强，关爱他人的家庭文明新风尚，充分发挥了传承优良传统文化的激励引导作用，有效推进了公司党风廉政建设及精神文明创建工作。

2. 以点带面，将传承优良家风的意识根植入心

（1）找准新时代文明实践的切入点，打造新时代文明实践项目——文化＋传承，将东至县“周氏优良家风”文化融入广大员工的工作生活中，通过学习传承属地优良的周氏家风家训，既传播了文明家庭的治家理念和良好家风，又让员工们在潜移默化中提升了道德修养，使公司呈现出良好的精神文明风貌。在传承优秀传统文化的同时，丰富了员工的精神生活，公司新时代文明实践活动得以长效常态开展。

（2）充分利用青年员工的学习热情以及即将和正在组建小家庭的时机，通过“学家风、讲家风”的参与方式将优良家风根植于己心。与此同时，其他员工与青年员工们畅谈优良家风家训对自己成长和生活工作的影响，讲述发生在自己家庭里的家风小故事及他们的体会和感悟，从不同角度了解到新时代良好家风的丰富内涵并得到深刻启迪。充分发挥了周氏家风家训的激励引导作用，以“传承好家风、建设好家庭”为切入点，打造“人人肯学、人人愿做”的氛围，在传播中华传统美德的同时，推动公司新时代文明实践工作上台阶。

3. 推陈出新，赋予家风新的时代内涵

“人必有家、家必有训”，企业就是每位员工的“家”。企业发展顺应时代发展，家训是传承优良传统文化的重要载体，做到人为我用、与时俱进，在落地实践中深刻认知到文明家庭的培育对于自身道德修养及公司发展的必要性和重要性。

在传承中内化于心、实践中外化于行。强化了各部门员工“重安全、要安全”的意识，引导大家传承好家训，建设好家风，安心干好工作——“高高兴兴来上班、平平安安回家去”，在提升员工家庭幸福指数的同时，公司各项工作完成率及创新率明显提高。

三 分析与思考

将习近平总书记关于“注重家庭，注重家教，注重家风”的重要指示精神落到实处；传承和弘扬周氏优秀家规家训，充分发挥属地优良的传统文化；把家风建设作为公司党员干部的必修课落小落细落实；丰富活动载体，创新开展具有很强的教育性和感染力的活动；切实推动党员干部群众形成重家教、守家训、正家风的廉洁文化，引领时代文明新风。

（项目完成人：徐斌、耿欢、刘静）

“五心关爱”管理实践　志愿服务体现价值

国网和县供电公司

案例背景

志愿服务精神的核心是“奉献、友爱、互助、进步”，这与国家电网公司基本价值理念所体现的精神不谋而合。国家电网公司将“人民电业为人民”作为企业宗旨，其中所体现的正是全面履行经济责任、政治责任、社会责任，做好电力先行官，架起党群连心桥。国网和县供电公司不断加强和创新青年志愿服务组织建设管理，进一步提升党员、团员志愿服务水平，努力实现“三个培育”的工作目标。一是培育践行核心价值观和基本价值理念的有效载体，通过实施志愿服务品牌化运行，构建推进社会主义核心价值观和国家电网公司基本价值理念落细落小落实的有效载体平台；二是培育践行党建融合业务工作的有效平台，坚持把服务理念和服务方式相结合，以规范的服务手段、精致的服务细节，做好电力先行官，架起党联系群众的连心桥；三是培育践行增强企业品牌影响力的重要途径，通过拓宽服务范围、创新服务形式，提升社会对供电企业服务人民的认同度，对外展示良好的品牌形象，为企业发展营造良好的发展环境。

案例内容

（一）工作思路

国网和县供电公司青年志愿者服务队于1997年正式成立，现有队员27名，坚持履行社会责任，服务青年成长成才，秉承基本价值理念和志愿服务精神，践行“人民电业为人民”的企业宗旨，构建“五心关爱”志愿服务管理机制，做到用心服务、关爱留守儿童，贴心服务、关爱孤寡老人，热心服务、关爱困难群众，诚心服务、关爱电力客户，细心服务、关爱青年成长。充分发挥行业和技术优势，开展形式多样、富有特色的志愿服务活动，打通服务和联系群众“最后一公里”，增强员工对基本价值理念的认知和认同，强化责任奉献意识，激发履职尽责热情。

（二）具体措施

1. 在队伍建设上、实行标准化管理

国网和县供电公司严格规范志愿者组织建设，由团委负责牵头组织，构建了志愿者服务队、志愿者服务小分队、志愿者服务个人的组织结构形式，制定青年志愿者服务队注册制度，根据不同的岗位、服务内容分别注册不同的小组。加强与共产党员服务队标准化建设相结合，强化服务队办公场所基础设施建设，推出服务队常规重点工作“年历”和月度工作计划，完善服务队档案库、资源库、数据库。加强服务队梯队建设，集中开展业务培训 36 次，规定后备干部、入党积极分子和新入职员工在服务队锻炼培养 3 个月以上，提升服务队整体素质。建立服务队成效满意度评价机制，组织服务队劳动竞赛，开展服务时间、服务内容、服务成效达标考核，全面提升服务质量和工作水平。

2. 在服务形式上、实行常态化管理

国网和县供电公司将志愿服务与结对帮扶救困、解决社会问题、优化用电环境、促进青年成长有机融合，构建“五心关爱”常态化志愿服务体系，对促进青年人才队伍建设、企业改革发展发挥重要支撑和保障作用。

（1）用心服务、关爱贫困儿童。积极将关爱留守儿童纳入爱心助学的具体行动。建立爱心助学活动常态机制，通过与县妇联、团县委等组织接触，将贫困学子确定为帮扶对象。

（2）贴心服务、关爱孤寡老人。将孤老病残用户为特殊关怀对象，推出亲情服务等措施，对孤寡老人进行“手拉手”“一助一”的帮扶，建立特殊群体档案，及时上门为他们办实事、解难题。

2020 年 8 月 11 日，国网和县供电公司青年志愿者结对帮扶孤寡老人

（3）热心服务、关爱困难群众。充分发挥基层党支部和团组织服务群众、帮扶救困的纽带作用，主动帮助残疾弱势群体排忧解难。认真做好结对共建活动，开展扶贫帮困送温暖活动，着力打造攻坚克难的先锋、为民服务的标杆。

（4）诚心服务、关爱电力客户。优化供电服务营商环境，组织志愿者走访重点用户，了解客户用电和服务需求，现场提供咨询服务，优化客户供电方案，解决客户实际困难。

（5）细心服务、关爱青年成长。通过志愿服务的示范引领作用，持续加大对青年员工的培养力度。公司采取跨专业岗位交流培养锻炼、制定职业生涯规划、组织专业技能比武等多种形式，为他们提供实践锻炼的平台和展示才华的空间。

2021 年 6 月 24 日，国网和县供电公司青年职工正在进行电力线路架设技能比武

3. 在载体塑造上、实行创新化管理

（1）建立帮扶机制，实施项目化运作。每年开展“爱心圆梦行动”，组织发动党员、团员实施爱心捐款活动，对品学兼优的寒门学子进行资助，资助香泉、石杨以及功桥等乡镇贫困学生 39 名，提供爱心捐款 8 万多元。与留守儿童“一对一”结对帮扶，先后组织青年志愿者与全县 35 名留守儿童结成帮扶对子。建立孤寡老人“五个一”关爱机制，即定期开展一次走访谈心、排查一次安全隐患、宣传一次用电常识、发动一次上门慰问、拨打一次亲情电话，将光明和温暖送到老人们的身边。

（2）建立服务阵地，实施网格化管理。在基层供电所建立 8 个志愿服务工作站，实行网格化服务模式。围绕扶贫攻坚、表后服务以及帮扶救助为内容，结合电力扶贫攻坚工作开展，构建“四亮四美”党建先锋服务体系，即“点亮乡村，奉献最美；擦亮窗口，形象最美；闪亮银线，责任最美；扮亮党旗，先锋最美。”常态开展对贫困群众的帮扶救助，结合提升用户服务“获得感”，建立“全心服务365”服务模式，即“全程响应、用心服务，全程引导、暖心服务，全程协同、贴心服务，全程帮助、热心服务，全程融合、诚心服务”，围绕客户需求开展优质服务、增值服务和延伸服务。

（3）建立分享平台、实施常态化培育。建立青年人才“安规培训、岗位轮训、师徒导训”模式，为优秀青年人才搭建施展才华的平台。近年来，已有22名青年员工从基层走向前台，成为敢抓能干的中层管理人员和基层供电所负责人，有8名青年员工光荣的加入党组织，有31名青年员工在省、市级各类技能竞赛中获奖。

（三）主要成效

（1）“由点到面”的引领带动，围绕重大节日和社会关注热点，组织青年志愿者深入基层，策划“青春光明行”“大手牵小手”“情暖爱夕阳”等具有影响力的志愿活动。从乡村、社区、学校到敬老院、福利院，志愿者足迹遍布全县各地，先后与5所中小学校和11所敬老院结成对子，建立1座“光明驿站”和3座“光明书屋”，帮扶116户困难群众，建立志愿服务活动日常化的阵地。

（2）“由浅到深”的品牌提升，建立志愿活动品牌传播机制，强化各项活动对外宣传和报道，新华社、中央人民政府网站、中国青年网等媒体广泛报道公司志愿服务事迹。充分发挥团员青年排头兵作用，先后开展文明服务、用电咨询和街头宣传活动260余次，展现公司青年服务社会的良好形象，赢得社会各界的广泛赞誉。和县供电公司青年志愿者服务队先后荣获安徽省第十届优秀志愿服务项目，安徽省“百佳”青年志愿者服务集体称号，马鞍山市首批“小青马”志愿者服务站，连续三年荣获全县“关心下一代工作”先进集体称号。

2019年5月，国网和县供电公司青年志愿者服务队获马鞍山市首批“小青马”志愿者服务站

（3）“由虚到实”的价值体现，始终坚持把“五心关爱”管理机制与业务工作紧密融合，作为衡量工作成效的评价标准。实现客户满意、员工素质和服务形象的全面提升。公司连续四届蝉联安徽省文明单位称号，获安徽省脱贫攻坚先进集体表彰，13 名青年志愿者获全省优秀共青团员、全市志愿服务十大杰出青年以及市、县好人称号。

2019 年 3 月 5 日，国网和县供电公司青年志愿者组织开展集体宣誓

三 分析与思考

国网和县供电公司坚持顶层设计、过程管控和成效评估，围绕服务对象的不同类别，确立“五心关爱”志愿服务管理模式。通过统一、持续和广泛的志愿服务活动，把“五心关爱”理念融入志愿服务项目化运作和管理，促使“五心关爱”志愿服务机制建设标准化、常态化、创新化。通过将志愿服务与结对帮扶救困、解决社会问题、优化用电环境、促进青年成长有机融合，借助志愿服务的可感知性、内化志愿服务价值，针对不同群体、服务需求搭建服务载体，创新服务形式，推动志愿服务形成特色、塑造品牌。实现企业文化传播和落地的有机结合，不断为企业发展增添思想保障和内生动力。

（项目完成人：赵阳、李锋、尹俊峰、昂晓龙、魏莱、陈银龄、朱伟玲）

打造“三维一体”传播阵地 汇聚“智库建设”精神力量

国网安徽经研院

一 案例背景

为彰显“大国重器”和“顶梁柱”的责任担当，国网公司坚守初心使命，坚持战略引领，强化文化驱动，通过实施“文化铸魂、文化赋能、文化融入”专项行动，助力建设具有中国特色国际领先的能源互联网企业。经研院作为支撑公司和电网发展的重要力量，坚定“一流”“权威”“核心”的价值追求，明确建设“两翼四化”公司高水平智库，全力支撑公司实施“一体三化”现代能源服务、在国网战略目标实践中“争先锋、当典范”，积极弘扬“专业专注、创新创效、协同合作”的经研文化理念，通过“创新引领、学用贯通、刚柔并济”三维一体打造智库建设文化传播阵地，推进员工思想工作责任化、任务化、经常化，引导员工服务大局，加强协同合作，勇于担当尽责。

二 案例内容

（一）工作思路

创新引领，以柔性团队、劳模带动为抓手，打造经研“智汇”空间，分专业组建六支创新攻关团队，加强院内技术支撑融合创新。学用贯通，通过“线上+线下”学习教育、文化走廊、企业文化示范点建设、创建国网公司文明单位等举措，推动中华优秀传统文化创造性转化、创新性发展，大力培育职业精神，提升文明素养，树立行业新风。刚柔并济，加强制度体系完善，制定并完善科学的激励制度，加强人才培育，强调以人为本，注重员工感受，主动倾听员工声音。优化企业文化治理，保障经研文化理念有效落地。

通过“三维一体”传播阵地建设，全力营造全员“专业专注、创新创效、协同合作”

的文化氛围，为“两翼四化”公司高水平智库建设输入源源动力。

（二）具体措施

1. 创新引领，实干担当求突破

（1）智库建设加速度。构建“刚性机构＋柔性团队”组织模式，制定《创新攻关团队管理方案》，打破部门间专业壁垒，围绕综合能源服务、电力体制改革等重点领域组建 6 支创新攻关团队，同步建立 6 支青年智库团队，协同公司团委面向全系统青年员工招募，形成专业汇聚和内外协同的创新开放生态。

（2）先锋示范砥砺行。深入开展“三亮三比”主题活动，设立党员示范岗，组织党员亮身份、亮职责、亮承诺，比作风、比技能、比业绩，营造比学赶超、互促共进的工作氛围。持续实施“党员＋党支部”典型选树，多措并举宣传“缺氧不缺精神”的经研援藏代表陈煜同志和原水电供区帮扶 6 位青年，召开“五四”青年座谈会和“立足岗位建功·青春磨砺出彩”主题分享会，青年代表分享工作心得和经验，激励党员在思想上当先进、在业务上当骨干、在工作上当表率、在业绩上当标杆。

（3）科技创新立潮头。把准科技创新工作定位，立足经研院专业特色，全面推进战略、规划及咨询领域软课题研究，加强院内技术支撑融合创新，打造公司软科学研究中心。编制院重点攻关领域创新规划，制定重大科技成果培育计划，配合省公司科技部编制公司“十四五”科技规划，首次承担统稿审核工作。

2020 年 7 月 15 日，国网安徽经研院青年智库成员开展
综合能源系统混合仿真技术及规划设计方法研究讨论

2. 学用贯通，知行合一促落实

（1）线上线下“齐步走”。通过“线上＋线下”的学习教育方式，深入学习习近平新时代中国特色社会主义思想，广泛宣传国网战略，扎实推进企业文化建设深入开展。“线上”通过“经研风采”公众号，“线下”通过党委理论中心组学习会议、党委会、“三会一课”、形势任务宣讲等组织全体党员干部深入学习国网公司企业文化。

（2）学深悟透重落实。设计制作院企业文化墙，集中展示宣传安徽红色文化、国网公司战略目标、省公司工作理念、院青年智库等工作成果。合理利用现有办公楼门厅，制作《习近平谈治国理政》第三卷、国网战略、《民法典》、保密工作等宣传海报，以图文并茂、充满创意的多元方式展现传播国网企业文化理念，让企业文化“上墙更上心”。着眼于企业文化示范点建设、国网公司文明单位建设，将企业文化贯穿于实践，助力企业文化落地生根。各业务中心机构坚持强化战略思维、牢记使命担当，深耕规划、评审、设计、技经管理，服务电网升级工程和精益管理工程，助力电网升级、管理升级和服务升级。

2020 年 10 月 12 日，国网安徽经研院组织职工学习《企业文化建设工作指引 2020》

2020 年 8 月 18 日，国网安徽经研院开展“青悦读”职工读书活动

3. 刚柔并济，相生相成强保障

（1）制度建设保护航。密切关注外部形势变化，常态化开展政策环境分析解读，围绕能源革命、电力体制改革和国资国企改革政策动态与发展路线，构建形成政策框架体系、建立政策分析范式。通过持续增强综合服务和保障意识，坚持经营管理精益化，持续解放思想，强化预算管控力度，在经营管理和改革创新中提质增效。坚持正向激励导向，持续优化绩效考核与薪酬分配机制。

（2）生态治理不松劲。实施企业生态行动，先后建成职工健身房、台球室、乒乓球室、瑜伽室、女职工“阳光家园”、职工书屋等文体休闲场所。建立“职工诉求服务中心”，为职工构建“4+1”多层次职工疾病保障体系。开展职工“三必贺、三必访”，在现场慰问援藏干部、原水电供区帮扶组的基础上，开展专业帮扶和技术培训。开展“三八”系列活动、“快乐六一·相伴成长”主题活动、“欢乐暑假·幸福家庭”亲子活动、瑜伽等职工文体活动，营造和谐氛围。

（三）主要成效

一是智库建设支撑作用明显提升。全面参与国网战略研究，承担省公司承接国网战略目标研究报告编制。持续监测规上企业复工复产指数，在全省经济运行调控中凸显价值。首次承担安徽省“十四五”电力规划研究，编制省“十四五”电力发展规划等报告，完成《安徽省主网架“十四五”规划报告》等，形成“1+10+8”成果体系。线上线下协同评审，优先保障原水电供区、新能源送出、西藏帮扶等一批紧急项目疫情期间顺利建设。组建青年智库创新攻关团队开展综合能源、电力体制改革等课题研究。双创项目“安徽输变电工程造价大数据应用建设”是安徽经研体系造价数据资产化管理的首次探索应用。

二是科技创新能力不断增强。首次承担2项国网公司2020年智库建设课题，立项1项国网公司2020年可持续性管理示范项目、2项国网公司管理创新项目。申报安徽省科技奖和国网公司科技奖各1项，中电联创新奖等3项。荣获国网公司2019年度管理创新成果三等奖、第十五届安徽省企业管理现代化创新成果一等奖、2020年科技进步三等奖。

三是职工干事创业热情广泛激发。通过援藏帮扶、疫情防控、水电供区帮扶、巾帼建功标兵典型选树，有效激励职工在服务脱贫攻坚、创新课题研究、岗位技能竞赛等重点任务中敢于担当、勇于作为，广大党员职工政治觉悟有了明显提高，专业骨干培养力度不断加大，认同感不断增强，工作热情明显高涨，工作作风明显改善，充分展示出砥砺奋进的工作态势。

三 分析与思考

企业文化建设是一项长期工程，推动企业文化融入生产经营管理更是需要在融合中创新、在创新中发展，对于经研院年轻职工占比较大的单位，建立“以人为本”的企业文化体系，关键在于教育文化的渗入，精选生产管理中的先进典型，讲好企业文化故事，组织丰富的传统文化节日活动，加强文化阵地建设，让员工在潜移默化中接受教育，促进广大员工统一思想、主动作为，自觉践行核心价值观，切实以“文化管企”推进“文化强企”。

（项目完成人：储松华、李娜、陆晓梅、黎彬、任柳妹）

以一流服务文化 打造“一站式”服务窗口

国网安徽物资公司（皖电招标公司）

一 案例背景

国网安徽省电力有限公司供应商服务中心是国网安徽省电力有限公司为参与本公司招投标采购业务的供应商提供“一站式服务”搭建的有效沟通平台。中心设立服务大厅，秉承“真诚沟通、和谐共赢”的服务理念，采用线上线下一体化服务形式为参与安徽省公司物资类、服务类招投标的供应商提供便捷、高效的服务。为提升一线服务人员意识形态、服务水平、业务能力等，中心传承中华水文化精神，以水为师，以优秀的水精神铸造灵魂，助推物资公司在健康规范发展的道路上稳步前进，从而为电网高质量发展提供坚强物力保障，为供应商提供全过程的高效便捷服务，为员工搭建实现自我价值的发展平台，推动国网企业文化在组织末端、服务前端上落细落小落实。

二 案例内容

（一）工作思路

以水为师，以优秀的水精神铸造灵魂。通过实施“初心如水，承载梦想”工程，提升企业文化认同度、营造干事干净廉洁氛围，引领员工携手共筑“电力发展之梦”；实施“服务如水，暖心无声”工程，不断完善服务措施，拓展服务内容，推新服务手段，提升客户体验，树立品牌形象；实施“物流如水，滋润电网”工程，落实公司合规文化及现代智慧供应链体系建设工作，为“质量强网”战略提供有效支撑。

（二）具体措施

1. 初心如水，承载梦想

实施“初心如水，承载梦想”工程，提升企业文化认同度、营造干事干净廉洁氛围，引领员工携手共筑“电力发展之梦”。

（1）纯·初心

坚定理想信念和保持政治定力，做到不为任何困难所惧，不为任何杂音所扰。以班前、班后会为载体，开展“初心如水”系列文化学习，推动全员学习企业文化，凝聚共同愿景。

选题准。围绕习近平新时代中国特色社会主义思想、社会主义核心价值观，“建设具有中国特色国际领先的能源互联网企业”战略目标等选取学习主题，实现思想认识统一。

思考深。紧密结合日常管理和业务，以小见大、深入浅出，让员工逐步地认知、认可、认同企业文化，最终实现知行合一。

形式活。以讲故事、分享亲身经历等形式深入浅出地宣传企业文化，多举大家熟悉的现象和熟知的人物，让员工在工作、生活中不断修正自己的行为，让理念变成行为。

（2）净·思想

不断自我净化、自我完善，始终保持清正廉洁本色，牢记纪律红线不能逾越，规矩底线不能触碰。丰富廉政教育载体，严明廉政规范执纪，抓实监督管理，营造干事干净的良好氛围。

强化教育。组织“廉洁从业教育月”活动，通过组织授课、观看警示教育片、律师讲法、参观警示教育基地等多种形式，分析物资行业违法案例、近年来法律纠纷以及酒驾事例等，筑牢干部职工拒腐防变的防线。

组织工作人员参观皖南事变烈士陵园，守住初心担当使命

严明规范。规范落实问责程序，精准把握问责重点，坚持“一案双查”，规范案卷归档，及时上报数据。结合党规党纪以及国家电网有限公司的制度宣贯，积极向公司员工通报系统内的违法违纪典型案例，促进职工知纪遵纪、懂法守法。

抓实监督。开展低职实权岗位排查，做好《岗位廉洁从业指导手册》应用，做好风险防范。落实巡察整改自评估，助力实现智慧供应链物资管理核心业务全覆盖，关键流程全管控，管理岗位全监督。

（3）韧·筋骨

保持滴水穿石的韧劲，主动担当作为，在层层历练中积累经验，以实际行动践行初心。积极打造流动红旗岗、培育金牌青年服务员等，通过树标杆、学榜样、赶先进，全方位提升员工素质能力。

打造流动红旗岗。以“自评、互评、点评、考评”为抓手，着力提升员工工作积极性、营造比学赶超、创先争优的氛围。

培育金牌青年服务员。通过开展导师带徒，“一带一”结对帮带，传承经验技术，带动青年员工在实践中提高技能水平。

2. 服务如水，暖心无声

实施“服务如水，暖心无声”工程，不断完善服务措施，拓展服务内容，推新服务手段，提升客户服务体验，树立品牌形象。

（1）变·更高效

内涵：如水般快速应变，顺应时代发展提供省钱省力省时的线上线下一体化、一站式服务，让服务高效便捷。

推广应用线上平台。通过推广电子签章应用及结算单据电子化，以及设置发票自助扫描区等方式，在缓解大厅业务流的同时提升服务效率和客户体验。

全面优化线下服务。制定高效工作流程，减少办理环节缩短办理时限；同时在大厅设置 11 个服务窗口，分别办理不同的业务，使工作标准化、流程化、信息化、高效化。

国网安徽物资公司供应商接待日一优质服务

（2）柔·更温暖

内涵：如水般至柔至润，在疫情期间多措并举，助推供应商既做好疫情防控又有序复工复产，让服务温暖人心。

开展邮寄业务。疫情期间全面开通快递邮寄业务，有力保障中小微企业资金及时回笼。

深化线上业务。疫情期间提供 24 小时咨询服务，全面推广结算单据电子化，提质增效且减少供应商流动。

确保人员健康。配齐防疫物资及设备，严格规范供应商到厅办理要求，严防严控疫情传播。

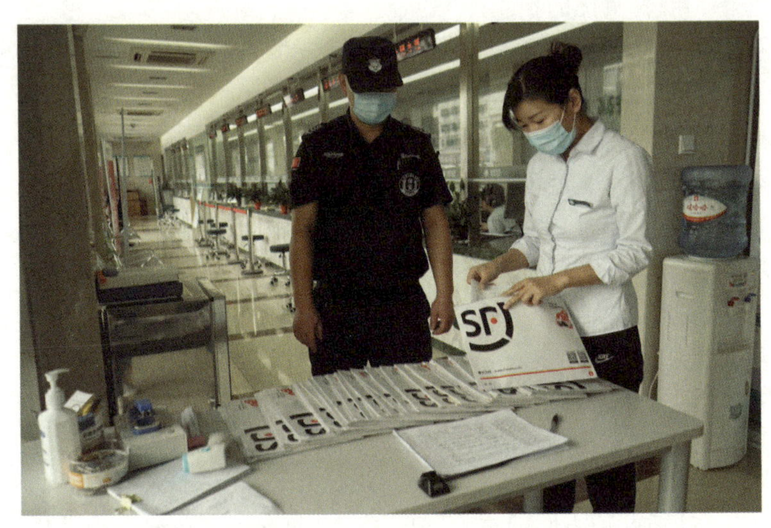

国网安徽物资公司疫情期间开通邮寄业务

（3）融·更细致

内涵：如水般细致入微，完善大厅功能，建立意见反馈渠道，让服务融入细节。

完善大厅功能，规划“智慧办理区”“便民服务区”“一站式文化体验区”等，把服务落实到每一个细小环节。

设置“投诉意见箱”，随时查看各方面的意见和建议，来进一步改进工作方式方法。

开展“供应商接待日”活动，相关部门集中受理供应商的疑难问题，现场协调处理。

3. 物流如水，润泽电网

实施“物流如水，润泽电网”工程，落实公司合规文化及现代智慧供应链体系建设工作，为“质量强网”战略提供有效支撑。

（1）清·管控优

内涵：如水般透明公平，落实公司合规管理，树立“合规立身”价值导向，推动公司合规管理体系建设。

勤学习。积极参与“公司讲堂”举办的合规专题培训，了解外部形势对公司规范经营的工作要求及如何开展合规管理等，为扎实推进合规工作奠定基础。

明要求。参与本行业范围内适用的政策法规、监管规则和内部规章制度的梳理，进一步厘清、明晰业务工作中必须遵循的工作规则和要求。

严排查。参与公司合规风险排查，立足工作实际，协助开展物资管理全流程合规风险点的系统梳理，清晰描述风险内容及成因等，制定对应防控措施。

公司领导督导企业文化项目建设进度及成效

（2）润·支撑优

内涵：如水般润泽万物，去污存精，杜绝问题产品入网运行，提升供应商履约能力，为电力建设和社会发展提供坚实物资供应服务保障。

在供应商资质能力核实环节，修订《供应商资质能力核实工作现场监督记录表》，关键业务节点设立专职监督人员，建立专家现场工作情况反馈机制，多措并举进一步防控专家违规风险。

在合同管理环节，严格履行审批手续，合同章和法人章由专人管理；主动对接 ERP 项目组，完善合同变更模块流程，依托深度开发的 ERP 系统合同变更管理模块功能，严格执行国家电网有限公司通用制度明确的合同变更规定，规范办理“两单一协议”，防范经营风险。

在保证金管理环节，落实《公司三金一款清理实施方案》，确保不发生拖欠民营企业逾期款情况；同时积极推进信息化建设，应用公司开发的投标保证金全过程管理系统，极大降低公司资金安全风险。

（3）灵·体验优

内涵：如水般灵动智慧，落实公司现代智慧供应链体系建设工作，应用智慧管控系统，实现智慧运营。

应用计划智能申报审查平台，实现需求精准预测、计划智能提报、审查，自动平衡利库。

应用智能化招标采购，一键生成“供应商投标响应表”和阅标记录；评标关键信息自动汇总、自动筛查、自动对接供应商全息多维评价结果，实现客观量化详评打分，自动汇总打分结果，授标结果自动生成。

应用智慧合同管理系统，实现合同电子签章、结算单据电子化、支付申请自动化等功能；同时可实现发票自助认证，订单自动发起请款，让结算便捷高效，实现供应商结算最多跑一次，优化营商环境成效显著。

（三）主要成效

1. 员工责任意识普遍提高

中心员工在工作职责的履行和社会责任的担当过程中，不断深化“客户至上，始终如一”的服务理念，责任感加倍，大家勇担职责，在日常工作中互相协作，共同用心做好服务。

2. 中心工作效率显著提升

在文化项目建设过程中，员工对企业文化的理解逐步加深，从而发现工作中的不足，然后优化工作流程、改进工作方法，各项业绩指标明显提升，“一口对外”受理供应商关于物资管理全流程的咨询业务，累计接听 2347 通咨询电话，同时合同管理部员工将办公电话绑定个人手机，为供应商提供 24 小时咨询服务；应用电子签章签订合同 2 万余份，全面推广结算单据电子化，到货验收单、质保单、投运单实现电子在线签署，供应商不再跑单，极大提高了工作效率，降低了成本，减少了供应商流动。

三 分析与思考

通过文化项目的建设发现企业的持续成长需要文化来支撑，文化能激发员工的使命感、凝聚员工的归属感、增强员工的责任感、赋予员工荣誉感、实现员工成就感。在国网企业文化体系的指引下，将文化融入生产生活，是企业不断发展和前进的动力之源。通过文化项目灌输文化理念，在服务内容上不断寻求突破，以高标准、高要求来衡量工作，开展好各项服务工作，为供应商提供更方便、更快捷、更优质、更高效的服务。

（项目完成人：徐宝华、潘子春、薛正垠、张会玲、徐康、陈琛、戴丽莎）

传承“蜜蜂”精神
“星级”供电所助力乡村振兴

国网宿州市城郊供电公司

一 案例背景

宿州作为传统农业大市素有“果海粮仓”之称，萧砀百里黄河故道是全国最大的连片水果产区。大营镇作为宿州市的南大门，盛产花生、棉花，优质无籽西瓜畅销全国，千亩优质葡萄栽培形成规模。农作物、果树、蔬菜等的生长，蜜蜂授粉占据重要一环。国网宿州市城郊供电公司大营中心供电所，依托大营镇“果蔬小镇”现代化农业基地，以“蜜蜂”团队为形象代表，以“勤劳、协作、奉献、自律、求实”的“蜜蜂”精神为工作准则，打造“电保姆式”网格化供电服务，服务乡村振兴，为老百姓的菜篮子、果盘子、米袋子保驾护航，将“蜜蜂”精神融入基层供电所，深入员工内心，促进优秀企业文化在基层班组落地开花。

二 案例内容

（一）工作思路

基层的电力小蜜蜂在普通的岗位上，一直践行着“人民电业为人民”的服务宗旨，在企业文化的引领下，大营供电所以“蜜蜂”精神提振士气，践行“三先”理念，不断增强团队意识，以文化软实力促进提质增效。

加强价值引导，改变员工思维定式，打造供电所层面“入眼、入脑、入心”的企业文化传播载体。“入眼”，设置企业文化展板，让员工一进供电所就感受到浓厚的企业文化氛围，让文化环境影响人、改变人。“入脑”，制作企业文化读本、各类宣传手册，让员工深入了解企业文化内涵，自觉认同接受优秀的企业文化理念。“入心”，在公司网站和班组园

国网宿州市城郊供电公司大营供电所“蜜蜂”精神展示墙

地刊登员工撰写的小文章，洗礼员工心灵，启迪员工心智，有效促进企业文化在员工内心的落地生根。

电力小蜜蜂想客户所想，急客户所急，让客户服务“零距离”。只要您一个电话，就会来到您的身边，为您排忧解难，这是我们向客户许下的承诺。我们是这么说的，也是这么做的。

（二）具体措施

大营供电所现有客户经理 9 人，供电区域面积 350 平方公里，服务大营镇、永镇乡 14 个行政村，用电客户 2.45 万户。

以“自律”为基，践行“文化＋安全生产”理念。让文化成为根植于内心的修养，成为内在自觉，仅靠理念宣贯是不够的，还必须提高员工的思想道德修养，从思想观念和思维习惯上加以改变。大营供电所根据实际情况，提出“线路不跳闸、工作零差错、现场无违章、服务零投诉”工作愿景，通过会议文件、宣传栏等进行全面宣贯，开展供电所“每月之星”评选，让鲜活实践案例和先锋模范，以及明确的行为准则，引领员工的价值取向和行为习惯。

通过“我要安全”道德讲堂等方式，引导员工以身作则，加强安全生产制度学习，坚持“安全第一、预防为主”的原则，严格现场作业标准，发挥“安全员”责任，确保现场安全工作落实到位、监督到位。认真开展班组“安全日”活动，每周“三学一考”，通过“先学习＋排查、后实践＋消除”，在作业现场中加深对安全规章制度的理解，多学、多懂、多用，树立个人自律、安全守法的责任意识，以安全制度为线，牢筑安全防线。

以“勤劳、求实、奉献”为基，践行“文化＋品质服务”理念。提倡员工换位思考，在面对客户的时候多一些微笑、理解和宽容，树立员工的成就感、归属感，培养奉献精神，在情感上认同企业文化。

2021 年 3 月 4 日，国网宿州市城郊供电公司大营供电所员工开展属地重点 500 千伏濉会、禹溪高压输电线路杆塔及辖区内 10 千伏线路设备巡视工作

坚持用《国家电网公司供电服务规范》规范言行、提升素质、发挥作用，严格落实首问责任制，坚持“一次性告知”“一证式受理”，提升了电网企业形象，实现了服务零投诉。通过表后线整治和三级漏保安装，消除农户表后线“末端瓶颈”，打通用电服务“最后十米线”。

2021 年 4 月 14 日，国网宿州市城郊供电大营供电所服务人员结合春检工作，对大营镇荒西台区用户陶延民家农作物春灌用电进行装表接电

全面推广低压小微企业用电报装“零上门、零审批、零投资”服务，高压用户用电报装“省力、省时、省钱”服务，对不同用户分类施策、因地制宜、科学合理地制定方案。主动对接宿州市小康工业丝瓜发展有限公司、宿州市皖营农业科技有限公司等小微企业，紧紧围绕用户最关心的问题，经常抓、反复抓、深入抓，想用户所想，急用户所急，扎扎实实为用户办好事、办实事、解难事，不断提升用户的获得感、幸福感、安全感。

客户经理台区全覆盖，网格化开展走访咨询、义务维修等乡村用电服务，树立“客户服务无小事”的观念，赢得老百姓的口碑。身穿红马甲的“电力小蜜蜂”为残疾人、孤寡老人等弱势群体提供“一对一”温情服务，帮助解决用电难题，与大营镇敬老院形成联络机制，定期开展用电检查，在节假日慰问联欢。

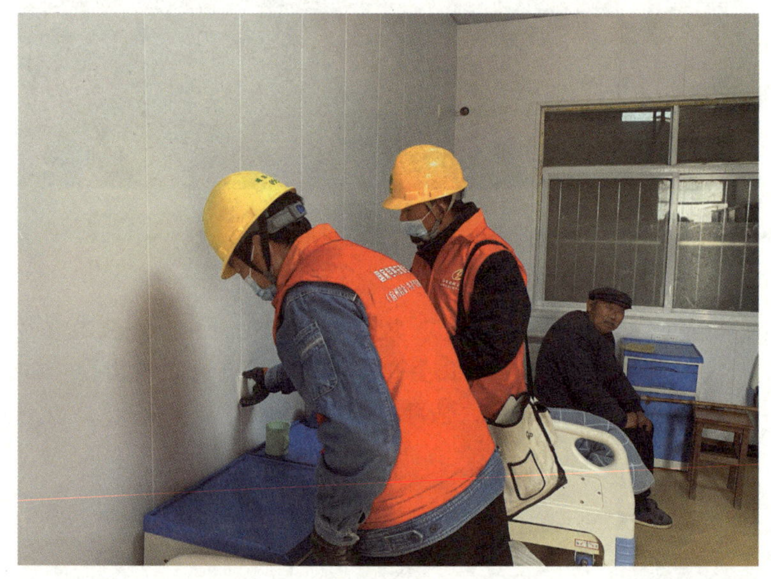

2021 年 2 月 24 日，国网宿州城郊供电公司大营供电所志愿者来到敬老院，
电力义检的同时陪老人们过元宵节

以“协作”为基，践行“文化＋提质增效”理念。倡导“以所为家”精神，供电所就是一个大家庭，每名员工都是家庭成员，通过谈心交流、各类文体活动等，加强同事间沟通协作，积极营造互帮互助、团结和谐的企业氛围。

供电服务人员团结紧密、有序协作，以指标为抓手，围绕公司安排的提质增效各项重点任务，稳步开展质效提升工作。按照日推进、周计划、月总结的形式，查找服务短板，做到大问题不过周、小问题不过夜，不断创新工作模式，努力实现“不停电就是最好的服务”，提升优质服务水平。

心中有目标，身上有干劲。大营供电所不断加大企业文化落地力度，让供电服务员工“听得懂、学得会、做得成”，从改变供电服务员工的思维定式和行为习惯着手，以点带面，整体联动，推进企业文化在基层供电所的落地生根，融入供电所中心工作中，以企业文化的力量潜移默化地引导和改善，感情上认同、执行上到位、工作上改进、机制上保证、业绩上突出，确保供电所各项工作提质增效，在省市范围中争当先锋。

2021年7月19日，国网宿州市城郊供电公司大营供电所党员来到田间地头开展“战汛情保杆基、排积水保田地”主题活动

（三）主要成效

文化软实力，指标硬实力。截至2021年8月31日，大营供电所实现安全生产7379天。目前大营供电所智能缴费用户2.44万户，占比达99.75%，线上缴费率达99.60%，台区树障清理率100%，均居全市前列。台区线损异常率降至1%以内，低压综合线损率稳定在2.4%以内，客户服务满意率100%，电费回收率100%。

近年来，大营供电所先后入选国网系统台区线损管理百强供电所，被安徽省电力公司评为“四星级供电所”、获评宿州供电公司“企业文化示范点”、宿州市埇桥区“文明单位”、连续多年获宿州市城郊供电公司“先进班组”“党风廉政建设先进单位”等荣誉称号，其党支部先后荣获中共宿州市直工委“先进基层党组织”、中共国网宿州市城郊供电公司委员会“电网先锋党支部”等荣誉称号。

二 分析与思考

企业文化必须落地才具有实际意义，让其在基层落地生根，提升一线员工的认知度和认同感，从而进一步赋予企业文化丰富内涵。

因地制宜，营造浓厚的文化氛围，根据基层供电所的特点，落实到各项工作指标的提升上来，转化为可量化、可操作的一系列管理措施，以此将思想道德的精神之力转化为干事创业的执行之力，真正改变员工的精神面貌，营造一个公平、公正、和谐的供电所氛围。

培树先进典型，强化员工责任意识，通过“抓住人”来“管住事”，查摆在工作态度、工作习惯、工作方法、工作状态等方面的差距，剖析思想根源。通过企业文化项目的根植，升华渗透于生产、经营、管理的各个角落，激发职工工作热情，指引员工工作前进的方向。

（项目完成人：程江龙、王燕、赵悦、陶云飞、赵胜楠、李杨）

基于四新打造“沉浸式”精神文明家园的探索与实践

国网安徽信通公司（国网安徽数据中心）

一 案例背景

人无精神不立，国无精神不强。习近平总书记强调，当前社会上思想活跃、观念碰撞，互联网等新技术新媒介日新月异，我们要审时度势、因势利导，创新内容和载体，改进方式和方法，使精神文明建设始终充满生机活力。国家电网有限公司深入学习贯彻习近平新时代中国特色社会主义思想，坚守初心使命，坚持战略引领，强化文化驱动，着力构筑国网精神、国网价值、国网力量。近年来，国网安徽省电力有限公司信息通信分公司（以下简称“国网安徽信通公司”）紧紧围绕专业特色，深入践行社会主义核心价值观，积极弘扬优秀企业文化，以全面推进文明创建与生产经营深度有效融合为主线，推动文明创建工作的意识理念进一步传播，在基层一线全面落地深植，成为广大职工的普遍共识。

二 案例内容

（一）工作思路

随着科技的不断发展，“沉浸式”一词开始被各行各业以及各方面工作重视。在科学技术层面的说明中，沉浸式体验是以游戏、情景感音频视频、戏剧、游乐设施、装置性空间展览等作为输出途径，令用户全身心多感受地体验并沉浸其中，调动自身五感共鸣的产品设计或服务设计。国网安徽信通公司通过“沉浸式”的概念延伸，以最大化调动员工感官共鸣的建设思路，把“沉浸式”的参与、体验贯穿于精神文明建设的发掘、传播、运用中，精心设计了将文明创建融入中心工作的各种新方式、新路径、新载体和新角度，打造“耳旁有声”“身边有影”“眼前有形”“心中升温”的互动模式，使广大职工感同身受，在长期的“沉浸式”理论和实践中达到思想认同、理论认同、情感认同，使精神文化建设工作实现全方位提升、全角度深入，为企业发展凝聚起磅礴的精神力量。

（二）具体措施

1. 创新新方式，唤醒学习教育“耳旁有声”

熏陶式学习声声入耳。在红色基地开展政治理论学习，以实景熏陶式教育传达“先人先声”。结合重大项目、重点检修，个性定制技能提升计划，并通过现场作业充分结合理论与实践，化文字之“声”为动手之“力”。

开放式学习人人发声。通过“微课堂”这种不拘泥于形式、不拘泥于场地的开放模式，引导职工自己讲，将学习教育“大课题”融入日常“小课堂”，并发挥信息通信技术优势，开展“微课堂”线上推广，让基层发声、主动发声的良好氛围影响更深。

2021 年 4 月 9 日，支部党员在红色教育基地开展“微课堂”学习

2. 创建新路径，推进队伍建设“身边有影”

示范引领路径，先进典型树立标杆。队伍引领，常态化开展“双月之星”评选，固化为公司优秀员工信息库。创新引领，围绕于浩劳模创新工作室积极拓展创新“朋友圈”，组成“5G 技术及应用实验室”“基础平台及网络安全创新工作室”“数据及应用创新工作室”三个多元化发展的柔性团队。社会引领，在政府及社会组织树立人才典型、道德典型的引导下，参与各类竞赛、活动等，不断向社会传播公司人才培养理念和成效。

2021 年 3 月 19 日，于浩劳模创新工作室成员开展课题研究

吸收成长路径，后备人才激活源泉。加强思想教育，帮助后备人才更好适应新形势，找准位置，明确目标，迎接挑战。强化人才梯队建设，通过导师带徒、轮岗锻炼、差异化培训、技能提升、证书考级等手段，补位补短，形成合理的专业人才梯队。

3. 运用新载体，助力企业文化“眼前有形”

强队伍力量，形成专兼结合的企业文化建设人才格局。把有专业特长、愿意服务的职工充实进文化建设队伍中来，引导职工主动自觉参与企业文化工作，增强企业文化工作的针对性和影响力。

展阵地面貌，打造规范与特色结合的企业文化展示平台。根据各部门业务特色和文化主题，在办公区各楼层建设企业文化长廊。有效运用空间升级改造职工书屋，为职工提供获取信息、相互交流、丰富文化生活的重要平台。

2020 年 9 月 7 日，员工在升级改造后的职工书屋中开展读书活动

树传播名片，推广文化与业务结合的企业文化品牌理念。深化智慧客服系统应用，优化推广智能客服人机交互及自助服务，打造客服社区生态圈文化名片；开展“四大行动”，专注系统安全、设备安全、网络安全、廉政安全，打造“稳于心、安于行”安全主题名片。

4. 发掘新角度，加速职工服务“心中升温”

小改变“温”暖人心。创新并非大改造，微小的改变也会带来积极效果，建立公司职工生日档案，在当天由公司工会送上精美且具特色的生日祝福套餐，通过一个小小的工作方式改进，使常态化的暖心工程活动更具仪式感和幸福感。

务实效“温”情常在。通过“公司职工诉求”信箱、思想动态调研、谈心谈话、建议征集等各种方式，听取职工诉求，结合“为职工办实事”专项行动，落实职工诉求闭环管理。

创机制“温”故知新。创新“1＋N”工作机制，“1”是在公司层面组织开展职工活动，“N”是充分发挥工会小组和文体活动兴趣小组作用，不断丰富职工文体活动形式和内容。

（三）主要成效

增强了学习教育的吸引力、感染力。为高标准高质量推进党史学习教育，组织各党支部以红色教育为侧重点，带领全体党员寻访经典红色记忆，通过先参观、后学习、再谈体悟等连贯流程，让红色基因融入血脉，内化于心、外化于行。以微课堂形式开展专业业务培训，加强员工核心业务“自己干”意识，强化尊重技能、崇尚工匠的工作作风。以微课堂形式开展政治理论学习，充分激发员工学习的积极性和主动性，推动学习教育深入基层、深入人心。

激发了干事创业的内生动力、新鲜活力。自 2019 年至今，完成十五期“双月之星”评选，表彰工作中表现优异员工共计 166 人次，引导全体职工向先进看齐。于浩劳模创新工作室持续开展创新课题研究，2021 年新承担研究课题 10 余项，2021 年 4 月被命名为省公司第四批“劳模创新工作室”。加快建设知识型、技能型、创新型高素质劳动者队伍，1 人获安徽省“巾帼标兵”称号，1 人获安徽省“技术能手”称号，1 人入选安徽省军区民兵网络分队。

增进了企业文化的认同感、自信心。经过招募征集，各部门共计 12 名职工加入企业文化建设及新闻宣传工作队伍，公司讲解员队伍不断扩大，1 人入选省公司“皖电星主播”。各楼层企业文化长廊于 2021 年 3 月底全部完工，为员工营造和谐、轻松、充满活力的工作环境的同时，使企业精神、企业发展理念深入到每一名员工的思想中，落实到具体的行动上。开展 3.15 智慧客服活动，推广发布用户积分和激励体系，引入“互联网＋”服务思维，打造心愿墙等客服社区生态圈，快速响应用户培训需求，智能客服在线交互系统现注册用户 1.1 万人。2020 年成功完成“稳于心，安于行”企业文化示范点创建，获评省公司级。

强化了职工的凝聚力、向心力。在生日当天为职工送上贺卡和鲜花，设立“职工健康驿站”并投入使用，将工会对职工的亲切关爱传递到不同的岗位，对调动广大职工爱岗敬业和激发工作热情都发挥了积极作用。完成办公环境改造，建设职工多功能运动中心，解决新员工住宿难问题，把职工的获得感作为衡量成效的标准，真正把实事办好。开展“迎新春”趣味运动会、读书、健步走、“安康杯”知识竞赛、青年户外拓展、钓鱼、乒乓球比赛、瑜伽等活动，满足了职工求知、求美、求乐的精神文化需求。

2021 年 2 月 8 日，在生日当天为职工送上鲜花和祝福卡片

三 分析与思考

群众性精神文明建设，其重点在于群众性，不仅仅是要把精神文明建设的成果与职工分享，更需要职工能够主动积极地参与到精神文明建设的工作中。目前，国网安徽信通公司在调动职工积极性方面做了新的尝试和探索，如微课堂、工会“1＋N”工作机制，然而这些形式还没有起到“举一反三”的作用，仅仅局限在特定的工作范围内，同时对于这些新的方式，没有形成品牌化成果，难以达到深入人心的效果。接下来，国网安徽信通公司将认真提炼精神文明建设融入生产生活的典型案例和经验，精心打造特色企业品牌名片，积极吸收一些年轻有为、富有开拓创新精神的基层员工到精神文明建设队伍中来，尤其是近两年新入职的员工，不仅可以在工作上带来新鲜力量，也可以促进他们尽快融入工作环境。

（项目完成人：何健、阮庭庭、李挺、赵文新、郭骏、赵竞子）

利用红色资源推进党史学习教育

“三聚焦三培养”以红色文化培根铸魂、滋养前行力量

国网六安供电公司

一 案例背景

习近平总书记强调，要把红色资源利用好、红色传统发扬好、红色基因传承好，让革命事业薪火相传、血脉永续。国家电网有限公司始终牢记红色是国有企业的“底色”和“本色”，深刻领会习近平新时代中国特色社会主义思想的丰富内涵，明确了“具有中国特色国际领先的能源互联网企业”的战略目标，全面实施“文化铸魂、文化赋能、文化融入”专项行动。安徽有着丰富的红色文化资源，在新时代、新战略、新文化下，利用好、传承好和弘扬好红色文化，不仅是推动红色文化与企业文化深度融合的有效途径，而且是教育引导广大员工树牢“四个意识”，坚定“四个自信”，坚决做到“两个维护”的有力抓手，更是推动公司实现高质量发展的必由之路。

二 案例内容

（一）工作思路

以习近平新时代中国特色社会主义思想为指导，扎实推进国家电网有限公司“旗帜领航·提质登高”计划，深入实施“文化铸魂、文化赋能、文化融入”专项行动，以守护好“共产党人精神家园”为己任，深度挖掘安徽省域红色文化资源，坚决担当好红色文化的“传播者”“继承者”和“保护者”，推进红色文化资源保护利用和传承弘扬，同时把红色文化的学习、传承和弘扬，纳入公司企业文化建设体系中，上升为永葆初心使命的强根固本工程，打造特色鲜明的文化品牌，展现公司的政治责任、社会担当。

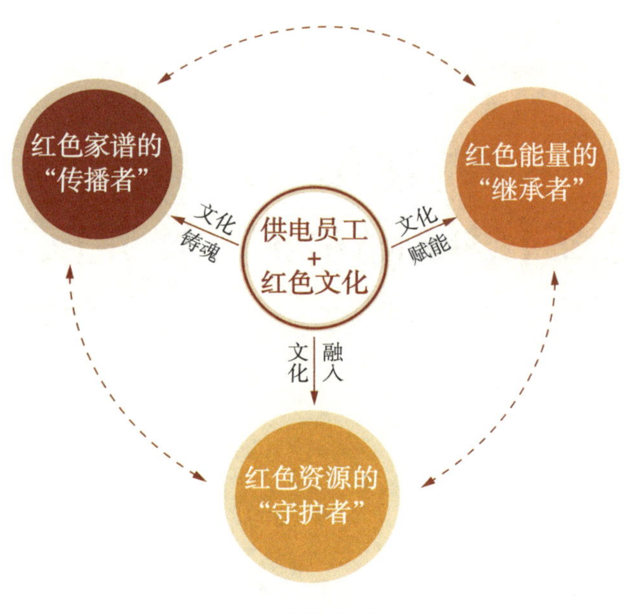

传承逻辑图

（二）具体措施

聚焦主责主业，培养红色家谱的“传播者”。一是顶层设计明确传播方向。建立党委统一领导、各基层党组织共同参与的红色文化传播机制，结合公司实际，统筹规划“线上线下”全方位传播方式。编制党史企史年度展示计划，将红色革命文化作为宣传展示的重要内容之一，提升多渠道传播质效。二是搭建阵地提高传播质量。灵活运用党员活动室、文化长廊、企业文化示范点等展示阵地，以六霍起义、千里跃进大别山等10余幅我党在安徽境内重要历史节点图片为主线，结合公司“百年老物件”收集展示，展现中国共产党带领安徽人民不畏艰险、敢于胜利的真实现状。围绕建党百年华诞，开展道德讲堂，以诵读红色经典、观看党史视频、分享初心感悟为重点，纪念革命光辉岁月。三是创新载体丰富传播内涵。聚焦“人、事、物、魂”，深入开展省内重点红色文化资源整理挖掘，编发《安徽红色精神图谱》1000余册，在各类人员培训中学习、宣传，引导员工坚定理想信念。坚持让革命先辈“走”出书本，开展“红色故事悦分享”活动、老中新党员座谈会等100余场，以身边人讲红故事形式，让红色文化走进班组站所、扎根职工心中。

聚焦就近就便，培养红色能量的“继承者”。一是紧抓关键少数。充分运用金寨红色老区资源，组织中心组成员实地学习，重温“两源两地”重要内涵、千里挺进大别山等革命转折，开展“看美丽蝶变”——重走习近平总书记在金寨考察“扶贫之路”，坚守红色初心使命。以党员发展对象为重点，组织参观革命遗址、纪念馆等100余次，现场感受革命先辈抗战的丰功伟绩，将伟大的革命精神转化为推动工作的强大动力。二是确保全员覆盖。以省域重要红色资源为主，形成图文并茂的红色教育导引图谱，引导各级党组织通过“三会一课”、主题党日等形式，开展“红色基因·电力传承”“学讲话、悟思想、开新局”

2021 年 6 月 22 日，国网六安供电公司举办“光荣在党 50 年”
纪念章颁发仪式暨老中新党员座谈会

“传承治淮精神、凝聚青春力量”等活动 3000 余次，在传承红色基因中筑牢精神支柱。三是用好“宣、送、传、评”。以各级劳模典范为主体，组建思想宣讲柔性团队，就近开展网格化红色宣讲。发挥领导干部、党务骨干、先进典型示范作用，举办“举旗帜·送理论”专项行动。大力实施“导师带徒”活动，把红色文化作为新入职员工重要学习内容。围绕省内发生的党史重要事件，开展“精品党课展评”，征集作品 70 余件，教育引导广大党员自觉继承革命传统、传承红色基因、补足精神之钙。

2021 年 4 月 27 日，国网六安供电公司开展“传承治淮精神、凝聚青春力量”主题活动

聚焦见行见效，培养红色资源的“守护者”。一是保障红色教育点的全包围“呵护”。制定实施红色教育培训基地“双重守护”计划，开展“教育基地—供电所”联建共创活动200余场。结合当地红色资源，以品牌基地为样板，积极拓展共建企业文化与红色文化教育示范点73个，实现资源共享、优势互补。二是做好红色教育线的连贯通“服务”。全面完善基层供电所共产党员服务队建设，积极与所辖范围内的当地革命遗址管理部门开展结对共建，联合建立共产党员服务队社会联络站35座，无偿提供挂牌服务，全力保障红色教育遗址群常态运行的可靠供电，主动扛起守护“共产党人精神家园”的使命与担当。三是提供红色教育面的多角度“帮扶”。探索“七彩”供电服务常态化制度化机制，以属地供电单位为主体，定期开展“义诊进基地　电教心连心”“守卫红色文化　共筑精神家园”等活动。建立以金寨大湾村电力驿站为代表的红色文化宣传点，选育供电人员作为义务讲解员，免费开展红色知识宣讲。制定实施六安毛坦厂文化老街改造等项目，完善老区文化设施建设，提升宣传质量。不断推进“光明驿站”建设，加强贫困、留守儿童红色文化知识教育，提升老区群众整体素质。

2021年7月22日，国网六安供电公司启动毛坦厂镇
“美丽乡村　电力先行”乡村振兴示范项目“明清老街”标段

（三）主要成效

思想认识统一，优势转化，成效不断凸显。红色文化已成为支撑企业做强、做优、做大的力量源泉。通过开展培育“三种人”行动，不断从革命历史中汲取养分，并将其转化为推动工作的强大动力，助推公司跨越发展。建成全国首座“七站融合”示范项目、全国首个政务大厦能效服务示范工程。国重1.3项目获省科技进步一等奖，古泉“特高压+5G”示范站入选全省十大创新应用项目。7名职工荣获“全国劳动模范”称号，1名职工荣获“国网公司特等劳动模范”称号，57个集体和个人受到省部级以上表彰。

着力攻坚克难，电网先锋旗帜高高飘扬。在党和人民需要的时刻挺身而出，长江、淮河、巢湖“三线作战”，以最快响应守护“江河安澜”，获总书记“电不断”肯定。确立“两保两防”策略，实现600余户重要用户和群众安全可靠供电，12名电力勇士援鄂保电，以最美逆行换得“疫去春来”。全面完成119个水电供区贫困村电网改造，定点帮扶的45个贫困村全部出列，扶贫考核连续三年获驻皖央企第一。

用心为民服务，企业发展，社会效益不断增强。坚持人民电业为人民宗旨，出台“深化创新年”18项举措，推广“三零”“三省”，节省客户办电投资1.5亿元。积极推广“电e宝”“掌上电力App”等利民措施，用“互联网+电力服务”平台打通服务群众最后一公里。将服务延伸至社会公益，建立共产党员服务队建立社区联络站1632座，搭建“光明驿站”104座，开展志愿帮扶38万人次。国网安徽电力有限公司及所属16家子公司实现全国文明单位全覆盖。

三 分析与思考

紧扣红色文化的精神内核，深入发掘红色资源，大力弘扬红色文化所蕴含的高尚品质、精神追求和优良传统，通过创新丰富红色教育的形式载体，充分运用红色文化的精神力量教育人、激励人，把红色文化的鲜明价值导向融入企业文化，推动公司和电网发展。下一步，公司将系统总结提炼、大力宣传红色文化的深厚内涵，不断培育红色文化的“传播者”“继承者”和“守护者”，为建设具有中国特色国际领先的能源互联网企业贡献力量。

（项目完成人：何高林、唐龙江、周二红、刘高、安莉、李标、程晋春）

激活红色引擎　传承革命文化

国网淮北供电公司

一　案例背景

用革命文化涵养党内政治文化是深入学习贯彻习近平新时代中国特色社会主义思想，将战略目标细化落实到企业文化建设领域的具体举措。围绕建党 100 周年和“学党史办实事”主题活动，国网淮北供电公司坚持把传承革命文化与学习党史、新中国史、改革开放史、社会主义发展史相贯通，通过建基地、故事会、赛文化、走红路、红航人等系列行动，让干部员工感受“红色浪潮”的冲击，唤起战斗岁月回忆，接受革命传统教育。通过用党的革命传统、优良作风为党内政治文化建设提供源源不断的正能量，教育引导广大员工为推动战略落地凝心聚力。

2021 年 3 月，国网淮北公司开展迎接建党 100 周年活动

二 案例内容

（一）工作思路

结合党史学习教育主题活动，把革命文化的学习和传承，纳入公司企业文化建设和党内政治文化建设体系中，上升为永葆初心使命的强根固本工程，为战略目标的实施保驾护航。同时，结合本项目的实施，进一步挖掘淮北地域革命文化资源的活力，推进红色资源保护利用和传承发展，打造特色鲜明的文化品牌，展现公司的政治责任，彰显社会担当。围绕建设具有中国特色国际领先的能源互联网企业的目标，深入贯彻新发展理念，以党内政治文化为引领，守正创新、稳中求进，深入推动革命文化涵养党内政治文化的实施。

（二）具体措施

1. 建红色资源

结合淮北市境内的红色和传统文化资源，全面梳理本地思想教育资源，收集双堆集烈士陵园等10处红色教育基地、石山孜新石器文化遗址等10处传统文化教育基地、濉溪老城石板街等9处淮北美好乡村场所的资源，编纂《圆梦——淮北市党员教育场所供电服务手册》。以开展党建教育资源整理为契机，以客户为中心，拓展供电服务渠道，优化电力营商环境，把为淮北市红色和传统文化教育基地等重要客户提供电力保障为己任，积极当好红色基因的守卫者和服务者。与此同时，将本书作为企业员工开展思想教育的新读本，电力客户的服务宣传册，各基地供电服务的告知书。书中标明每个教育基地所在的乡镇中心供电所服务抢修电话，提供客户经理及其联系方式，倾力为教育基地提供24小时保姆式服务，拓展服务客户新渠道。

2. 讲红色故事

以迎接建党百年为契机，推动“四史”学习教育深入职工、深入基层、深入人心，在基层支部中举办“讲述经典故事　传递红色基因”红色故事会暨2021年职工大讲堂活动，引导广大职工学好、讲好、传承好建党百年辉煌历程中的奋斗故事。将故事会分为红色记忆、时代先锋上下篇，以朗诵、讲述和情景剧等多种形式呈现，使党史学习教育由“我听讲”转变为“听我讲”，再到“大家讲”。通过“讲”和“学”贯通，以“讲”领“学”，以“学”促“讲”，调动职工党史学习的积极性和主动性，自觉做到学史明理、学史增信、学史崇德、学史力行，让红色基因薪火相传，以实际行动向党的百年华诞献礼。

3. 赛红色文化

创新党史学习教育方式、方法，以员工喜闻乐见的形式，让党史学习教育接地气入人心，推动党史学习教育走深走实。举办“猜红色灯谜、学党史知识”活动，通过猜红色灯

2021 年 4 月，国网淮北公司举办“讲述经典故事　传递红色基因”活动

谜，增强党员学习党史、党章的积极性和趣味性。围绕“红色诗词诵初心，诗词飞扬党旗飘”开展诗词诵读，弘扬优秀中华传统文化，展示广大党员奋发有为的昂扬风貌，激发员工干事创业的激情和动力。举办“学党史、强信念、跟党走”党史知识学习竞赛，通过必答、抢答、风险题形式，充分考验选手对党史知识的积累及团队交流，有效检验公司党员的党史学习教育学习成果，营造公司党史学习教育的浓厚氛围。

2021 年 6 月，国网淮北公司开展“学党史　悟思想　办实事”猜灯谜活动

4. 走红色场馆

通过参观革命博物馆、纪念馆、党史馆、烈士陵园等党和国家的红色基因库，缅怀革

命先烈，加强革命传统教育，传承红色基因，掌握维护意识形态安全的主导权，不断巩固壮大主流思想舆论。围绕党史上的重要事件和活动等，结合安徽“红色图谱”，以党支部为单位组织一次党史教育日，就近就便组织党员干部瞻仰参观中共淮海战役总前委旧址、双堆集淮海战役烈士陵园、刘开渠纪念馆等遗址遗迹、革命博物馆、纪念场馆，缅怀革命先烈，教育引导党员干部进一步传承党的光荣传统和优良作风。与此同时，创新开展 VR 全景体验，线上云端参观“中共一大会址”等红色场馆。

2021 年 4 月，国网淮北公司加强革命传统教育，传承党的光荣传统和优良作风

5. 当红航青年

持续实施“青马工程”，深化“追梦学堂”“青年智库”建设，加大青年先进典型选树，开展“典型榜样助我行”主题活动，当好党的“红船”航道线上灯塔的守护人。应用网上打卡、答题对战等方式，分层开展党史知识竞赛，开展“举旗帜、送理论”专题宣讲。组织“奋斗百年路，启航新征程”等系列宣传活动，广泛弘扬各个历史时期铸就的伟大精神，讲好淮电故事，传播淮电声音；学习宣传公司“中国好人”、全国学雷锋“四个一百”先进典型、“中国质量工匠”“全国三八红旗手”等先进模范人物，评选表彰公司“两优一先”，以先进典型和宝贵精神教育人、启迪人、感化人、鼓舞人，做到见人见精神，更好发挥党员先锋模范作用。

（三）主要成效

1. 根植了革命红色文化的土壤

公司组织各级党务工作人员和党员先后赴井冈山、徐州等地点开展 3～7 天的封闭式党务人员集中培训 6 次，累计参培党员 280 余人次，指导基层党组织规范开展组织生活。尤其以“双学周”开启新年理论学习新征程，以革命文化主导全年思想引领。组织“我身边的共产党员”主题摄影比赛，开设“百年党史天天学”微信平台专栏，制作党史答题微信小程序，先期组织 151 名党员参与 2 期线上答题活动，形成线上党史学习教育阵地。运用地方政府党群服务中心资源，组织 3 个支部 82 名党员开展 VR 全景体验活动。

2. 增强了对标看齐的奋进力量

通过传承革命文化，统筹开展线上线下红色教育活动，积极运用融媒体平台开展面向基层、面向群众的对象化、分众化、互动化宣传活动和载体，广大党员干部突出学思践悟，强化理论武装，深入领会了革命文化的丰富内涵和核心要义，感悟伟大建党精神，自觉地从党的非凡历史中汲取奋进力量，自觉用党的奋斗历程和伟大成就鼓舞斗志，以坚定的理想信念砥砺对党的赤诚忠心。

3. 强化了加快发展的责任担当

通过思想问卷调查，73%的员工认为通过革命文化教育，个人内心有了深刻触动，履职更有动力。能够把传承革命文化同推动工作、解决问题结合起来，把个人使命与公司使命、党的使命有机统一起来，将学习成效转化为落实“一体四翼”发展布局、贯彻长三角一体化发展、乡村振兴等战略部署，大力发展现代能源服务的实际动力。

三 分析与思考

红色文化既具有生命力和历史性的特点，也具有民族性和地域性的特征。我们要充分挖掘区域性红色文化的底蕴内涵，让纪念馆文物说话，让革命历史说话，让红色文化说话，真正做到让红色文化有声有色、有形有情。在新时代，我们既需充分发挥红色文化资源优势、深入挖掘红色文化内涵、弘扬红色革命文化传统，又要抓住时代主题、善于回答时代之问、积极回应大众关切，精心萃取红色文化孕育的艰苦奋斗、责任担当、实干兴邦的精神品质，让更多的党员干部和人民群众参与活动，融入其中，感受红色文化魅力，把伟大革命精神发扬光大。

（项目完成人：葛成龙、宗毅、常宗宝、张浩）

实施“三红三送”工程　传承红色基因

国网安徽营销服务中心

一　案例背景

国网安徽省电力有限公司营销服务中心始终坚持以习近平新时代中国特色社会主义思想为指导，全面贯彻党的十九大和十九届五中全会精神，围绕党史学习教育和建党100周年主题，以实施“三红三送”工程为载体，引导全体党员传承红色基因，争做时代新人。不断激发全体党员爱党爱国热情，以“学史明理、学史增信、学史崇德、学史力行”为目标，坚持学党史、悟思想、办实事、开新局，切实践行“三先”工作理念，为“一体三化”现代能源服务企业建设贡献中心力量。

二　案例内容

（一）工作思路

立足新发展阶段，全面贯彻“人民电业为人民”的企业宗旨，以党员服务队为载体，开展三红（红色教育基地学习、红色读书会分享、红色党员说交流）活动，组织“三送”（企业送安全、服务送温暖、街头送知识）志愿服务。引领党员干部在学思践悟中坚定理想信念、在为民服务中践行初心使命，不断提高政治判断力、政治领悟力、政治执行力，自觉将习近平总书记讲话精神转化为推动国网战略目标落地建设和促进营销服务中心转型发展蹚新路的巨大动力，以更加鲜明的政治立场、更加自觉地责任担当、更加坚决的实际行动，推进党建工作不断提质登高。

（二）具体措施

1. 深化红色教育，坚定理想信念

一是红色教育基地学习。开展“百年荣光·重温历史”红色主题实践活动。组织党员

前往省博物馆、渡江战役纪念馆等红色革命教育基地，瞻仰革命历史遗址，重温入党誓词，参观党史图片展，引导广大党员在回顾党的奋斗历史、缅怀英雄业绩中接受革命洗礼，让红色基因、革命薪火代代相传。

2021 年 4 月 1 日，营销服务中心党员前往省博物馆参观

二是红色读书会分享。开展“百年荣光·书香览史”系列读书分享会。各支部组织全体党员、积极分子读四史、读经典、读名著，学思想、学管理、学哲学，党员代表带头分享读书心得，积极分子主动交流学习感受，不断提升党员综合素质。用活职工流动书箱，引导党员干部职工结合自身兴趣，挑选喜爱的红色经典书籍，坚持每天一小时、每月一本书，与书相约，与经典为伴，以提升理论素养迎建党百年华诞。

2021 年 3 月 2 日，营销服务中心开展读书分享会

三是红色党员说交流。开展“百年荣光·我们都是奋斗者”党员说活动。支部书记、党员带头讲述“四史”故事，重温峥嵘岁月，感悟百年沧桑。围绕“计量前沿”“聚焦客服”“管理创新”等主题，召开“先锋讲堂”，邀请业务骨干讲述先进事迹，普及专业技术与知识。开展“身边人讲身边事”，青年党员讲述身边先进党员事迹，弘扬党员无私奉献、勇于拼搏的精神。召开青年员工座谈会，围绕入党初心、工作感悟、生活体验等方面，分享当代青年所思所想，及时了解青年思想动态。

2021 年 3 月 19 日，营销服务中心开展“百年荣光·我们都是奋斗者”党员说活动

2. 着力“三送”实践，全心为民服务

一是企业送安全。开展“我为企业送安全”实践活动。组织党员服务队走进各发电企业及电动汽车公司，开展充电桩质检、关口计量装置检测等工作，围绕企业安全生产、充电安全、精准计量、节能降耗等方面想点子、出妙招。同时开展计量装置运维管理经验交流，组织技术人员研讨高压互感器运行指标，对可能存在超误差的问题，及时协商制定应急方案；加强电动汽车充电桩安全能力、输出能力等方面检测，全力协助排查充电安全隐患，提高企业及客户用电安全水平。

二是服务送温暖。深入落实“我为职工办实事”实践活动。立足职工需求，改善中心生产办公环境，推进舒适型办公场所建设。为职工建立文体活动场所、置办健身器材，组建多个文体协会并邀请老师开展瑜伽指导，不断为员工创造身心愉悦的环境。改善职工就餐环境，提供便捷的订餐服务和加班餐服务。深化职工就医协助服务，加强与社会医疗资源沟通联系，拓宽职工就医绿色通道。切实解决人民群众的操心事、烦心事、揪心事，履行“有呼必应，有难必帮”的庄重承诺。

三是街头送知识。开展“我为用户送知识”实践活动。组织党员服务队走进位于合肥经开区莲花社区朝霞居委会绿苑小区，满足老同志“微心愿”。服务队队员们现场向社区居民讲解用电知识、宣贯电动汽车充电桩安全，发放抽纸包，并登门免费为小区居民开展电脑、电话、网络等故障排查，同时积极引导客户使用“网上国网”App进行购电和办理

2021 年 5 月 14 日，营销服务中心党员服务队在合肥滨湖智慧能源服务站进行充电桩现场质检

业务，让客户享受“足不出户，轻松办电”的便捷服务。通过与居民用户面对面的沟通，加深了居民用户对便民办电缴费渠道的了解，解决了居民家用电脑、电话等的故障问题，拉近了电力公司和用户之间距离，同时也向广大居民用户传达了电力公司优质服务的理念，树立了良好的公司形象。

2021 年 6 月 19 日，营销服务中心党员服务队来到合肥绿苑小区
举行“我为群众办实事　优质服务惠民生”实践活动

（三）主要成效

“三红三送”工程实施以来，中心服务质量不断拔高，客户投诉同比下降 66％；完成 16 家市公司区域内国网投资的 371 充电桩检测，为居民绿色出行提供保障；在省公司 3 期

党史简报刊发经验做法；在新华网、人民网、中国电力报等媒体发布中心党史学习教育新闻 20 余篇；中心 CNAS 顺利通过评审，荣获省公司青创赛金奖及最佳风采奖；13 项廉政文化作品取得佳绩；园区办公环境焕然一新，员工工作热情进一步提高；在抗击疫情、创新管理等工作中取得重大成效，涌现出国网先进基层党组织现场检验部党支部、省公司劳模疏奇奇等一批先进典型。

三 分析与思考

2021 年是建党 100 周年，也是“十四五”开局之年，国网安徽营销服务中心实施“三红三送”工程以来，切实发挥党史学习教育在思想建设中的引领和启迪作用、发挥党员服务队在一线工作中的模范和带头作用，为中心党员干部筑牢思想根基，为广大人民群众办好实事难事。但是，在工程实施过程中仍存在活动形式单一，落地实践效果不明显等问题。下一步，营销服务中心将在“三红三送”工程基础上继续深化，丰富活动载体。通过红色知识竞赛、红色作品评选等方式夯实理论基础，检验学习成效；通过公益送温暖、用户送优惠等活动，赓续红色血脉，传承革命精神。

（项目完成人：孙伟红、冯欣、褚岳、嵇爱琼、陈海东、张文）

发掘利用电力文化遗产

以“五个一百”追溯皖电源头　实施电力传承工程

国网安庆供电公司

一　案例背景

“以人为鉴明得失，以史为鉴知兴替”。历史不只是事件的简单记录，更是一个民族、一个国家、一个企业精神、文化最重要的传承方式。以古鉴今、以史为镜，总结历史经验、认识历史规律、掌握历史主动，从历史经验中汲取前进的智慧和力量，是我们党一贯的优良传统。2021 年是中国共产党百年华诞，我们要通过党史学习教育，追溯皖电源头，做到学史明理、学史增信、学史崇德、学史力行，以昂扬姿态奋力开启全面建设社会主义现代化国家新征程，以优异成绩庆祝建党一百周年。

二　案例内容

（一）工作思路

安庆电力作为皖电源头，始建于 1897 年，至今已经走过一百多年的光辉历程。在公司百年筚路蓝缕的奋斗岁月中，在波澜壮阔的历史长河里，在砥砺前行的时代画卷上，一代又一代电力人继往开来，不断将公司的电力事业推向新的高度。通过展、学、讲、思、践五个环节，分别从文物展示、传承学习、精神宣讲、思想讨论、活动实践五个方面对应开展专题活动，展示公司百年电力的发展历程和辉煌成就，为全面建设社会主义现代化国家新征程中提供强大的精神动力和文化支撑。

（二）具体措施

1. 展——收集百年物件，展现皖电辉煌历程

对安徽省电力发展起源地安庆地区的电力历史资料、历史遗迹进行深度挖掘、收集、保

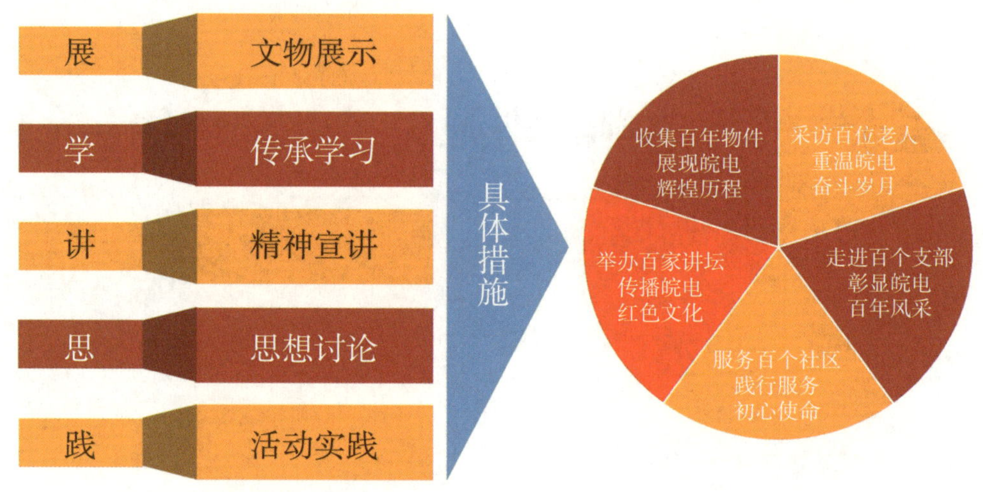

以“五个一百”追溯皖电源头、实施电力传承工程的工作思路

护。开展历史图片、物件的收集、整理，尤其是1949年以前相关资料，实现数字化存储。

在公司党委的直接领导下有序开展。成立公司党委书记为组长的专项工作领导小组，制定征集公司百年文物工作方案，明晰职责、确定时点，按照现场收集、定点征集、档案分类、后勤保障等，成立8个柔性工作团队，确保征集工作有序开展。

在公司系统的职工及家属中广泛征集。在公司系统、社会公众发起百年电力文物征集倡议书，通过自愿捐赠、寄存代管、原件复制、有偿征收或使用等四种方式，征集文书档案、声像档案、实物档案三类历史物件。

在庆党百年的历史时刻里专题展示。在“七一”庆党百年期间，开展“百年宜电历史档案展”，共展出各类文书71份、实物46件、声像资料91个，向公司广大职工展示了公司百年奋斗的辉煌历程。

2021年6月29日，上午公司开展“永远跟党走”主题历史档案展开展

2. 学——采访百位老人，重温皖电奋斗岁月

公司已退休的老职工是百年宜电的参与者、建设者，更是见证者。通过对公司百位离退休老员工深度采访，挖掘典型故事，总结提炼“宜电百年群英谱”老电力人的卓越精神。

“四个一”方式开展深度采访。即讲述一个故事、拍摄一段音视频、提供一张老照片、提供一个老物件，结合百年文物征集，8 个柔性工作组同步采访百位老人，共完成 91 位离退休职工的采录工作。

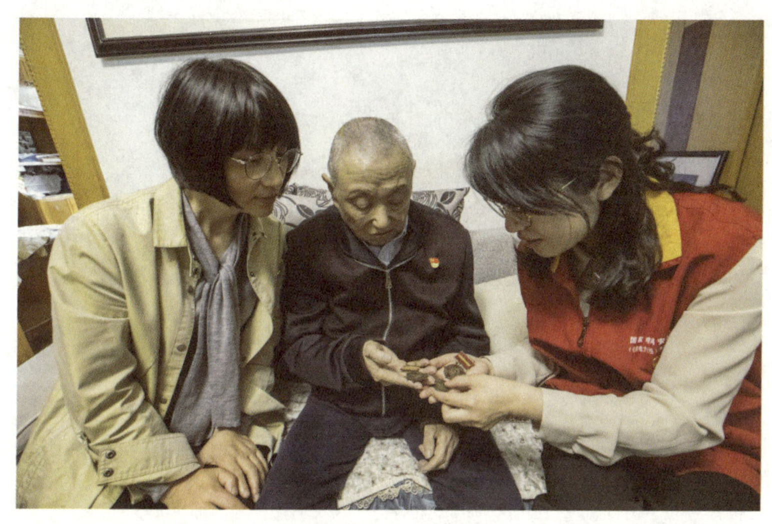

2021 年 5 月 26 日，公司离休干部李少祥接受采访，手捧抗美援朝纪念章

提炼“宜电百年群英谱”。对已完成访谈的视频资料，提炼整理成案例、故事，原则上一人一事一频，突出展示老一辈职工的奋斗精神，印发《宜电百年群英谱》和影像资料，在公司企业文化展厅进行展播。

3. 讲——举办百家讲坛，传播皖电红色文化

结合建党百年，以“峥嵘岁月”主题讲堂为主要载体，邀请公司发展历程中有代表性的员工通过线上线下系列宣讲，充分展示电力行业历史传承、时代风貌。

讲“思想”。开展百名党支部书记大宣讲活动，选拔支部书记带头人、优秀党务工作者等组建宣讲团，在各支部开展党史学习、形势任务教育巡讲，积极宣贯党中央、网省公司重大决策、形势任务等，上好基层思想政治课。目前已有 145 名书记开展宣讲，宣讲团已对 31 个支部完成巡讲。

讲“奉献”。组织开展“永远跟党走、奋进新征程”劳模大讲堂，在公司网站策划推出公司系统劳模先进人物讲述系列，积极展现奋战一线生动事迹和感人故事，大力营造“劳动最光荣、劳动最崇高、劳动最伟大、劳动最美丽”的浓厚氛围，引领带动广大职工学习先进、追赶先进、争当先进。

讲“做法”。通过“职工大讲堂”“班组微课堂”等载体，组织党员，尤其是青年党员讲述党史学习教育心得，感悟初心的方法，坚守初心，践行初心的做法。组织优秀创新青

年 31 人，依托单德森等技能创新工作室，建立群创、QC 等项目 5 项，在公司阶段性重点任务中担当先锋力量。

2021 年 5 月 8 日，公司开展“永远跟党走、奋进新征程”劳模大讲堂

4. 思——走进百个支部，彰显皖电百年风采

开展“百年皖电，时代新风”思想大讨论主题党日活动，思考、讨论如何充分发挥党支部和党员的战斗堡垒和先锋模范作用，提出解决党建与业务工作“两张皮”问题的具体措施，切实解决中心工作中存在的问题和不足。

2021 年 5 月 25 日，公司对湖滨变实施主变改造，
旨在降低周边居民因变电站长期运行而带来的噪声污染

实施“三个一”党建项目促融合。以“三个一”党建项目（做好一个课题、做亮一个现场、协同一项任务）为抓手，着力解决制约公司高质量发展的难点问题，实施“立项→

实施→管控→评估”四维管理，切实将党学习教育史与解决工作难题、推动实际工作相结合，确保一个党建项目引领一项重点工作、解决一个问题、取得一项突破。

开展“讲、做、当”专项行动树标杆。在公司 15 个本部支部及 7 个县公司党委开展“讲奉献、做表率、当典范”专项行动。对照思想、主动、意识、协同、沟通、执行六个方面查摆问题，制定整改措施，形成“责任、问题、措施”清单，强化过程管控，充分发挥本部机关管理龙头和示范标杆作用。

创建“党员示范岗”强引领。制定党员示范岗管理办法，按照“业务过硬、业绩领先、示范争先”的要求，命名 41 个党员示范岗，建立月度党员自评、季度支部互评、半年度党委点评的三级评价体系，与下一年度党员先锋示范岗等评优评先挂钩，有效促进示范岗感召力、凝聚力和带动力的发挥。

5. 践——服务百个社区，践行服务初心使命

创建“一个基地”、引领“百个社区”。以全省首个党史学习教育基地为依托，组织党员服务队“百年进百巷，优质服务惠民生”系列活动，将党史学习教育“我为群众办实事”实践活动落地见效。

2021 年 3 月 19 日，公司联合滨江苑社区成立党史学习教育基地揭牌仪式

创建“党史学习实践基地”。在安庆市滨江苑社区建立党史学习教育基地，建立“客户经理＋党员服务队＋社区联络员”服务体系，通过“一册一栏一群”形成快速响应，共整修路灯 41 盏，清理废旧电杆 7 杆，上门为 17 户高龄住户检修线路，帮助社区手绘 200 余米文化墙，共同修建社区志愿服务广场。

开展“百年走百巷，优质服务惠民生”活动。组织党员服务队走进安庆地区百条老街开展“五个一”服务内容，即开展一轮用电宣传、做好一次业务推广、提供一次现场服务、畅通一条服务渠道、征集一揽子意见建议，全面提升优质服务水平，增强客户电力获得感，构建和谐供用电关系。

（三）主要成效

1. 从皖电百年历史的追溯中凝聚文化力量

开展“五个一百”主题活动。通过学做结合、追溯源头，从历史文物、百位老人、百家讲坛主题活动中学，在百个支部、百个社区主题活动中具体实践，激发公司员工在皖电历史追溯中传承精神、铭记历史、汲取力量、开拓创新。

2. 从皖电百年历史的传承中塑造国网品牌

深化国网安庆电力天柱党员服务队品牌建设，推出以“零距离、零延时、零推诿、零差错、零投诉”“进企业、进现场、进社区、进园区、进困难户”为主要内容的“五零五进”服务机制。在安庆地区擦亮国网品牌，架起党群连心桥。

3. 从皖电百年历史的经验中汲取创先精神

通过对皖电百年历史学习，激励员工立足岗位，创先争优，推动公司管理水平再上新台阶。上半年公司同业对标从全省第 16 位提升至第 10 位，台区线损降至 2.80%，实现综合能源营收近千万元，完成替代电量 1.71 亿千瓦时，各项业绩有较大幅度提升。

三 分析与思考

“五个一百”追溯皖电源头，实施电力传承工程企业文化项目，结合今年党史学习教育，在公司系统掀起学习历史经验、传承优良传统的高潮，广大职工参与度极高，但是在追溯历史实物时明显感觉到遗失的较多，留存完整的有意义的较少。下一步公司将以此次活动为契机，进一步增强历史实物的主动保存、收藏的意识，确保文化遗产的完整留存。

（项目完成人：侯劲松、张二龙、马跃、丁蕾、杨臻、杨剑、马兰珍）

传承百年明远精神　助力企业高质量跨越发展

国网芜湖供电公司

案例背景

1906 年，爱国徽商吴兴周先生集资创办了芜湖明远电灯股份有限公司，点亮了江淮大地第一盏灯。百年来，“明远”品牌饱经岁月而历久弥新，在沧桑巨变、日新月异的时代进程中，孕育了特有的文化精神、深厚内涵，成为统一职工思想、凝聚奋进力量、追求更高目标的精神源泉。进入新时期，发展仍然是第一要务，国网公司开启了“建设具有中国特色国际领先的能源互联网企业”新征程，省公司研究确立了“一体三化”实施路径。推动战略落地和芜湖公司高质量发展，需要从百年“明远”发展历程中汲取“实业救国的爱国精神、以德为本的诚信精神、敢为人先的创新精神、愈挫愈勇的奋斗精神”，培育和塑造独具特色、凝聚人心的企业价值理念，打造公司和谐稳定发展的动力之源、精神之基。

案例内容

（一）工作思路

梳理芜湖“明远”几经挫折、重获新生的演变历程，重温老一辈电力人奋进求索、可歌可泣的感人故事，回顾芜湖电力磨难沧桑、荣耀辉煌的发展足迹，总结提炼“爱国、诚信、创新、奋斗”的“明远”精神。围绕国网战略目标，深入践行“三先”工作理念，聚焦制约芜湖公司发展的突出问题，拓展丰富“明远”精神时代内涵，从“道”的层面研究提出破题思路、解决方案，通过多元载体落地，着力在思想上解惑、在精神上解忧、在文化上解渴，为公司高质量跨越发展提供坚实的企业文化保障。

（二）具体措施

1. 培育文化理念，从百年历史中汲取文化精髓

“明远”这个今天仍在使用的最早的民族电力品牌，从成立伊始就怀揣着实业振兴、改善民生的远大理想。在社会思想保守落后的半殖民地半封建社会，吴兴周创立股份合作制，尝试现代企业管理制度，并规定股票不得向外国人转让，体现出强烈的创新意识和赤诚的爱国情怀。百年来，无论是历经清朝封建社会打压，还是饱受日本侵略者掠夺和国民政府盘剥，“明远人”都坚守初心、诚信经营，展现了愈挫愈勇的奋斗精神。当前，随着长三角一体化发展、省域副中心城市定位，芜湖供电公司的区位优势、人才优势越发明显，但“和谐氛围、考核导向、目标导向、价值引领”的缺失，特别是“价值引领”的缺失，成为制约公司高质量发展的突出问题。为此，芜湖公司加强党建引领、文化赋能、价值驱动，站在全局的高度挖掘自身历史文化特色，将百年品牌融入时代大潮，提炼深化“明远”精神，在传承的基础上培育形成“创新、卓越、明德、致远”的新时代芜湖供电公司价值理念。其中“创新、卓越”与“明远”创新、奋斗精神相契合，本质上与国网企业精神、省公司“三先”文化是一致的；“明德、致远”是“明远”爱国、诚信精神的深化，在于引导职工明大德、守功德、严私德，与企业共成长，建设和美家园。

2021 年 5 月 27 日，公司干部员工参观企业文化展厅

2. 促进文化落地，在载体建设中营造文化氛围

以党史学习教育为契机，建立“党建＋文化”宣传模式，修缮企业文化综合展厅，向职工展示“百年明远”发展的艰险历程、取得的巨大成就。组织“党课开讲了”专题活动，党委书记在“七一”大会上讲授党史、企业发展史，深刻阐述芜湖电网事业从无到有、从羸弱到健硕、从长期落后到引领行业潮流的历史跨越；基层党支部书记利用“三会

一课”、主题党日等形式，用好“六必谈六必访”工作机制，深入开展形势任务教育，积极向职工传递公司的文化精神、价值理念。定期举办道德讲堂、演讲比赛，组织编排《百年明远》情景剧，生动讲述党领导下的芜湖供电发展足迹、辉煌成就，用身边事激励身边人，感悟电网人的奋斗初心，厚植爱党爱企情感。在典型选树中树立价值导向，积极营造“明德致远者稳，创新卓越者进”的文化氛围，在机关和基层、主业与农电各层面各方面积极选树“创新之星、卓越之星、明德之星、致远之星”。聚焦青年员工这一关键群体，依托“追梦学堂”“青马工程”，举办青年团课，开展新入企大学生企业专题培训，围绕企业价值交流研讨，推动价值理念融入内心、形成共识。

2021 年 6 月 17 日，公司员工演绎百年“明远”故事

3. 推进文化传播，在价值传递中形成文化认同

在公司网站开辟“卓越芜电、和美家园”专栏，依托“芜电员工说”系列报道，聚焦意识、技术、管理“三个转变”，挖掘各专业各领域创新亮点；围绕“微改进、微成果、微发展”，策划“跬步千里”、精品服务专题报道，深度宣传公司在推动实现电网卓越、管理卓越、服务卓越等方面的特色做法；开设《“芜家”故事历史篇》，以“明远”公私合营协议等档案物件为切入点，追忆芜湖“明远”及老一代“芜电”党员光荣的奋斗历史，通过听故事、看发展，筑牢家园观念，营造明德氛围；坚持以人民为中心，深入基层一线听取职工意见，深化“导师带徒”机制，将职工成长纳入企业的发展规划，及时回应群众关切，让绝大多数职工觉得有盼头、有奔头，推动干部职工心往一处想、劲往一处使，提升员工的安全感、获得感、凝聚力。

4. 加强文化融合，在干事创业中彰显文化力量

突出价值驱动、融入融合，在落实重大决策部署和企业改革发展中体现党建引领、文化赋能。在长三角一体化发展方面，编制“等高对接”工作报告，推动 10kV 不停电作业能力提档升级，全省率先实现配网支线故障“智慧研判”，数据融合打造“智慧抢修”芜湖样本。在助力生态环保和“双碳”战略方面，大力推动港口岸电建设，实现 26 个大型

2021年6月17日，公司“学党史、庆百年、守初心”主题演讲比赛现场

码头全覆盖；与奇瑞集团等大型企业主动对接，加强新能源领域业务合作，推动屋顶光伏高效发展。在优化电力营商环境方面，加强与地方政府部门沟通衔接，率先完成占破路行政并联审批，推动“供电报装”环节在市工程建设项目审批系统上线，为企业提供“无感办电”；深化“外卖式”服务机制，为环保能源、光伏发电、智能制造等战略性新兴产业提供“一站式”上门服务。在乡村振兴领域，结合生态旅游、水产养殖、农业种植特色产业，为生产大户定制节能方案，推广电炊具、电采暖、电烘干等高效能设备，协助开展用电设备隐患检查，助力乡村特色农产品出村进城。在职工服务方面，开展“讲政治、做奉献、当典范”专项行动，举办建党100周年书画展、趣味运动会，开展插花、烘焙、手工制作系列活动，走访慰问援藏员工家属，用心用情为其解决实际困难。

（三）主要成效

1. 提升了员工的情感认同

通过开展与国网战略、省公司实施路径相适应的企业文化和建设，加强文化的人格化承载、故事化演绎，有力推动价值理念潜移默化渗透进了专业流程、管理方式各个环节，公司发展目标、价值体系赢得了干部职工的广泛认同，滋润了“芜电”发展的根基，营造向上向善的和谐氛围，激发干事创业热情。

2. 培养了高素质“三支队伍”

深入推动“186”干部梯队建设，突出使用政治素质高、业绩优秀、群众认可度高的干部队伍。培育创新创效的专家人才队伍，选用一线创新人才、科技人才和技能“工匠”。强化青年员工培养，深化“导师带徒”活动，搭建成长平台，促进技术传承。建设和谐奋进的员工队伍，健全市县公司人员双向流动机制，完善聘任制度和考核制度，盘活人力资源。

3. 增强了企业凝聚力和核心竞争力

通过“明远”精神的传承，多渠道多途径培育和文化氛围营造，感召和引领全体员工攻坚克难、提质增效，在各个专业领域敢为人先、寻求突破。28 小时“梦溪会场”创造“芜电”速度，千里之外“援豫保电”展现了“芜电”风采，企业凝聚力、向心力的显著提升，为推动电网转型升级和高质量发展提供了有力支撑。

二 分析与思考

优秀的企业文化是企业发展的软实力、推进器和催化剂，对企业健康持续发展有着重要意义，“创新、卓越、明德、致远”的价值理念提炼产生，是基于“百年明远”精神的继承和发扬，可以增强企业的凝聚力、创造力和发展活力，增强员工对企业的归属感、认同感，以文化优势促进和提升电网和企业高质量发展。

（项目完成人：张鹏飞、高媛、陈乐然、吴栋梁、钱诚、何煜、许晗）

“三维一体”弘扬百年皖电先进典型文化

国网安徽党校（培训中心）

一 案例背景

在2020年全国劳动模范和先进工作者表彰大会上，习近平总书记就劳模精神、劳动精神、工匠精神发表重要讲话，必须全心全意依靠工人阶级，重视劳模先进和发挥工人阶级主力军作用，大力弘扬“三种精神”，增强“四个自信”。

安徽电力百年发展历程中，涌现出一批又一批先进工作者，他们所展现出的精神品质、形成的先进文化，与国网公司企业精神及“三先”工作理念相融相通。当前，国网公司“一体四翼”发展总体布局已经确立，面对新时代、新任务、新要求，必须大力弘扬先进典型文化，发挥榜样示范和辐射带动作用，引导广大职工坚定实施“一体三化”现代能源服务，为安徽电力推进战略落地、实现赶超跨越汇聚起强大的发展正能量。

二 案例内容

（一）工作思路

培训中心以阵地建设为切入点，以课程宣讲为着力点，以渠道畅通为突破点，构建“三维一体”格局，通过“挖塑传、访研练、融联协”的“三维三阶”实施路径，力求弘扬百年皖电先进典型文化与公司战略推进、与企业提质增效、与员工素质提升形成“交点”，最大程度聚合资源，激发先进典型文化价值。

（二）具体措施

1.“挖塑传”建强阵地，强化先进典型文化穿透力

在省公司工会的大力支持下，建成具有皖电特色的展示劳模风采、呈现劳模成长历

程、解读皖电劳模精神的皖电劳模精神教育基地。

2021 年 4 月 28 日，皖电劳模精神宣传教育基地正式建成投运

一是“挖”。充分发掘公司系统宝贵的劳模资源，广泛激活劳模精神财富。安徽电力成立以来，各级各类劳模和先进工作者层层涌现，形成了“过十、成百、上千”的皖电劳模群英谱，特别是 2020 年，公司系统有 7 名职工荣获“全国劳动模范”称号。为用好用活劳模资源，培训中心在省公司工会、省公司办公室、档案室及各基层单位工会的帮助下，成立工作组，走访数百位劳模工匠，采录搜集海量史实资料，征集上千件珍贵实物，挖掘、整理发展社会主义建设、改革开放和新时代等各个历史时期与劳模先进有关的重大事件、重要成果和时代印记，力求完整描绘一代代皖电劳模赓续精神血脉、唱响时代强音的光辉业绩和精神风采。

二是“塑”。皖电劳模精神教育基地建设中，通过集中创作、层层把关，精炼塑造劳模事迹材料，确保劳模的整体形象和劳模精神代际传递的特点经得住当下和未来的推敲。建成后的皖电劳模精神教育基地，本着“以人叙史，以人见发展，以人见精神”的理念，展示了国网安徽电力系统 19 位全国劳模、207 位省部级劳模、915 位公司级劳模的先进事迹。以简洁明快的语言、丰富生动的细节、图文并茂的形式为主，以老物件陈列、影像表达、互动体验为辅，呈现出劳模们可亲、可敬、可学的形象，让参观者迅速融入情境，打造了一个有吸引力、有感召力、有影响力的崭新阵地。

三是“传”。坚持公益性传播，让“劳模精神”在广大职工群众中生根发芽。皖电劳模精神教育基地面向系统内外各单位开放，并开设劳模大讲堂。采用线上线下相结合模式，开展劳模经历分享、互动访谈、培训授课、劳模技能操作演示、创新成果展示发布等，为劳模发挥“传帮带”作用搭建起精神传承的平台、能力提升的平台，让更多职工成为传承劳模精神、勇担时代责任的高素质劳动者。目前该基地已接待系统内外参观、学习 200 余人，营造出学习劳模、尊重劳模、争当劳模的良好氛围。

2. “访研练”建优课程，强化先进典型文化融合力

培训中心集聚各方力量，开发出新时代皖电先模精神传承培训课件，推动公司系统实现先模精神和先进技能的双传承。

一是访基层，聚众心。成立人文社科研究柔性团队，选拔一批优秀的理论科研人才，针对劳模精神课程开发建立专项课题，就劳模精神资源转化为培训应用资源的路径开展理论研究，为劳模课程开发指明方向。在课程设计之初抓好培育源头，前移服务，走进基层，挖掘深藏在劳模日常工作中的专业技能资源，了解职工想听什么、爱听什么，明晰课程开发“导向标”，确保开发出的课程贴近受众需求，成为真正符合时代发展需求、适应公司战略需求、契合员工成长需求的登高阶梯。

2021 年 7 月 16 日，《传承劳模精神，做新时代皖电人》课程参加党课赛讲

二是研理论，聚众智。结合已有课程积淀，强化网络宣传柔性思维，筛选研究基层优秀实践案例，运用微课、网课等群众易于接受的方式，建成教材、课程体系，滚动式升级培训课程资源库，让职工在家中、在掌中就能学习劳模技能、感知劳模精神。《赓传革命薪火 弘扬劳模精神》微党课获省公司“十佳精品微党课”，并在“皖电学堂”、培训班上进行展播，以先模精神的传承反映了新中国发展过程中电力人的印记。

三是练实功，聚众力。打造金牌团队，以劳模、专家和中心现有优秀讲师为主导，共同负责劳模系列课程的研究开发，做到各取所长、各讲所精。结合“四名”工程（名师、名课、名作、名校），开展案例式、模拟式、体验式、访谈式教学研究。高质量完成共计 5 门系列劳模课程的开发，引入廖志斌、王开库等劳模自己开发的课程，制作授课课件，对授课流程进行指导，通过劳模讲劳模的精神，更真实、更有吸引力。

3. “融联协”建实渠道，强化先进典型文化覆盖力

重视“触角”延伸，通过掌握新语言、树立新思维，开展立体式宣传，进一步拓展全媒体时代先模文化传导的广度、密度、深度，实现传播力、公信力和影响力的有效提升。

一是情理交融，强感悟。进一步完善媒体接访承接机制，为系统内先模面对各类媒体传达国网声音提供智力支撑，既注重通过精神内涵的宣贯来理性表达“弘扬劳模精神”的意义，又注重通过劳模先进事迹、平实感人的故事来触动全员与优秀同行、和模范比肩的力量，帮助劳模有温度的表达讲好自身故事，体现理论深度。

二是双线联动，全覆盖。为营造“沉浸式”传播氛围，培训中心统筹线上线下传播渠道，依托文化长廊、宣传栏、网站等平台，利用互联网新媒体、微视频等手段，传播先进典型文化、讲述先进典型故事，使员工行为轨迹与追随先进典型脚步相伴相随。

三是上下协同，优体验。以弘扬先进典型文化为主题，开展“送课程到基层”活动，深入地处偏远、条件艰苦、工程建设任务繁重的基层单位，开展先进典型文化传播工作。同时开展常态化的先进典型事迹征集，通过员工“推”、领导“荐”、集体“寻”、群众“找”，组织广大员工积极发现身边充满正能量、感动你我他的“先模素材”，使劳模精神“从基层来”，让员工在“我看、我听、我思”的全触点体验中，加速对“劳模精神”的内化。

首批结合建党百年征集汇编成的《党旗下的故事》一书，
成为广大职工开启激情能量、传承劳模精神的新窗口

（三）主要成效

施行“三维一体”机制。从内容、传播、影响等维度全面重构“先进典型文化”传承方式，实现灌输式向汲取式、单维度向立体化、精神传导式向双向传承式的转变，点燃了“皖电先进典型”的骄傲与自豪，大大增强了“先进典型文化”的传播力、穿透力和带动力。

汇聚奋进力量。皖电劳模精神教育基地、劳模系列课程、先进典型文化宣教机制等载体的灵活运用，使得公司系统广大员工能够学有榜样、比有对象、赶有目标。公司上下勠力同心，在疫情防控、抢险救灾等大战大考中发扬“三种”精神，践行初心使命，展现了央企担当和国网形象。

三 分析与思考

先进就是旗帜，先进就是力量，先进典型文化带给我们的感受直观而真实，释放的效应强烈而持久。挖掘和发挥好先进典型的示范作用，用身边人、身边事教育和引导广大员工自觉践行国网公司企业精神、自觉投身国网战略实践、自觉激发人生价值实现，均具有重要的意义。

“三维一体”机制建立和实施，正是基于这些考量。站在受众的角度去看、去听、去说、去引导，才能真正让“先进典型文化”不断放大、循环、发酵，汇成潮流，才能真正聚合凝聚力、提升战斗力、激发创造力，推动全体皖电人在“聚焦‘一体四翼’，建设具有中国特色国际领先的能源互联网企业”目标实践中贡献磅礴力量。

（项目完成人：赵大青、王祥薇、崔丹丹、苏罗、李才芳、王蕾、郝红梅）

开展“我为群众办实事”志愿服务实践活动

构建志愿服务“吹哨报到”机制
推动国网战略落地实践

国网马鞍山供电公司

一 案例背景

2020 年 5 月，国家电网有限公司（以下简称“国网公司”）党组提出了“建设具有中国特色国际领先的能源互联网企业”的战略目标，强调中国特色“特”在坚持以人民为中心的发展理念上，要坚持人民电业为人民，大力提升服务响应速度和便捷程度，增强电力发展给广大人民群众带来的幸福感和获得感。国家电网马鞍山供电公司依托共产党员服务队积极探索志愿服务与战略目标的高度耦合与价值共享方式，在为群众提供普遍安全的供电服务同时，主动响应满足广大客户多样化用电需求，切实增强人民群众的获得感、幸福感，使共产党员服务队成为推动国网公司战略落地的先锋力量。

二 案例内容

（一）工作思路

坚持以人民为中心的发展思想，坚决服务党和国家工作大局，坚决服务地方发展和人民美好生活，立足马鞍山经济发展机遇多、电力市场潜力大、用电需求多元化等特性，充分发挥共产党员服务队在推动国网公司战略落地中的先锋力量，建立志愿服务“吹哨报到”四级高效响应机制，通过服务对象“吹哨”、分队“听哨”、支队“应哨”、总队“评哨”，提升快速响应市场、客户的能力，对外打造履行社会责任、服务社会经济发展、架起党和群众连心桥的特色品牌，对内打造培养爱岗敬业、一专多能复合人才，推进精益管理，实现提质增效。

（二）具体措施

1. 服务对象“线上线下”双渠道“吹哨”，精准了解用户需求

为服务对象搭建“线上线下”双渠道“吹哨”通道。线下与各社区党组织建立常态对接机制，由社区党组织对存在的用电突出问题定期“吹哨”（上报需求）后，马鞍山市、区（县）委组织部、市直属机关工委审核把关后将问题移交公司，也可由基层客户经理、供电服务网格员发现服务对象需求，帮助“吹哨”。线上设计应用“吹哨报到”小程序及一对一微信群，个人服务对象可通过“吹哨报到”小程序中的吹哨模块详细描述服务需求，社区、企业等集体服务对象可直接在专属微信群“吹哨”，实现 24 小时高效服务。2021 年 4 月，马鞍山市永泰社区党委“吹哨”：辖区内城中村电线老化严重，导致用电高峰期居民日常家用电器无法使用，经马鞍山市委组织部审核派单后，公司党员服务队立即现场报到，对城中村进行立项整体改造升级，并安排服务队员直接在村委会收资办理新报装用户开户装表业务，真正实现了低压客户“一次都不跑”。服务队通过各社区党组织、基层客户经理收到线下“吹哨”信息 35 次，通过微信小程序收到线上“吹哨”信息 20 次。

2021 年 4 月，共产党员服务队“报到”城中村开展低压线路改造升级

2. 总分队“三类研判”精益化“听哨”，科学制定服务方案

总队、分队负责人以微信互动平台（“吹哨报到”小程序）作为问题处理“中枢”，线上 24 小时直接“听哨”于结对社区、企业、贫困户等，第一时间进行分析研判，按照不同需求将“哨声”分为日常哨、应急哨、攻坚哨三类。总队、分队根据不同类型“吹哨”制定个性化解决方案或工作计划，对于需要单一专业解决的问题“日常哨”，直接按部门职责转交服务支队开展服务，对于需要多专业协同配合的“应急哨”“攻坚哨”，则由分队依据方案涉及专业统筹调配相关支队队员，协调组织解决实际问题，有

效打破专业壁垒。在派单时按照马鞍山供电公司“马上”共产党员服务队“吹哨报到”制度，明确“报到”时间与闭环时限，对“日常哨”重点关注客户评价反馈情况，对“应急哨”重点考核报到速度与服务时效，对于“攻坚哨”重点做好过程督导，便于日后考核评价各支队“报到”完成情况。在2020年7月防汛救灾工作中，共产党员服务队挺身而出，迅速吹响“一线行动”的冲锋号和攻坚哨，用使命担当筑牢保卫人民生命财产安全和用电安全的红色堤坝，累计投入抢修人员2764人次，安装防汛配变5台，架设临时线路755.85公里，安装照明灯具23589只，为全市防汛救灾工作提供了坚强电力支撑，有力保障了各级党政机关、重点单位和重要用户的供电安全。

2020年7月，共产党员服务队在防汛抢修中吹响攻坚哨

3. 支队“一对一服务”24小时“应哨”，高效解决实际问题

分队确定“哨声”类型与具体服务需求后，根据各支队职能快速“派单”（分配任务），督促涉及专业的各支队第一时间赶赴现场主动对接“报到”，通过实地勘察、走访问询等形式明确具体情况，并现场提出解决方案。对能够当时解决的立即安排解决，需要一段时间解决的与客户对接工作计划，明确解决时限，使居民用户真切的享受到高效化、人性化的供电服务。支队首次“报到”后便与“吹哨”对象自动结为对子，此后借助微信群组线上24小时直接“听哨”于结对社区，以一对一的简单高效形式实时沟通推进解决现有问题，实实在在的了解居民后续其他用电困难，做到“听哨”即到、到即有效，实现了从“服务队端菜”到“群众点菜”的转变。党史学习教育开展以来，公司将共产党员服务队“吹哨报到”机制在“我为群众办实事”实践中深化应用，组织各支队开展“点单服务”，通过群众“点单”、社区或者网格“派单”、服务队“接单”的“民呼我应”服务模式，真正做到聚焦“急难愁盼”，服务“身边点滴”，将对党忠诚、为民服务融入血脉、见诸行动。

2021年3月，共产党员服务队线上“应哨”马钢公司，快速清理用户线路异物

4. 总队“四级闭环”全流程“评哨”，持续提升服务能力

总队负责人会同相关职能部门，按照周监督、月汇总、季点评、年述职的方式，实现全流程督导推进。每周通过查看“吹哨报到”小程序中服务记录，及时掌握“吹哨”情况与服务进度，对未及时“应哨”或长时间未闭环的服务进行一对一反馈提醒。每月汇总各支队的服务情况，对服务次数、服务质量、参与人数进行记录评价，同时围绕迎峰度夏、防汛救灾、中高考保供电等当前重点工作，下发月度重点工作计划或统筹组织专项活动，确保服务队发挥作用。每季度向公司党委专题汇报“吹哨报到”开展情况，并在季度党支部书记会议上进行通报，通报结果作为党建绩效考核和基层党组织书记抓党建述职评议的重要内容，以此深化服务队评价结果应用。每年度开展总队、分队、支队队长述职点评工作，公司党委通过一对一约谈、汇报座谈等形式，列出“成绩清单”、晒出“问题清单”、拉出“任务清单”，并有针对性地进行部署指导，树立队伍负责人的责任意识。

（三）主要成效

机制构建以来，国网马鞍山供电公司共收到社区、企业、贫困户等各类服务对象“吹哨”问题近70项，派单至分队后现场立即解决了临时架设抗旱线路、物业与住户交房产生电费纠纷等问题32项，服务客户252人次，先后5次收到客户表扬信，直接或间接化解客户投诉22起。工单闭环平均时长整整缩短了3天，群众满意度达98%以上。公司荣获“脱贫攻坚‘定点帮扶’先进企业”称号，马鞍山市防汛指挥办和安徽省电力有限公司党委先后通报表扬公司防汛救灾工作。公司共产党员服务队荣获国网公司“优秀共产党员服务队”称号，荣誉队长王世祥荣获国网公司“共产党员服务队优秀队长”称号，队长杨冬荣获国家电网有限公司“抗击新冠肺炎疫情先进个人”称号，2名队员分获安徽省“优秀共产党员”、马鞍山市“优秀共产党员”称号。

三 分析与思考

志愿服务“吹哨报到”机制以群众最关心的问题为导向，着力办好群众家门口的事。该机制丰富了党的群众工作时代内涵，将以人民为中心的发展思想落实到具体人、具体事、具体工作上。该机制坚持问题导向和目标导向相统一，短时间内见到明显成效，让党员干部和群众看到变化。机制进一步探索建立了简约高效的基层管理体制和共建共治机制，其具体的效应机制、对接机制、综合评价机制和资源整合机制对国家电网有限公司各级共产党员服务队具有普遍的可操作复制性。

（项目完成人：魏莱、赵阳、陈银龄、尹俊峰、陶洋、王强、常舜禹）

打造“当电小青”品牌　助力青年定标启航

国网当涂县供电公司

一 案例背景

青年员工是推动公司持续发展的新鲜血液，是公司企业文化建设中旗帜鲜明、独树一帜、动力强劲的推动力量。调研发现，青年员工的思想观念、思维方法、生活方式、工作标准易受外界影响，对工作压力、薪资收入、身体健康、婚恋交友等方面意见较大。青年员工的现状会在一定程度上对公司队伍稳定和高质量发展产生影响。因此，加强对青年员工的关心关爱，及时了解思想动态，树立正确思维导向，畅通工作晋升渠道，调解薪资收入配比，优化青年周边环境，解决婚恋交友问题等，能够切实提升青年员工对企业的认同和归属感，促进青年员工团结协作，拧成“一股绳”，形成“一股力”，以青春力量助推企业文化落地。

国网当涂县供电公司召开青年员工座谈会

二 案例内容

（一）工作思路

落实以人为本理念，进一步引导青年员工担当作为、奋发向上，筑牢青年中坚力量，畅通青年成长成才渠道，针对青年现状，从思想引导、能力提升、关心关爱、凝聚力量四个方面全面打造“当电小青”品牌，以矩阵式、立式化、多方位的培养模式，制定相关工作机制，形成完善工作体系，助推企业文化浸润青年心田，助力青年员工锚定航向、找准定位、蓬勃向上、快速成长。

（二）具体措施

1. 党建引领，筑牢信仰之基

公司以学习教育为根本，不断吸纳优秀青年员工加入党组织，切实把党员培养成骨干、把骨干培养成党员，确保实现支部力量和人才队伍的同步壮大。每日通过支部微信群分享党史故事，编印支部党史学习教育《学习参考简报》，激发青年党员学习积极性。组织青年员工参与“百年党史天天读”“百名党员话初心”等主题活动，打造“奋斗百年路、起航新征程”党史学习教育长廊，确保青年员工在潜移默化中受到感染，学而思、学而信、学而行，形成听党话、感党恩、跟党走的行动自觉。

国网当涂县供电公司青年员工参观党史长廊

2. 真抓实干，掌握能力之钥

公司充分发挥青年员工知识广博、朝气蓬勃、干劲十足的优势，坚持推进“三鹰”工程实施，定期开展“当电小青讲专业”活动，组织青年员工为公司领导讲授“专业课”，持续提升青年员工思想站位和综合素质。建设“当电雏鹰”柔性攻关团队，聚焦提质增效、投诉管控等专业难点问题，围绕“小实活新”开展技术攻关，定期组织成员前往白鹤滩～江苏±800千伏特高压直流输电线路工程现场学习。倡导“技改大修自己干”，培养电网运维“全科医生”和检修“专科医生”，组织检修运维青年人才“上岗”实战，强化青年队伍技能水平。组织青年员工参与“翰墨绘盛世·光影颂党恩”职工书画摄影展，排练“颂歌献给党·唱响新时代”建党节目，编排制作《唱支山歌给党听》快闪视频，拍摄《大梦警醒·正道心安》廉洁文化微电影，多维度拓宽青年视野，全方位提升青年素质，深层次锤炼青年技能。

国网当涂县供电公司青年员工赴“白江线”现场参观学习

3. 以人为本，滋养关爱之根

建立三级交流沟通机制，进一步完善青年员工信息和个性档案，及时了解青年员工思想、工作和生活状况，引导青年员工永葆激情、增长才干。开展“当电登高我为峰”青年员工座谈会，“学党史·话初心·助成才”青年党员座谈会，举办新入职员工“入职（会）礼”仪式。“五四”青年节前夕，公司领导分头与近五年入职17名团员青年谈心交流，邀请全国劳模许启金现场与青年员工分享心路历程、展现劳模风采。深化“青马学堂”建设，组织清明祭扫暨“爬横山·学党史·展恒心”主题活动，加强“和美家园”服务平台建设，常态开展合理化建议征集，确保青年诉求“有声”，改善青年员工住宿条件，深入了解青年职工所思所虑，切实提升青年员工对企业的归属感。

4. 凝心聚力，架设共赢之桥

建立人才成长档案，跟踪记录成长轨迹，畅通青年成长成才渠道，让“想干事、能干事、干成事”成为青年员工的共识与共为。落实“导师带徒”培养机制、加大推优荐才力度，认真落实“传帮带”作用。大胆选拔使用优秀年轻干部，开展公司团委书记岗位公开竞聘，启动公司青年员工挂职锻炼工作，全力打造遇到挫折撑得住、关键时刻顶得住的优秀年轻干部队伍，为公司高质量发展积蓄后备力量。

国网当涂县供电公司举办新员工“入职（会）礼”

国网当涂县供电公司导师带徒合同签订仪式

（三）主要成效

青年综合素质显著提升。项目启动以来，公司开展多项活动，助力青年员工展示风采、引导青年员工发挥作用、提升青年员工综合能力。公司三名青年员工被省公司临时借用，两名青年员工参与省公司巡视巡察工作，多名青年员工参与市公司“上挂下派”工作。今年以来，一名公司青年员工凝心聚力、奋力拼搏，获省公司“现代智慧供应链知识技能竞赛”个人第六名，两名青年党员获市公司“优秀共产党员”称号，一名青年党员荣获“当涂好人”称号，青年员工占比较高的机关支部获省公司“电网先锋党支部”称号。

国网当涂县供电公司机关支部获省公司“电网先锋党支部”称号

青年关心关爱落到实处。组织开展“青山人未老·当电再登峰”“迎新年·写春联·送祝福”“猜廉谜·闹元宵”“爬横山·学党史·展恒心”等节日主题活动，助推“和美家园”建设，提升青年员工参与感、归属感。“五一”前夕，解决青年员工期盼许久的食堂早餐问题，同步提升午餐、晚餐品质。青年员工集体宿舍住宿环境得到改善，不定时组织开展婚恋交友主题联谊活动及各类文体活动，不断丰富青年员工精神文化生活。

国网当涂县供电公司“爬横山·学党史·展恒心”主题活动

青年岗位晋升渠道畅通。选拔使用优秀年轻干部，新提任 4 名年轻中层干部，完成 9 个管理技术岗及班组长竞聘工作。启动公司内部青年员工挂职锻炼工作，圆满完成公司团委书记岗位公开竞聘，通过个人展板设计、主题演讲、VCR 拍摄等方式全面展示青年风采。

国网当涂县供电公司开展团委书记公开竞聘

三 分析与思考

项目的实施，对于凝聚广大青年员工青春建功、青春出彩，持续融入公司发展大潮，服务公司高质量发展，具有重要的实践意义。下一步，公司将推广经验、补足短板，围绕以下方面开展工作：

一是坚持青年思想引领。加强形式任务教育，加强国网公司“一体四翼”发展布局宣贯，培养知法规、精技术、熟运维、通管理、强智慧、懂全面、善沟通的青年人才。

二是加强青年关爱落实。建立员工思想动态分析制度，坚持深入基层、深入青年，通过微信公众号开展问卷调查、网络互动，调研青年思想，掌握青年动态，开展多项精神文化活动，增进青年友谊，缓解工作压力，丰富精神生活。

三是引导青年岗位建功。持续优化青年成长成才渠道，不断提升安全生产、电网建设、经营管理等各项中心工作与“当电小青”品牌建设的深度融合，激励青年员工“唱主角、挑大梁、担责任”。

（项目完成人：杜景波、胡大鹏、张敬勇、曹月洋、唐铭）

依托“禹风”精神推进“五零”志愿服务

国网蚌埠供电公司

一 案例背景

党的十九大报告提出“推进诚信建设和志愿服务制度化，强化社会责任意识、规则意识、奉献意识”，这是对志愿服务发展的新要求、新期望，也是新起点。党的宗旨、信仰决定了广大党员要发挥模范带头作用，大力弘扬奉献、友爱、互助、进步的志愿服务精神。坚持党的领导、加强党的建设，是国有企业光荣传统，是国有企业的“根”和“魂”，是国有企业的独特优势。面对目前企业在职党员志愿服务存在的服务内容“凝聚堵”、服务方式“短期化”、服务人员“联系散”、服务质量“过得去”等难点，国网蚌埠供电公司自2012年成立“禹风”共产党员服务队，在现有395名注册志愿者的基础上，不断探索在职党员志愿服务有效举措。

二 案例内容

（一）工作思路

将体现淮河地域文化的“禹风”精神融入国网公司价值理念体系落地，在志愿服务中深入实施“文化铸魂、文化赋能、文化融入”专项行动，以“两哨一中心”为依托，以“禹风厚德、孕沙成珠”的实际行动打造为民办事零距离、故障抢修零等待、社会公益零中断、服务发展零缝隙、善小善为零推诿的“五零”志愿服务实践，促进国网公司战略和价值理念转化为广大职工的情感认同和行为自觉。

（二）具体措施

党员志愿服务是加强党的建设、锤炼党性修养、体现党员先进性的有效载体。国网蚌埠供电公司以党的建设为依托，在志愿服务中充分发挥各级党组织和广大党员先锋模范作用，不断健全完善体制机制、提高管理水平、营造文化氛围，以文化铸魂彰显地域特色、以文化赋能争创管理领先、以文化融入助力企业建设。在志愿服务中，对内全面建设与国网公司战略目标相适应的优秀企业文化，文化关爱持续暖心；对外全力服务乡村振兴、合芜蚌国家自主创新示范区等重大战略实施，志愿服务主题活动使文化榜样不断涌现。

2021 年 4 月 18 日，国网蚌埠供电公司禹风共产党员
服务队深入田间地头开展供电设备隐患排查

1. 立足核心，专兼结合，破除服务内容“凝聚堵”难题

共产党员服务队在志愿服务中注重文化融入，主动围绕安全用电服务、便捷用电服务、品知提升服务三大服务内容开展工作。立足供电服务核心业务的同时，2020 年公司为统一志愿服务标准、规范服务内容，在中国志愿服务网服务推荐项目基础上，推出了“点餐式”志愿服务，形成了电力抢修服务、电力知识宣传、电力业务培训、电力缴费服务、用电安全服务、节能减排服务、特殊群体帮扶、文明城市创建、文化活动展演、社区公益、应急服务及其他共计 12 大类服务内容，既体现行业特色，又积极参与到蚌埠当地“我们的节日”“孝善珠城”、文明城市创建等群众性文明创建活动结合起来。“禹风”共产党员服务队实现了服务数量上规模，服务质量上档次。

2. 了解需求，项目推进，破除服务方式“短期化”难题

志愿服务活动前，公司加强与志愿服务对象所在社区、街道联系，把群众呼声作为第一信号，把群众意愿作为服务方向，积极听取人民群众的服务需求和生活疾苦，提前做好

2021 年 3 月 4 日，国网蚌埠供电公司组织党员志愿者开展
“保护母亲河”文明城市创建街头清扫活动

符合人民群众需要的志愿服务活动策划，做到底数清、情况明。公司共产党员服务队利用休息时间开展了情系朝阳、情暖夕阳、情满社区、情牵乡村等志愿服务项目，打造“禹风”共产党员服务品牌，真正把党员志愿服务打造成为深入基层践行群众路线的重要举措。

2021 年 4 月 20 日，国网蚌埠供电公司党员志愿者
为福利院孤寡老人修剪指甲、晾晒被褥

3. 网格关联，主动报到，破除服务人员“联系散”难题

公司发挥党支部战斗堡垒作用，加强文化赋能，以支部为单位对共产党员服务队队员基本情况进行详细摸底，对党员年龄、特长、居住地社区情况全部登记在册，并把支部开

展志愿服务情况作为年终评优的重要依据。按照“服务队员＋受益人＋服务区域”网格化管理，公司鼓励党员服务队队员主动到社区报到、帮助服务网格内居民解决实际问题，形成“中心吹哨、队员报到”的协同联动逐级负责机制和志愿服务爱心激励机制。党员服务队队员通过所在网格的社区群接收志愿服务通知，主动参与网格突发电力故障抢修及社区开展的文明祭扫、文明养犬、文明交通岗值日等活动，用实际行动展现良好的企业形象。

4. 技能培训，星级进阶，破除服务质量“过得去”难题

公司以“禹风学堂”为依托，发挥文化的凝聚和激励约束功能，建设“禹风”共产党员服务队实践基地，以“练兵”形式加强志愿服务队员现场实操能力。从2021年开始，公司定期开展“禹风学堂”志愿服务能力培养，邀请蚌埠市志愿服务楷模、全国十八大、十九大代表杨苗苗传授志愿服务心得，不断提升志愿服务水平。公司重视志愿服务梯队建设，通过志愿服务分队“星级进阶”授旗机制，有效激发了各志愿服务分队“老带新”“新促老”的服务热情。

（三）主要成效

1. 禹风共产党员服务队“五零”志愿服务在攻坚克难中发挥先锋作用

面对严峻疫情，6天点亮蚌埠“火神山”医院，坚守发电车40小时为防疫企业提供可靠电源，复工复产期间为1069家企业提供电力保障，受到国网公司党组的通报表扬。在抗洪救灾中，冒雨拆除荆山湖行蓄洪区电力设施，完成8个安置点的电源接入，实现了“电不断”，受到省公司党委的通报表扬。在加快推进小岗村乡村电气化示范项目中，推广农村电网不停电作业技术，全力开创了服务乡村振兴新局面。禹风共产党员服务队荣获国家电网“优秀共产党员服务队”称号。

2020年2月6日，蚌埠禹风共产党员服务队
对蚌埠市传染病医院第五人民医院进行带电接火

2. 禹风共产党员服务队“五零”志愿服务在为民服务中坚守初心使命

为人民群众办实事解难题，持续优化电力营商环境。贯通政务服务网投资项目在线审批监管平台，将用户用电需求信息纳入电力营销系统储备库 21 个，相关做法在省政府《政务要情》刊发。构建“两哨一中心”服务模式，做到阵地前移、服务前置、力量前倾。7×24 小时主动服务重点水利工程建设的事迹被中央电视台重点报道，建立“分片包村、定点服务”机制解决老百姓抽水灌溉高峰期用电的事迹登上了人民日报海外版头版。禹风服务队用品质服务架起了党群连心桥。

3. 禹风共产党员服务队“五零”志愿服务在熔炉锤炼中搭建成长平台

志愿服务提升了志愿服务标准化、规范化、专业化建设水平，为志愿服务队员搭建了服务大局、为民服务、成长成才“三个平台”。各基层党组织也在“建设提标、服务提效、品牌提升”中，创新党建活动的开展空间，在规范管理、机制建设、队伍建设、优质服务、品牌建设等方面取得显著成效。供电服务指挥中心党支部荣获国家电网有限公司“电网先锋党支部”称号。队员们在服务队的熔炉中不断得到历练，先后涌现出全国五一劳动奖章甘正功，安徽省劳动模范詹斌、“蚌埠好人”唐传佳等一批典型。

2021 年 3 月 26 日，国网蚌埠供电公司禹风共产党员服务队在凤阳县红心镇开展双回路旁路系统带电作业，推广农村不停电作业技术

三 分析与思考

党的十八大以来，习近平总书记对弘扬雷锋精神、发展志愿服务事业作出了一系列重要指示。新时代志愿服务的发展是一个“自下而上”与“自上而下”相结合的过程。志愿服务要坚持党建引领，发挥国企优势，弘扬党内政治文化，践行社会主义核心价值观，这样方能构筑国网精神、国网价值、国网力量，奋力开创事业发展新局面。

国家电网有限公司深入学习贯彻习近平新时代中国特色社会主义思想，提出了建设具有中国特色国际领先的能源互联网企业，并提出“一体四翼”发展布局，彰显了“大国重器”和“顶梁柱”的责任担当。“五零”志愿服务积小善成大德，赢得人民群众的普遍欢迎和充分信任，在党和人民群众之间架起了连心桥。国网蚌埠供电公司党委在2021年全省“两优一先”表彰大会上荣获安徽省“先进基层党组织”称号，公司在中央文明委复查确认中继续蝉联全国文明单位称号。

（项目完成人：常诚、刘新梅、高伟、牛路、张甫、李梅、钱颉）

红色“碳”寻　赋能小岗绿色发展

国网凤阳县供电公司

凤阳小岗村作为全国农村改革的第一村，在中国改革进程中具有重要的历史地位和文化内涵。近年来，国网凤阳县供电公司党委聚焦“凝聚人心、促进发展”，把新时代“敢于创造、敢于担当、敢于奋斗”的“小岗精神”转化为公司改革创新发展的动力，以党内政治文化为引领，以红色文化为源头，注重发挥党支部战斗堡垒作用，将党建与业务充分融合，在电网建设、优质服务、安全生产的主战场和推动能源转型、助力乡村振兴、赋能绿色发展的最前沿，用红色铺就高质量党建的亮丽底色，形成践行企业文化、促进战略落地、传播价值理念的特色服务品牌。

（一）工作思路

将小岗红色基因与公司企业文化基本价值理念相融合，以凤阳小岗党员服务队为红色先锋，聚焦“美丽小岗、零碳乡村”电力服务乡村振兴示范区项目，在推进“文化＋乡村振兴”落地实践活动中融入党建引领，以文化融入小岗村全国乡村振兴建设，以文化赋能小岗村零碳乡村样板，让基层党建“动”起来，党员身份“亮”起来，以点带面，形成紧贴实际、特色鲜明、亮点突出的小岗电力文化名片。

（二）具体措施

1. 红色“碳”索电能替代　激活新能量

随着小岗村的不断发展，很多当地村民在周边开设了农家乐，提供餐饮、休闲娱乐服务。为助力生态环保攻坚战役，凤阳小岗党员服务队主动走访，开展电能替代宣传，引导农家乐负责人将其厨房设备进行“全电改造”，把昔日烟熏火燎的“液化气”更换为电炊具，促进清洁能源接入与消纳，提升乡村电网利用率和清洁能源利用率，营造乡村安全用电、绿色用电、经济用电、方便用电。

2021 年 5 月 30 日，凤阳小岗党员服务队到小岗“绿色厨房”示范点开展回访服务工作

2. 红色“碳”寻智慧用能　实现新引领

小岗村作为红色旅游主阵地，是用电大村。纪念馆作为辖区用电负荷集中点，用电需求和用电安全压力大。今年以来，凤阳小岗党员服务队聚力乡村电气化智慧用电改造，成立“红色电管家”工作组，以客户能效提升为目标，通过走访对接当地政府、大包干纪念馆、沈浩纪念馆、小岗游客中心，了解客户用能情况及节能降耗需求，为其量身定制智慧用能监测系统建设改造方案。智慧用能监测系统建成投运后，党员服务队对场馆设备管理员开展教学培训，定期查看维护设备使用情况，对场馆进行多维度能耗分析，实现智慧用能服务新“引领”。

3. 红色“碳”测共享电表　催生新动能

今年以来，公司把党史学习教育和“我为群众办实事”相结合，定期组织凤阳小岗党员服务队深入田间地头，了解农户用电需求。为方便村民抽水排灌，5 月份，公司在小岗小杨村民小组建成“共享电表”试点项目。项目建成后，为加大“共享电表”推广力度，凤阳小岗党员服务队主动走进村组，为村民开展手机扫码、支付、用电、浇水等培训服务和用电安全指导，让更多农民共享智慧电表带来的便利和高效，增强农民获得感、幸福感、安全感。

2021 年 5 月 18 日，凤阳小岗党员服务队在大包干纪念馆
向场馆工作人员介绍智慧用能场馆项目

2021 年 8 月 9 日，凤阳小岗党员服务队在小岗村小杨台区
向村民讲解共享电表使用操作步骤

4. 红色“碳”路绿色出行　提升新体验

今年以来，公司在小岗大包干纪念馆、游客中心等处启动建设电动汽车充电桩试点，为小岗游客和居民绿色出行“加油”。为全面做好充电桩投运服务，公司凤阳小岗党员服务队深入现场，查勘充电桩建设进度，做好全过程管控，同时定期开展充电桩“健康体

检”，及时了解充电桩充电情况，检测充电桩、高压配电箱是否正常运行等；还耐心地向来往游客讲解充电业务并询问用户体验，以红色电力服务暖人心，聚人气。

2021年4月8日，凤阳小岗党员服务队对小岗大包干纪念馆门口电动车充电桩开展维护工作

（三）主要成效

1. 内化于心提升“软实力”，铸就“硬基石”

公司凤阳小岗党员服务队与小岗村乡村电气化建设工作互融共进，在赋能增效服务中强化价值引领，实现了文化建设工作、中心工作的同部署、同落实，带动了公司上下自觉认同、主动融入，彰显了工作实效。目前，公司在小岗村建设“绿色厨房”示范点2处，改造后的绿色厨房加热效率相比传统燃气灶具高出30%至60%，成本低40%至75%，减少碳排放30%至50%。大包干纪念馆、沈浩纪念馆、小岗游客中心三个场馆改造后，整体能耗降低10%以上，年节约电费可达7万元。小岗村小杨台区共享电表试点工程的投入，节约了该地区农民的灌溉成本，保障了农业生产用电安全，实现了粮食增产增收。

2. 外化于行营造“浓氛围”，汲取“源动力”

公司凤阳小岗党员服务队找准定位，深化“文化+”工程，从助力乡村振兴战略大局出发，为人民群众办实事解难题，相关做法在各大媒体刊发报道，其中《希望在田野上放飞 灯火在小岗村闪耀》《“红马甲”靠前服务大包干纪念馆》《智慧用能系统落户小岗村》《“绿色厨房”落点小岗村》《“共享电表”进田头 农忙灌溉用电无忧》等服务小岗乡村电气化建设系列事迹在国网公司网站、国家电网报、中国电力报和安徽日报等媒体重点报道，在舆论场上产生了正面积极地宣传效果，形成了浓郁的文化氛围。公司凤阳小岗共产党员服务队荣获市公司“优秀共产党员服务队”荣誉称号。

三 分析与思考

1. **在引上着力，强化红色文化传承**

结合小岗工作实际，从制度建设、管理融合、行为养成等方面深化企业文化建设，通过“联学联创”对外深化合作，加强与小岗政府部门、红色资源点的协同，将“三会一课”、主题党日等作为红色文化教育的有效抓手，让红色精神融入日常、扎根深植，引导员工从共识到共为。

2. **在行上发力，推动红色文化实践**

结合小岗地域文化、辖区客户类型及服务需求，融合公司自身管理目标，因地制宜，因情制宜，引领凤阳小岗党员服务队，做导之以行的践行者，在急难险重任务中冲锋在前，在服务客户中创先争优，成为践行红色文化、传承红色基因最积极、最活跃的力量，形成小岗电力服务名片。

（项目完成人：王克杰、李曼曼、高文薇）

电“亮”老街文化品牌　打造美丽乡村生活

国网六安供电公司

一　案例背景

位于毛坦厂镇的明清老街，近于完整地保留着明清时代的古建筑、古文化，与被称之为“高考梦工厂”的毛坦厂中学共同构成了两张地域名片，文化底蕴深厚。

2021 年中央 1 号文明确提出：民族要复兴，乡村必振兴。要坚持把全面推进乡村振兴作为实现中华民族伟大复兴的一项重大任务。

国网六安供电公司响应乡村振兴战略部署，深刻领悟习近平总书记提出的“时代是出卷人，我们是答卷人，人民是阅卷人”的指示，结合老街及“高考小镇”文化特质，弘扬 1949 年党中央离开西柏坡进京建国，毛主席提出的“进京赶考”精神，以“弘扬赶考精神、赋能乡村振兴”为推进动力，打造毛坦厂镇“文化＋乡村振兴”示范样本，全方位做亮“电亮老街”文化品牌，激发全员担当意识。

二　案例内容

（一）工作思路

全面贯彻落实国家电网“文化铸魂、文化赋能、文化融入”专项行动要求，坚持品牌化、项目化运作，将“赶考精神”融入队伍培养、优质服务等工作中，通过“营造善学风气，培育模范生”“融入破题思维，赋能好乡村”“树立高分追求，书写好答卷”实践模式，明确毛坦厂镇乡村振兴示范样板建设路径，引领员工以“赶考”奋进姿态，迎接好新时代乡村振兴的“大考”。

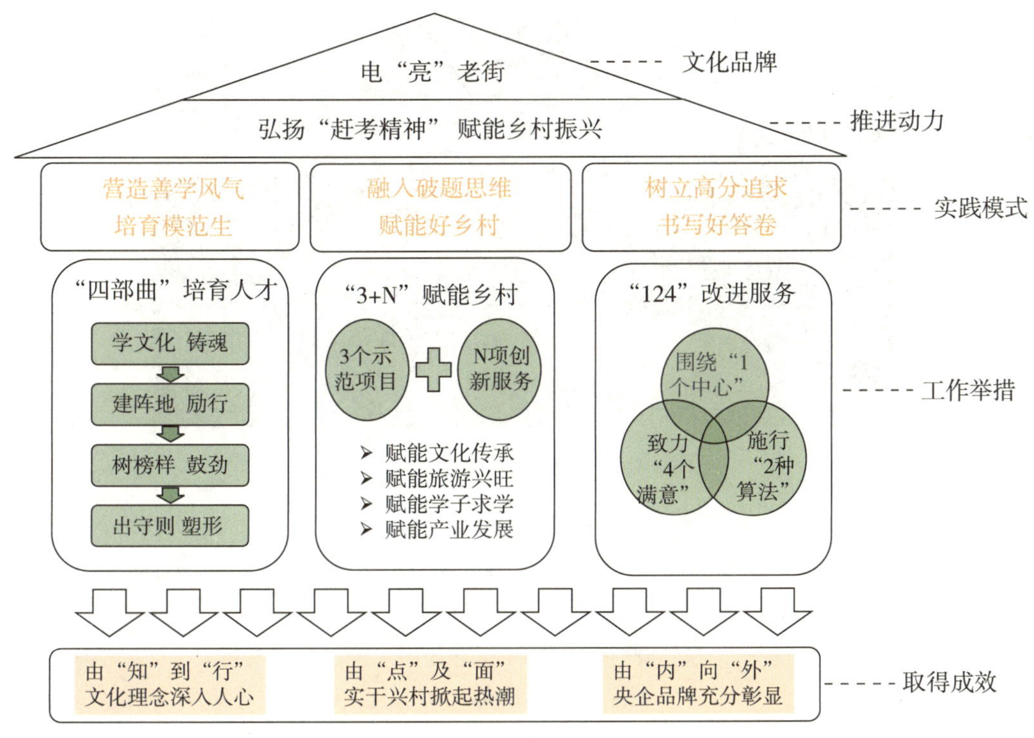

“电亮老街”文化品牌实践图

（二）具体措施

1. 营造善学风气，培育模范生

大力弘扬“赶考精神”，鼓舞员工勤学争优，努力培育一支“又红又专”的电力队伍，为乡村振兴提供人才支撑。

一是学文化，铸魂。组织“走进大别山纪念馆”革命传统文化教育、书记讲党课、学习“赶考精神”等活动，讲好党的政策、革命精神，提升员工政治站位。

二是建阵地，励行。在毛坦厂镇中心供电所打造“赶考之路”企业文化展厅，展示乡村振兴电力实践路径，激励员工对标对表、学习经验、实干笃行。

三是树榜样，鼓劲。选树“营销状元”朱守双、“竞技状元”储成东等先进典型，发挥党员先锋模范作用，鼓舞员工学习先进、奋勇争先。

四是出守则，塑形。融入校园学生守则做法，围绕台区经理、综合柜员两个核心岗位要求，编制员工服务守则，形成“把简单留给客户、让声音微笑起来”“隐患巡查不漏一角”等守则内容，进一步规范行为、树立形象。

2. 融入破题思维，赋能靓乡村

以为群众办实事、解难题为主旨，紧扣毛坦厂镇商旅服务、教育产业、旅游产业、特色农业发展特点和难点，积极探索“3＋N”（3 个示范项目＋N 项创新服务）破题路径，

国网六安供电公司组织革命文化教育

为美丽乡村建设充电赋能。

一是两手抓，推动明清老街文化传承与旅游兴旺。一方面，针对明清老街低压供电线路交错复杂、影响美观等问题，大力实施《电气与环境和谐发展项目》，开展高压线路线缆入地、架空线路沿墙隐藏、台区表箱美化修整等工作，实现“线清、箱隐、街美”，还老街一抹“古色古香、原汁原味”，既保护了街区建筑，又营造了舒适的旅游体验；另一方面，开展“民俗文化红色护航”活动，为纸伞、铁器等传统手工艺作坊提供室内线路义诊、隐患排查等延伸服务，让老街韵味更足。

二是勇创新，护航学子求学赶考，擦亮地域招牌。①着力技术创新。针对学租房“一户多表”高户均容量、高负载水平等问题，施行《智慧电力为生活赋能项目》，通过加强智能配电终端等新技术、新设备、新工艺应用，探索建设智慧配电台区，实现台区设施全方位“三遥”自动化及环境全监测感知，保障电力供应，让师生用电无后顾之忧。②着力服务创新。针对学租房人口流动性大、客户信息更新困难、服务不及时、安全用电难管理等难题，创新导入“供电楼长制”，面向学租房密集小区，按单元楼设置台区经理供电楼长，依托入户摸排、故障维修等手段，形成“爬楼登门、数据小灵通”“一户一档、交互百事通”“用能保障、全楼电管家”服务模式，切实打通供电服务“最先一米”和“最后一米”，为广大师生家庭筑牢用电“安全屋”。同时，根据学生生活学习规律，灵活编制差异化用电高峰服务节气表，确保需求快速响应。

三是添动力，畅通乡村振兴产业致富路。积极服务“双碳”目标，依托《服务“三农”发展的电气化提升项目》，围绕当地东石笋野茶、水稻种植、葡萄果园等特色农业发展，推广电制茶、电机井排灌等乡村电气化技术，做到方案量身定制、业扩简化流程、全程技术指导，助力农业现代化转型。针对部分乡镇负荷不足问题，开展农网智能化改造，确保父老乡亲不仅能用上电，更能用上好电，增收致富动力十足。

3. 树立高分追求，书写好答卷

学无止境，服务亦无止境。为满足人民群众对美好生活向往的用电需要，国网六安供电公司以“124”工作法为抓手，做深志愿服务、增值服务，积极开展“我为群众办实事”

国网六安供电公司为老街古建筑排除线路隐患

活动，让服务更优质、群众更满意、口碑更高分。

一是围绕“1 个中心”。坚持以客户为中心，依托支部联建“村电共建”模式，及时满足美丽乡村建设过程中各项用电需要，推进前瞻化服务。

二是施行“2 种算法”。在服务质量上做加法。通过建立社区服务驿站，开展业务报装“预约”上门等方式，为客户加速度、加价值。在客户负担上做减法。依托业扩提速、电费建议等手段，减流程、减成本。

国网六安供电公司党员服务队开展为民服务活动

三是致力“4个满意”。通过意见反馈整改、上门走访帮扶等，为客户解难事、解烦事，力求群众满意、政府满意、企业满意、学校满意。

（三）主要成效

1. 由“知”到“行”，文化理念深入人心

一改传统“教条式”“灌输式”的文化宣贯手段，将弘扬“赶考精神”与国网基本价值理念融合，与赋能乡村振兴融合，与中心工作融合，既宣传了文化，又明确了实践路径，引领员工在知行合一中领悟国网精神、国网文化，增强了干事创业的使命感与责任感以及应对时代“大考”的紧迫感。

2. 由“点”及“面”，实干兴村掀起热潮

打造毛坦厂镇“文化＋乡村振兴”示范样本，打响了“电亮老街”文化品牌，有力促进了老街民俗文化传承及旅游业振兴。在赋能“高考小镇”发展上，圆满完成了历年高考、会考保电任务。在乡村振兴致富路上，完成了农网智能化改造和乡村电气化技术推广，有力促进特色农产品高质量发展。以“赶考精神”为内核动力，探索出了一条行之有效的服务“三农”、乡村振兴电力实践道路，为各基层供电所、专业部门提供了思路、提振了斗志。

3. 由“内”向“外”，央企品牌充分彰显

依托“3＋N”破题路径，累计投资资金1060.28万元，开展志愿服务130余次，将央企和国网六安供电公司责任担当、奉献意识更广泛的传播辐射出去，多次获得当地党委政府认可和表扬。

国网六安供电公司联合政府召开明清老街项目开工仪式

二 分析与思考

（一）企业文化融入中心工作大有可为、大有作为

开展企业文化建设要充分发挥“文化赋能”作用，要传承好红色基因，利用好文化资源禀赋，充分融入地域发展、业务特色、队伍建设和为民服务当中，切实做到为员工赋能、为客户赋能。

（二）基层文化品牌建设必须明确定位、立足特色

构建基层文化品牌，要有明确的目标定位和实践支撑，要立得住、叫得响。“电亮老街”文化品牌，以弘扬“赶考精神”、赋能美丽乡村为核心，既符合了乡村振兴政策要求，紧密贴合了国网基本价值理念内涵，又深入结合了地方文化特色，明确了实践模式，受到职工群众的喜爱。

（项目完成人：谢正勇、孙谋文、陈黎、许滨）

“燕飞来”志愿服务架起联系群众连心桥

国网淮北供电公司

一、案例背景

以“奉献社会、志愿服务、关心他人、共同进步”为准则，强化文化驱动，把社会主义核心价值观融入志愿服务文化之中，精准发力打造以燕飞志愿者服务为品牌，以首席、高级客户经理为主导的“1＋N”业扩快响团队。坚持以客户为中心，把服务人民美好生活需要作为品牌建设的出发点和落脚点，围绕“为群众办实事”主题，持续拓展“燕飞志愿者服务”内涵，引入社会责任根植理念和管理方法，深入实施“党建＋获得电力”活动，强化专业协同、加强业扩全过程跟踪，落实“三省三零”服务，不断提升客户获得感和满意度。

二、案例内容

（一）工作思路

坚持把社会主义核心价值观融入志愿服务文化之中，以人民为中心，聚焦群众需求，突出新时代文明实践主题，推动文明实践同基层党建贯通融合。紧紧围绕市委市政府重大部署，找准企业文化项目与优化营商环境的结合点和切入点，打造“相城电保姆，用心365”“燕飞来志愿服务工作站”等主题鲜明、富有特色的志愿服务品牌团队，打通服务客户“最后一公里”，架起党联系群众的连心桥。

（二）具体措施

1. 一个定位，彰显品牌文化特色

以淮北供电人孙燕飞为原型，建立志愿服务站点，形成有形的品牌服务阵地。同时将

所有优秀淮北供电人化身“燕飞来”志愿服务者，打造“燕飞来志愿服务”品牌，争取媒体关注和客户认同，实现供电服务的品牌搭载和形象传播，让企业文化落地有声，增强员工对“燕飞来志愿服务”品牌以及公司企业文化的认同感、归属感和责任感，增强践行“四个服务”、弘扬优秀企业文化的主动性和自觉性。

2. 一个平台，服务文化广泛入心

围绕优化营商环境、服务广大电力客户，以庆祝党的百年华诞为契机，依托“学党史、办实事”专题活动，以燕飞志愿服务平台为载体，把志愿服务活动与当前正在开展的党史学习教育、文明城市创建、乡村振兴、基层党建等中心工作深入融合，广泛发动志愿者进基层、进机关、进社区、进乡村、进学校，在新时代文明实践志愿服务工作格局中当好排头兵。突出常态长效，用好新时代文明实践志愿服务融合平台，组织开展电力客户喜闻乐见的志愿服务活动，进一步把志愿服务活动做深、做实、做优，着力提升广大群众幸福感和满意度。

3. 一个团队，管家服务快速响应

结合网格化服务管理提升，聚焦业扩提速、服务便利、信息公开、工程造价等客户关注事项，打造以首席、高级客户经理为主导的“1＋N”业扩快响团队，以“马上办”的响应速度，“想法办”的服务水平，打造“办最好”的服务效应。高、低压全业务流程线上化，线上办电率99％以上；实现大中型企业客户办电“最多跑一次”、小微企业客户“刷脸办电”。电力保障服务日间3分钟、夜间6分钟紧急出动，白天25分钟内、夜间35分钟内到达现场处置。

2020年10月，国网淮北公司员工国庆期间为企业提供上门服务

4. 一个圈子，物电联动亲情服务

依托物业朋友圈，网格客户经理积极构建“物电、村电、政企联络站”，协同社区网格化管理员对“老弱病残孕”等重点人群实施“燕飞来”差别化服务。坚持不懈开展“五进”“五关注”活动，即进城市、进农村、进社区、进学校、进家庭，关注留守儿童、关

注孤残儿童、关注弱势群体、关注环境保护、关注寒门学子，向社会献爱心、送温暖、做好事。作为电力企业的光明使者，志愿服务队的队员们定期深入街头巷尾，为客户开展用电服务、节能宣传、解答咨询、现场办公、客户代理、义务校表等活动。

2020 年 10 月，国网淮北公司志愿者走进乡村开展“五进”“五关注”活动

5. 一个窗口，上门互动服务最优

利用小区公告栏，公布网格化客户经理及志愿服务队员的照片、姓名、工作职责、联系方式等信息，对于城乡居民等低压客户，积极推动“线下”转“线上”，“一站式”办电。设立“物电联动日”，构建服务客户的“大窗口”，不定期在小区开展安全用电、智慧用电、科学用电宣传，定期深入街头巷尾，为客户开展用电服务、节能宣传、解答咨询、现场办公、客户代理等活动，变供电服务“最后一公里”为“最优零距离”，促进政府、供电、物业、居民四位一体更趋和谐。

2021 年 3 月，国网淮北公司开展用电服务、节能宣传、解答咨询、现场办公、客户代理等活动

6. 一个终端，涉电业务足不出户

通过志愿服务广泛宣传网上国网与安徽电力 App 平台，方便社区客户开展日常缴费、光伏业务及充电桩业务办理，针对低压客户，积极推动线下业务向线上迁移，大力宣传“安徽电力微信公众号”“掌上电力”手机 App、95598 网站等线上受理方式，真正实现居民涉电业务“一次都不跑”。针对园区客户，分为钻石客户、铂金客户、黄金客户三级，明确专属客户经理，由燕飞志愿服务队配合专属客户经理与发展、营销、运检等专业人员组成服务团队，提供用能数据实时监测、能效诊断、设备代维、市场化交易引导、用电优化分析、用电业务培训、综合能源服务等可定制、套餐化增值服务，降低客户用电成本，提供专属客户关怀，提高客户的忠诚度和满意度。

2021 年 3 月，国网淮北公司推广安徽电力 App 平台，实现居民涉电业务“一次都不跑”

（三）主要成效

1. 主动履行社会责任，企业社会形象靓丽

“燕飞来”电网优质服务青年突击队围绕社会需求、企业工作和青年成才，把干好本职工作与承担社会责任结合、奉献社会与发展企业结合，持之以恒的在文明创建、用电宣传、爱心服务等领域无私奉献，取得了良好的社会效应，成为国网淮北供电公司内强素质，外塑形象的重要载体，在企业和社会之间架起了一座真诚、友爱的桥梁。

2. 文化引领作用突出，服务品牌深入人心

通过志愿服务文化引领及客户需求常态对接，实施“定人、定期、定制”服务，有效为大中型企业提供了电量电费分析、电能质量评估、综合能效分析、需求响应代理等增值服务，帮助客户了解用能优化潜力，打造了能源消费“一站式、一条龙”服务模式，实现用电服务更增值。孙燕飞及其志愿服务团队等事迹被列为重点宣传典型，在系统内外赢得赞誉。“燕飞来”电网优质服务青年突击队于 2021 年 7 月喜获安徽省“青年文明号标兵”。

三 分析与思考

实践证明，公司培养和选树了一批具有代表性的先模人物及服务品牌，为公司发展起到强有力的示范引领作用。要继续做好优秀典型的培育选树工作，力争选树出国家级先模典型。以主流媒体为宣传平台，开展“服务品牌打造”主题融合传播，讲好“国网故事淮北篇”、传递“国网声音淮北调”。继续创建“燕飞志愿服务品牌”示范站点，推进履责实践，努力将服务品牌企业文化项目打造成“党委政府肯定、当地百姓认可、彰显国家电网形象”的社会标杆。结合企业文化项目推进深化实施社会责任课题，用社会责任管理的理念提升企业发展与客户需求的融合度。

（项目完成人：葛成龙、宗毅、孙燕飞、常宗宝、孟晓箐、张梅）

“药都之光”共产党员服务队“百千万”工程

国网亳州供电公司

一　案例背景

国网亳州供电公司党委为深入开展党史学习教育实践活动，落实省公司党委决策部署，围绕“做好电力先行官，架起党群连心桥”指导方针，把学习党史同总结经验、观照现实、推动工作结合起来，同解决实际问题结合起来，着力在优化电力营商环境，巩固脱贫成果和促进乡村振兴上狠下功夫。在习近平总书记考察国家电网共产党员服务队十周年之际，公司结合党史学习教育总体目标，突出“学党史、悟思想、办实事、开新局”，以“办实事”为出发点和落脚点，促进学习成效转化为工作动力和成效，用心用情解决客户的困难事、群众的烦心事。

二　案例内容

（一）工作思路

按照省公司“党建引领、初心建功”行动安排，国网亳州供电公司“药都之光”共产党员服务队围绕“五个服务”的核心内涵，选取优化电力营商环境、巩固扶贫成果两个方向，制定药都之光共产党员服务队“百千万”工程，即在 2021 年年底前完成 100 个专变客户（药企、酒企、新能源、乡村振兴产业）线路设备隐患排查治理工作，完成 1000 户原建档立卡贫困户安全用电隐患排查治理工作，围绕 100 个专变客户和 1000 户原建档立卡贫困户，完成 10000 人次的现场志愿服务。创新开展共产党员服务队项目化管理，采用“总队统一策划，分队协同实施、群众进行评价”的一体联动管理模式。结合党史教育为群众办实事、办好事的要求，提升国网安徽省电力有限公司共产党员服务队的影响力。

（二）具体措施

1. 梳理服务对象，明确工作内容和目标

亳州供电公司“药都之光”共产党员服务队梳理了近年来的志愿服务活动，总结提出了“百千万”工程，并明确了服务的工作目标，把服务的内容进行了有限的延长，开展对客户设备隐患的排查治理工作，包括客户线路、设备巡视检查，设备红外测温，设备试验，继电保护整定，安全工器具、消防器材配备使用等，指导、配合客户开展隐患治理，帮助客户开展隐患治理，利用带电作业治理隐患。隐患排查治理和志愿服务的重点是 100 个专变客户产权临界点以内的树障、电缆外破、导线接点、计量设备、配电变压器、鸟巢、分界开关、刀闸、跌落保险等；农村 1000 户原建档立卡贫困户室内导线、插座、照明设备等。开展各类重大活动的保电，共产党员服务队专项行动以及各类现场的志愿服务共计 10000 次。

2021 年 6 月 2 日，国网亳州供电公司“药都之光”
党员服务队在中高考保电期间为亳州九中检查用电设备

2021 年 1 月 25 日，国网亳州供电公司“药都之光”党员服务队帮助孤寡老人更换插座

2. 细化工作内容，进行任务分解

亳州公司“药都之光”共产党员服务队整理了“百千万”的任务清单，开展市县一体化联动，共形成涡阳、蒙城、利辛、党建营销部分队等8支牵头分队。细化各牵头分队的任务清单，其中涡阳、蒙城、利辛各负责200户原建档立卡贫困户安全用电隐患排查治理工作，10户10千伏专变客户的隐患排查治理工作。党委党建部分队和营销部分队牵头完成利辛张村镇王寨村、杜竹园村70户原建档立卡贫困户安全用电检查工作。谯城阳光公司分队牵头完成330户原建档立卡贫困户安全用电检查工作和缺陷消除工作，完成20户10千伏专变客户的隐患排查治理工作。城区供电服务中心分队牵头完成40户10千伏专变客户的隐患排查治理工作。电力调控中心分队完成10户新能源客户的隐患排查治理工作。

2021年3月2日，国网亳州供电公司“药都之光”
党员服务队在亳州骨科医院帮助客户开展供电设备隐患排查治理工作

3. 制定实施步骤，完善工作方案

根据前期的任务分解，公司“药都之光”共产党员服务总队要求各分队制定工作计划，摸排服务对象，确定责任单位、责任人和工作完成时限，制定了《“百千万”工程项目计划表》和《“百千万”工程项目进度表》，要求各分队每双月底报送，并及时总结提炼工作经验。要求各分队分析在实施过程中遇到的问题和存在的不足，邀请服务对象对服务进行评价，提出改进意见，完善工作方案。根据计划表和进度表，设立奖励和考核机制，对完成进度和质量较好的分队进行表彰，对排名靠后的分队进行考核。最后，深挖实施“百千万”工程中涌现的先进典型，宣传他们在志愿服务过程中的感人故事和动人细节，发挥榜样的力量，形成公司人人参与志愿服务的良好氛围。

2021 年 4 月 19 日，国网亳州供电公司“药都之光”
共产党员服务队开展客户设备隐患排查治理工作

（三）主要成效

自开展“百千万”活动以来，首先是提高了供电可靠性指标，减少了停电对客户的影响，实现了双赢。其次是开阔了工作思路，找准了供电可靠性管理的短板，找到了新的工作切入点。同时强化了工作机制，把客户设备管理与公司设备管理融合起来，推动客户设备隐患排查常态化，与公司设备隐患同步排查，同步治理，密切了客户关系，优化了营商环境。最后是聚焦中心工作，让共产党员走在前面，发挥了先锋模范作用。

1. 锻造“五心”服务理念，在大练大考中经受住考验

自“药都之光”共产党员服务队自成立以来，围绕“为民服务，创先争优”的主题，通过不懈努力，锻造了“用心”“放心”“热心”“贴心”“恒心”的服务理念。在立足岗位、忠诚履责，做好日常业务、应急抢修等基本服务的同时，还积极履行社会责任，广泛开展了主题为“光明驿站——关爱留守儿童”学雷锋系列志愿服务、中高考爱心服务助考活动、助农抗旱奉献爱心活动、抗疫保电、抗洪抢险救灾等。公司各党员服务分队在“三先”工作理念的指引下，众志成城、攻坚克难，打赢疫情防控阻击战、复工复产主动战、脱贫攻坚收官战、绿水青山保卫战，在大练大考中交出一份客户满意、政府放心的高分答卷。

2. 结合党史学习教育，用心用情为企为民办实事

2021 年“药都之光”服务队把学习党史同总结经验、观照现实、推动工作结合起来，同解决实际问题结合起来，围绕“做好电力先行官，架起党群连心桥”指导方针，按照“总队统一策划，分队协同实施，聚集规模效应，扩大品牌影响”的实施策略。截至目前，

组织共产党员服务队对医院、学校、企业等113台（套）客户设备进行了局部放电试验，其中包括配电房80座、箱变20台、环网柜6台、高分箱6台、35kV变电站1座；为100余户客户电缆加装电缆警示标志，对32台专变开展带电作业；对567户老党员、退伍军人、劳动模范、原建档立卡贫困户开展上门服务，发现隐患215处，协助用户解决215处，完成4320人次的志愿服务，发放党史教育卡片736张，安全用电画册736册。

三 分析与思考

“百千万”工程是“药都之光”共产党员服务队志愿服务在建党百年之际的一次总结提炼，是深入开展“党建＋”工程的创新举措，聚焦政府关切、社会关注、群众关心的热点、难点问题制定的实施方案。此创新案例改变了以往志愿服务与中心业务融合不深，服务对象不明确，计划规划不强等问题。创新地开展了志愿服务项目化管理，围绕酒企、药企、乡村振兴等产业开展百家专变客户线路设备隐患排查治理工作；围绕老党员、退伍军人、劳动模范、原建档立卡贫困户开展千户安全用电隐患排查治理等工作。下一步，亳州供电公司将继续在“百千万”工程的基础上总结提炼，丰富服务内容、创新服务方式、拓宽服务对象，在助力乡村振兴，建设现代化五大发展美好亳州中贡献国企力量，发挥国企担当。

（项目完成人：汪泳、路洁、李君、管丽、赵亮、胡阳、张钊瑞）

基于重点工程建设
推动“四度七彩”企业文化落地实践

国网安徽建设公司（安徽监理公司）

一 案例背景

习近平总书记强调，要“围绕业务抓党建，抓好党建促业务”，切实解决党建与业务“两张皮”问题。近年来，国家电网有限公司党组对于解决党建与业务“两张皮”问题，充分发挥党建价值创造能力，实施推进“党建+”工程，以党的建设高质量推动公司高质量发展。国网安徽省电力有限公司建设分公司（以下简称“公司”）结合安徽电网自身发展特点，持续强化党建与业务工作的融合及作用发挥，不断深化“党建+基建”，开展“四度七彩”党建品牌建设行动，聚焦电网工程业务实际，在基建工程各专业领域干精彩，把党的政治优势和组织优势转化为引领推进基建工作高质量发展的强大动力，助力电网建设提质增效。

二 案例内容

（一）工作思路

通过“四度七彩”品牌建设行动，做到组织有力度，健全电网基建工程党组织，优化组织设置，发挥基建系统内外部组织力量，调动各方党组织主动性、创造性，形成工作合力；做到质量有高度，以高质量党建引领电网工程建设高质量发展，实现规划设计、工程管理、实体质量三个高标准，多出精品工程、样板工程、国家优质工程；做到建设有速度，主动担当作为，实现在工作策划上“马上就办、干就干好”，在攻坚克难上“迎难而上、敢于担当”，在执行偏差上“首问负责”；做到人文有温度，以维护工程项目现场施工职工群众利益为主线，持续打造“有温度”的工地，积极营造稳定和谐、同心协力、荣辱与共的命运共同体，架起党群连心桥。同时，以开展“四度七彩”品牌建设行动为载体，紧扣新阶段时代特点和电网建设者行为特征开展工作，聚焦建设领域各专业，持续推进“党建＋基建”的理念思路创新、方式手段创新、基层工作创新，推动电网基建干出精彩。

（二）具体措施

1. 强化组织保障，打造电网建设红色友圈

公司大力发扬“支部建在连上”的优良传统，结合特高压工程和500千伏输变电工程建设实际，实现500千伏及以上工程临时党支部全覆盖，充分发挥支部战斗堡垒作用和党员先锋模范作用，组织带领广大建设者立足建设岗位，冲锋在前、奉献在先，确保如期安全优质完成建设任务。

为±800千伏特高压白江线工程（安徽段）临时党支部授牌

以“党建＋基建”为纽带，构建地方政府、参建单位、工程属地单位、监管单位、社会组织等主体的党建联盟共同体，组建“四度七彩”品牌建设柔性工作团队，形成电网建设“一体”联动体系，省公司、市公司、工程参建单位三级专项工作组，督导实施品牌建设进度与成效，协调解决管理过程存在的问题。通过签订联建共创协议等形式，形成地方政府、参建单位、属地单位、监管单位、社会组织等各类主体的党建联盟共同体。

2. 实施党建联盟，推动党组织扩容升级

构建“三维三体同心党建”组织模式。横向党建联盟共同体——以业主项目部为主体，组建工程现场临时党支部，下派挂职人员兼任党支部书记或支部委员，构建涵盖地方政府、属地单位、监管单位、社会组织等各类主体的党建联盟共同体。纵向联建共创联动体——以联建共创为载体，形成上到国网特高压部、省公司建设部、物资部等相关部门，下到各参建单位党小组、“岗队手号”的联建共创联动体。轴向品牌价值生命体——创建

多元化党建与工程建设实践载体，形成党建价值品牌生命力，广大党员建设者立足建设岗位，冲锋在前、奉献在先。

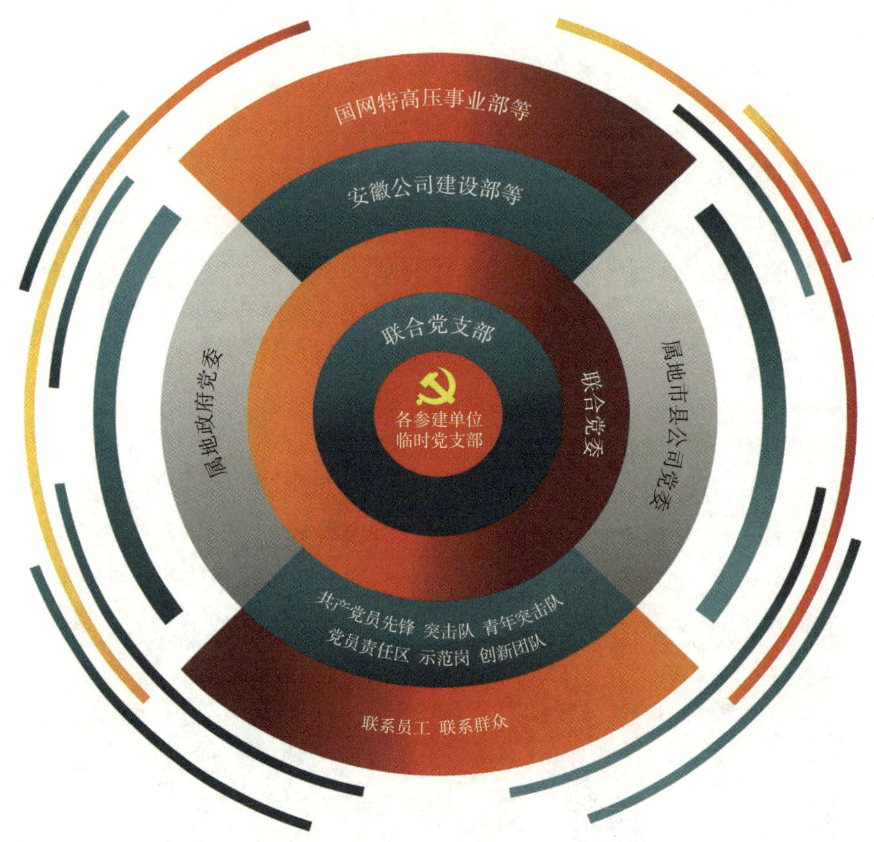

三维三体同心党建效果图

通过白鹤滩—江苏±800千伏特高压直流输电线路工程（安徽段）形成可复制的工作经验，从“四度皖建 七彩白江”延伸至“四度皖建 七彩工程”，推动“党建+基建”品牌再上新台阶。

3. 坚持思想互融，强化“红色火车头”牵引

扎实开展党史学习教育，按照“学史明理、学史增信、学史崇德、学史力行”的总要求，创新学习教育方式，从党史学习中汲取奋进力量，为工程建设注入强大动力。

一是挖掘工程沿线红色党史教育资源，因地制宜学。临时党支部在新四军江北指挥部开展联建共创，实现属地协同。皖4标段项目部与红庙镇政府开展“学党史、知党恩、立新功”联建共创活动，参观新四军第七师师部纪念馆、重温入党誓词，政企联动加快协调工作。

二是结合重点攻坚任务，精品党课学。在长江大跨越工程现场，临时党支部书记讲述一堂生动的党课，弘扬渡江战役精神，激发党员群众在汛期前完成全线咽喉节点长江大跨越基础建设任务。组织收看建党100周年庆祝大会，弘扬伟大的建党精神，在建党百年之

白江线（安徽段）临时党支部开展党史学习教育

际，工程顺利通过杆塔组立前质量监督检查，全面进入组塔阶段。

三是坚持为民服务办实事，求真务实学。临时党支部坚持学用结合，把建设任务完成的如何、为民服务的怎么样作为检验学习效果的标准，号召广大党员建设者冲锋在前、实干在先。协调施工班组对雨水冲刷的村庄道路进行整修，受到村民高度评价。组织对农忙、中高考家庭的工人进行摸底，合理安排建设任务，受到施工人员高度认可。

4. **激发内生动力，打造有温度的工地。**

开展“架起党群连心桥、打造有温度工地”专项行动。以“依托项目育队伍、队伍保项目”为原则，以维护工程项目现场施工党员群众利益为主线，采取现场调研、谈心谈话、专题党课、结对帮扶、定期慰问、志愿服务、技能比武、献计献策等多种形式，以直接联系和主动服务为主要方式，强化参与电网建设的获得感、幸福感、安全感，持续打造“有温度”的工地，积极营造稳定和谐、同心协力、荣辱与共的命运共同体，架起“党群连心桥”。

组织“党群结对工友情　工程建设心连心”活动。通过“一对一”结对子，开展工作帮扶、生活帮助，提高施工人员技能水平，提升职业化水平，充实安徽电网建设力量。积极邀请被习近平总书记誉为“状元技工”的宿州供电公司员工许启金走进工地，开展以“工匠精神”、新时代产业工人特质等内容为主题的宣讲活动，许多一线参建者也因此有了想进一步成长的意愿。开展“学党史，悟思想，办实事，开新局”主题党日，落实讲一堂党课，教一项技能，开展一次安全日活动，谈一次心，办一件实事，为班组人员做一道菜，参加一次站班会，参加一天现场劳动等“八个一”主题活动，领导人员与施工班组“同吃同住同劳动”，架起党群连心桥，持续打造有温度的工地。

（三）主要成效

党建工作做实了就是生产力，做强了就是竞争力。在电网基建系统全面开展“四度七

许启金走进特高压工程一线与参建者交流

彩”党建品牌建设行动，目前在特高压工程及500千伏变电站工程现场成立临时党支部11个，均配置了临时党支部书记，实现电网基建工程党建工作“全覆盖、新跃升、无缝隙、立体化”，提升了党建价值创造能力，更好地发挥了基层党组织战斗堡垒作用、党员先锋模范作用，为电网工程参建各方实现了“资源共享、优势互补、共同提升、和谐发展”，为工程建设和服务地方经济大局提供组织保障，引领电网建设中安全管控、质量管理、管理水平、业务技能等上层次、上水平，为坚定实施“一体三化”现代能源服务，奋力书写具有中国特色国际领先的能源互联网企业建设安徽篇章提供坚强保证。

三 分析与思考

公司通过开展“四度七彩”党建品牌建设行动，以工程现场临时党支部为中心，融入工程建设，创建多元化党建与工程建设实践载体，形成“党建+”工作长效机制价值品牌生命体，引领电网建设中安全管控、质量管理、管理水平、业务技能等上层次、上水平，更好的服务地方经济社会发展和人民生产生活需要，在践行具有中国特色国际领先的能源互联网企业战略目标中打造安徽品牌、贡献安徽力量。

（项目完成人：夏兵）

开展企业文化宣贯传播与落地实践，促进国网公司战略实施

以五心理念打造网格化服务新模式 推动公司企业文化厚植落地

国网合肥供电公司滨湖科学城供电服务中心党支部

一 案例背景

作为全省率先实践网格化改革示范点，国网合肥供电公司滨湖科学城供电服务中心（以下简称“滨湖中心”）于2019年4月30日成立。打破原来按专业划分职责界面的工作模式，在网格化综合服务班组试点的基础上，将配电、电费、市场、计量四大专业的27项具体业务融为一体，实施网格化综合服务。在网格化推进和实施过程中，滨湖中心党支部如何充分发挥党建思想政治核心作用，更好地团结全体职工，以客户为中心，以市场和问题为导向，优化服务流程，助力业务融合，提升供电可靠性和优质服务水平，如何将企业文化渗透到管理全过程，推动党建价值创造，彻底畅通城区客户服务“最后一百米”，是机遇，是挑战，更是必须要攻下的课题。

二 案例内容

（一）工作思路

业务融合的前提是团队融合，团队融合的前提是思想融合，而思想的根基是文化。面对新形势、新任务、新挑战，滨湖中心党支部认真贯彻落实公司党委决策部署，实施“旗帜领航·提质登高”行动计划，以五心理念打造网格化服务新模式，推动公司企业文化厚植落地，推进公司基本价值理念内化于心、外化于行，努力实现对内全业务提质增效，对外持续提升服务质量。

（二）具体措施

1. 践行初心，铸就信仰之基

党支部以当好滨湖科学城的电力守护者作为滨湖党支部的定位和目标，引导党员发挥“红色先锋”示范作用。通过“我们共同的生日”“业务难题头脑风暴”等活动，突出党员身份意识。在党史学习教育期间，组织“三个一”活动，开展“每日一读”（党小组在班组每日早会中由党员轮流领学，使党史学习成为每天的“早餐”），开展“每周一课”（在每周一的中心工作例会上进行一次党史微课分享），开展“每月一考”（每月组织一次党史知识线上考试，提升理论素养）。开展“红色基因、电力传承”“学党史、忆初心、担使命”等红色教育活动，党员将“人民电业为人民”企业宗旨落实到岗位中，承诺尽职尽责投身工作，立下“军令状”，逐一制定工作业绩提升的目标和措施，确保上下同心拧成一绳，为中心发展提供坚强的思想保障。

开展“永远跟党走　奋进新征程”主题党日活动

2. 聚力凝心，砥砺奋进之志

将核心价值理念与组织发展和员工岗位紧密结合，从企业文化中汲取营养，寻找答案，建立以“信条”为指引的岗位践行体系。将价值观具象承载到专业工作规范，转化为清晰的行为指引，引导党员立足本职岗位，以奋勇争先的精神投入中心工作，提炼抢修服务“五字诀”（快、准、精、稳、净），运维工作“四个一”（管好每一台设备，巡好每一条线路，拧紧每一个螺丝，接好每一个线头）。将承担重要任务的党员选为“党员示范岗”，将承载重要指标的岗位定为“党员责任区”，让党员充分发挥传帮带作用，将“努力超越　追求卓越”的企业精神融入专业，促进工作。在融合型班组层面，聚合人才促创新、整合资源提效率、融合业务创标杆，形成“合”文化。创立“e心服务站”（工单处理尽心、业务闭环用心、工作监督专心、数据分析细心、客户服务贴心）的“五心”工作理念。

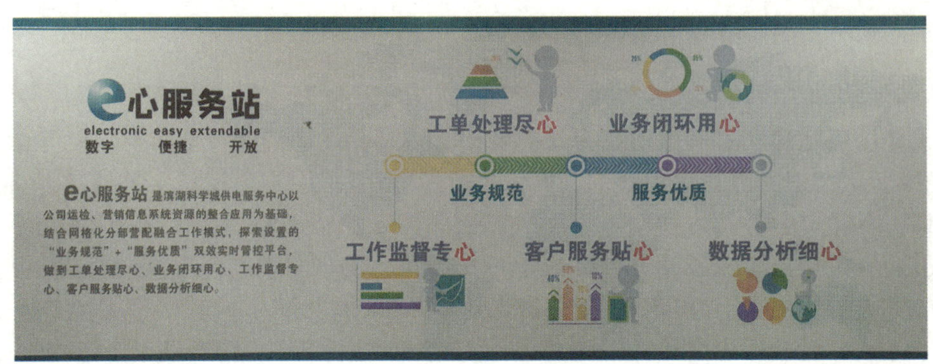

“e心服务站”的“五心”工作理念

3. 传承匠心，锤炼务实之风

打造职工提升能力、实现价值的干事创业平台，锤炼“真抓实干、马上就办”的工作作风，打造一支党性强、能力强的“孺子牛”队伍。

一是提素质，加强技能培训。通过“每周一问、每月一练、每季一检”等方式，组织专业培训和实操演练。量身打造培训项目，给新进员工压担子，采取“导师带徒”方式，实行一对一跟踪培养，深入挖掘潜能。为不同专业的职工搭平台，实行一带一交叉互学，促进营配业务融通融合。

二是助成长，搭建发展通道。党支部着力开发“潜在型”人才，开展专业技术人才评选工作，建立专业人才库。着眼于激励培养，实行跟踪培训和动态管理，做到量才定岗，人尽其才。

三是严奖惩，深化绩效考核。以“讲实干、重实绩”为导向，建立健全奖惩结合、定性和定量结合的绩效考核机制，使激励和约束相配套，调动各类人才的积极性、主动性和创造性。

荣获合肥市2021年度职业技能大赛装表接电工种团体第三名

4. 家园暖心，传递关爱之情

党支部坚持以服务职工美好生活需要为导向，着力构建“企业以职工为本，职工以企业为家”的和谐局面。深入开展线上思想调研和线下集中教育活动，通过支委成员包干谈话等形式，推进职工解放思想，更新观念，真正做到“学、思、用”贯通。在中心成立周年之际，送上员工感谢信和家属致谢信，举办趣味运动会，开展征文活动，促进融合交流。实施“尚德四礼”（入职礼、拜师礼、成长礼、退休礼），强化员工归属感。及时关注职工困难，积极协调资源，解决职工最关心最直接最现实的停车难等问题。建设包河中心供电所党员活动室和职工书吧，让供电服务党员找到“家”的感觉。

开展光荣退休礼活动

5. 勠力同心，担负为民之责

党支部建立“责任到位、协同到位、监督到位”的三位一体工作机制，打造以“网格责任制”为核心的服务单元，开展主动服务、精准服务，优化力量编成，缓解结构性缺员，实现服务客户“一口对外、一支队伍、一次做好”，持续提升工作效率和服务客户能力。按照“小前端、大后台”的“互联网+”供电服务模式，为客户量身打造网格化服务平台，实时响应客户诉求，实现网格化在供电服务过程中的精准定位，为客户提供更便捷的供电服务。党员牵头组建一站式服务专家团队，设立“全能型”服务窗口，统一工程图审、验收标准，规范服务流程，明确职责界面，切实优化营商环境，为客户提供一站式图审、验收服务，达到显著提升客户服务体验的目的。组建党员突击队，建立标准化应急服务流程，进一步规范中心应急事件处置，明确岗位职责，压实岗位责任，确保应急、服务工作有序联动开展。优化差异化服务工作，发挥党员服务队作用，依据工单数据分析，细化来单用户诉求及服务风险，对用户进行精准画像，提供差异化服务。

共产党员服务队在洛岗街道皖都徽韵小区开展现场服务

（三）主要成效

1. 党建价值创造　党员旗帜树立

党建引领企业文化建设成效不断显现。案例实践受到《国家电网报》《安徽商报》、电网头条等各类媒体报道。滨湖中心被评为省公司 2020 年先进集体和企业文化建设示范点，党支部被评为安徽省电力有限公司电网先锋党支部，滨湖运维班推荐为国网公司工人先锋号候选。

2. 内部管理优化　队伍充满活力

完善城区网格化综合服务模式，进一步优化组织架构，健全工作机制，推动营配融合，为客户量身打造服务平台，实时响应客户诉求，不断优化营商环境，推动服务升级。滨湖主人翁意识不断增强，逐渐形成“知责于心、担责于身、履责于行”，接受任务不讲条件、推进工作不讲借口、完成目标不打折扣的工作氛围。

3. 服务持续优化　业绩指标提升

今年以来，中心共处理各类 95598 工单 5094 件，月均万户投诉率 0.028 件/万户，较 2020 年下降 57.1%。发挥党员突击队作用，优化标准化应急管理流程，提高预防和处置供电服务突发事件能力。中心成立以来，共完成各项保电任务 511 次，其中特级和一级保电 58 次，故障时户数同比减少 55.6%，供电可靠率达 99.980%，同比提高 0.042%。

三 分析与思考

中心以党建为引领，以“五心”理念打造网格化服务新模式，推动公司企业文化厚植落地，是将文化渗透于中心工作各个层面，凝心聚力以勇敢者精神向目标奋进，是企业文化落地实践的典型案例。下一步，中心将进一步提高政治站位，持续增强党支部创造力、凝聚力、战斗力；进一步推进融入融合，以“示范”引导方向、以“标杆”引领路径，努力提升党建效力，着力解决重难点问题；进一步推动服务升级，始终站在用户立场上想问题、作决定、办事情，在服务用户中亮身份、树形象、显作用。

（项目完成人：王浔、刘爱兵、王军、高雷、卓全玉、郭佳佳、夏俊丽）

“树人文化”在人才培养工作中的实践

国网宣城供电公司

一 案例背景

近年来，国网宣城供电公司持续推动国网公司战略落地落实，将国网公司价值理念转化为广大职工的行为准则、工作标准和奋斗目标，以共同的价值追求凝聚团结奋进的动力。基于国网安徽省电力有限公司“三鹰”人才工程、宣城公司“3355”人才培养体系等实践基础，对接国家电网公司“三大工程”（高端人才引领工程、电力工匠塑造工程、青年人才托举工程），为进一步推进“文化融入”，国网宣城供电公司积极打造能体现基层特色的实践载体，全面提升公司人才队伍素质，为建设具有中国特色国际领先的能源互联网企业、推进实施“一体三化”现代能源服务提供人才保障。

二 案例内容

（一）工作思路

“树人文化”的项目实践点为国网宣城供电公司第一座220千伏变电站——莲塘变电站。站内的玉兰树始终伴随着变电站成长，玉兰树的花朵生于枝顶，寓意高洁、芬芳，开花时朵朵向上，迎着蓝天昂首怒放，象征勇当排头、奋发向上的精神风貌，折射国网公司“努力超越，追求卓越”的企业精神。

30多年来，一茬又一茬的莲塘人用行动践行着玉兰精神。玉兰于春天绽放烂漫花朵，在秋季洒落人间累累硕果。莲塘人如玉兰一般，有扎根在这片土地之上绽放自己的匠人，也有如枝叶一般繁茂奔赴各地创下佳绩的志士。这里留存着一代代人的坚守与奋斗、青春与回忆，更是宣州运维班践行企业文化的精神延伸。

由玉兰树的根、枝、叶、花四个方面提炼出“树人文化”岗位敬业、安全创新、人才输送、团结和谐、回馈感恩五方面内涵，以“树人文化”的滋养，充分发挥人才第一资源的作用，助力公司人才培养工作。

（二）具体措施

1. 扎实根基，铸造敬业匠人

党管人才，培植沃土。坚持党的领导，加强党的建设是国有企业的“根”和“魂”，企业文化建设是强根铸魂的重要组成部分。以“共产党员示范区”为抓手，站内党员积极担当，疫情、汛情期间敢为人先，发挥党员先锋模范作用，将优秀人才凝聚到公司的事业中来，争做企业文化的践行者。

扎根变电，绽放自我。扎根变电几十年的劳模，如玉兰一般厚植这片土地，坚持“做精变电运维”的专业精神。变电运维中心主任王献礼数十年如一日坚守在运维工作中，保持终身学习的工作理念，坚持躬行践履的工作态度，他的身影活跃在生产一线，绽放出最美的人生篇章。

2019 年 7 月 23 日，国网宣城供电公司变电运维人员在 220 千伏莲塘变电站对主设备进行测温巡视

2. 安全创新，强健技术骨干

注重安全保障。在人才培养中，以“安全”为基础，用强而有力的制度规范管理保障人身、电网、设备安全，以“互联网＋交接班”的班前班后会形式，常态化开展月度班组安全讨论会，“事事有计划，件件有记录”，细化安全管控，变身“主动而为”的安全意识，营造安心育人的文化氛围。紧随国网公司重点工作，全面推进数字化班组建设，落实设备主人制、运检一体化，争做全科医生，推进班组数字化、自动化、智能化，切实提高电网运维效率。

厚植创新沃土。当今世界正经历百年未有之大变局，当前的形势和任务要求发展科技创新，加强人才创新培训。莲塘变电站鼓励员工以问题为导向，解放思想，大胆创新，营造良好创新环境。参与省公司试点项目 4 项，将工作难点课题化，利用微课堂、创新小组

2021 年 7 月 24 日，国网宣城供电公司变电运维人员开展设备特巡，做好防台准备

等形式研究，通过智能运检管控系统探索运检业务“机器代人”模式，为青年人才的综合素养提升提供沃土，让枝干更加强健，树木更加健康向上。

3. 茂盛枝叶，输送不竭人才

强化员工价值引导。作为历年来新员工参观培训的第一站，担负着新员工了解电力系统变电环节的重要任务。制定针对性的培训计划，从理论到实践，深入浅出，让新入职员工在入职期对基层变电站有所认知，帮助完成学生到职员的身份转变，学习不怕苦、不怕累的工匠精神。

完善人才培养体系。以岗位需求为着力点，结合变电运维工作模式，实行“卓越计划”，开展“3355”新员工培养，即三阶段全面培育、三平台支撑保障、五课堂重点提升、五赛程竞技选拔。将变电运维中心与班组特色培训有机结合，积极为新入职 5 年内的员工创造条件，提供平台，以畅通的新员工成才通道和完善的育才、聚才体制，形成有利于人才成长的培养机制，人尽其才的使用机制，来激励新员工竞相成长、各展其能，达到全面提升人员业务素质和管理能力的目的。

十年树木，百年树人。茂盛的树叶让玉兰树生机盎然，优秀的人才也让“树人文化”硕果累累。作为宣城公司名副其实的人才培养摇篮，从公司领导到中层管理人员，再到跨专业的技术骨干，都有关于这棵玉兰树的美好记忆。花开花落，锤炼自我，提升技能，在公司晋升渠道中找到个人才能的发挥地，丰富职业生涯。2020 年 5 月，组织开展“我和玉兰树”系列活动，离开莲塘的部分优秀人才重回莲塘，参观树人长廊，在“记忆中的莲塘”座谈中重温个人在莲塘的成长，增强了几代电力人对公司历史的了解和对未来职业规划的憧憬。

4. 繁花似锦，营造和谐氛围

玉兰树开花时，花团锦簇，坚强的电网与之交相呼应，寓意团结和谐，班组中更是溢满团结友爱一家亲的和谐氛围。

结合站内改造，进一步优化站内环境，因地制宜的将玉兰元素融入其中。以时间为主线，利用玉兰树春夏秋冬四阶段，打造“树人长廊”，同时全站通过影像、手绘、摄影墙等诠释“树人文化”内涵，将企业文化潜移默化融入生产生活，使之成为职工自觉践行的道德规范和行为准则。

5. 落花有情，接力文化力量

“落红不是无情物，化作春泥更护花”寓意引导员工感恩在变电站的所获，并将所学更好地传承下去。

王文劳模创新工作室是莲塘匠心筑造的成果。工作室领衔人王文曾任莲塘变站长，扎根变电近30年，积极发挥“王文劳模工作室”的“传帮带”作用，通过“导师带徒”“周末课堂”等方式，带领青年员工钻研工作难题。骨干青年经申请、考核，参与到工作室的创新工作中，并承担工作室讲解任务，锻炼自身能力的同时也为公司树典型、塑品牌提供支撑。

2020年7月23日，国网宣城供电公司变电运维人员在220千伏莲塘变电站对设备进行操作

（三）主要成效

文化建设成效显著。近年来，班组工作受到了上级组织的各项肯定，先后获得省公司变电精益化管理“红旗变电站”、安全生产突出贡献班组、放心运维班、企业文化建设示范点、青年安全生产示范岗等一系列荣誉称号。

人才建设硕果累累。8名员工走上中层及以上管理岗位，8名员工在市级及以上竞赛中获奖，站所员工先后荣获宣城市“五一劳动奖章”、省公司“技术能手”“劳动模范”、省公司青年岗位能手提名奖等荣誉称号。

创新建设成果颇丰。班组成员积极参加各类科技创新项目，并参与到省公司“数字化班组建设”“一键顺控系统”“变电全流程移动作业 App”“变电智能管控系统”等各类试点项目中。目前拥有国家发明专利 1 项，实用新型专利 17 项，软件著作权 3 项，发表论文 30 余篇。

三 分析与思考

树人文化是“文化铸魂、文化赋能、文化融入”专项行动相适应的优秀企业文化。以基层一线为阵地，抓住企业末梢，从安全生产到科技创新，文化建设到人才培养等的全面建设，进一步丰富公司价值理念的内涵，使企业文化全面落地深植电网运维工作，促进广大职工达到普遍共识。今后目标是使之成为可复制可推广的示范点。

（项目完成人：李杜康、钱子聪、伍大卫、刘克、王献礼、阁明进、王文）

汇聚“三心梦”
推进企业文化在基层班组落地深植

国网阜阳供电公司

一 案例背景

国网阜阳供电公司积极落实习近平总书记关于文化建设的重要论述，在近年来企业文化建设成果的基础上，精准定位激活员工担当创新的切入点，以文化人，深入推进“文化铸魂、文化赋能、文化融入”专项行动，力求通过引导员工在贯彻新发展理念、构建新发展格局、推动国家电网事业高质量发展中，充分发挥企业文化在基层班组的载体和传播作用，提升企业文化实践成效，推进企业文化在基层班组落地深植。

二 案例内容

（一）工作思路

以习近平新时代中国特色社会主义思想为指导，坚持战略引领，强化文化驱动，以实现“初心梦、匠心梦、臻心梦”为目标，以党史学习教育为契机，聚焦党建引领、传承创新、提质登高主题主线，不断丰富“文化铸魂、文化赋能、文化融入”专项行动内涵，推动企业文化融入专业管理、融入基层工作、深植于员工行为，培育员工爱党爱企爱岗情怀，为建设具有中国特色国际领先的能源互联网企业发展注入不竭动力。

（二）具体措施

1. “初心梦”——以党建引领强基固魂，推动“文化铸魂”落地深植

（1）忆“初心”，赓续红色血脉。开展“学党史、悟思想、传承红色基因”学习竞赛

和“红色基因、电力传承”“岗位回首看今朝”主题党日活动，举办“永远跟党走、奋进新征程”艺术党课教育和红色诵读等系列活动，通过实地红色教育、征集红色故事（红色精神、伟人论述），对比今昔岗位和沉浸式党课等方式，教育员工铭记初心使命。

2021 年 6 月 29 日，国网阜阳供电公司在举办
“永远跟党走、奋进新征程”艺术党课教育活动

(2) 悟“初心”，强化思想建设。编制党史学习教育“半月学习清单”，运用“学习强国”和微信群，推送“党史百年天天读”，引导党员经常“悟”。建设党史学习教育示范点，收听收看建党 100 周年庆祝大会，开展“举旗帜、送理论”“讲好专题党课”“学党史、悟思想、谈感受”主题征文等活动，引导党员做到知史爱党、知史爱国，做到“两个维护”。

2021 年 5 月 19 日，国网阜阳供电公司在开展
“党建+服务乡村农网振兴精品工程”工作

（3）践“初心”，发挥党建引领。践行“人民电业为人民”企业宗旨，结合“我为群众办实事”系列活动，深化实施“党建＋服务乡村振兴农网精品工程”和“党建＋电力大数据助力乡村振兴工程”，接续助力乡村振兴，切实解决好群众“急难愁盼”问题。组织开展“学党史、担使命、办实事、惠民生”主题党日、队日活动，强化党建在服务群众工作中的引领保障作用，持续提升党建价值创造力。

2. “匠心梦”——以传承创新，挖潜企业文化价值创造力，推动“文化赋能”落地深植

（1）育“匠心”，发挥头雁效应。在基层一线中深挖具有工匠精神的劳模和技术能手代表，巩固“周海龙劳模工作室”和“胡海辉劳模创新工作室”建设成果，充分发挥其创新力、影响力、带动力，打造成为培育员工匠心精神的“孵化站”、科技创新的“加油站”和传播匠心精神的“展示站”。

2021 年 4 月 28 日，国网阜阳供电公司在开展
“劳模工匠进班组、进工地宣讲”活动

（2）学“匠心”，营造争先氛围。开展“心有榜样、行有力量”的道德讲堂、“建党100 周年”新闻故事大赛、“党徽闪耀”专题宣传，制作“劳模领航、薪火相传”宣传展板，举办“劳模工匠进班组、进工地宣讲”活动，多形式宣传先进典型的匠心精神，营造争当先进的良好氛围。深化“组织之星、党员之星、攻坚之星、服务之星、文化之星”“五星工程”，激发员工干事创业热情。

（3）传“匠心”，激活创新动力。以工作室为实践基地，开展业务培训，提升员工技能水平，培养具有“工匠精神”的创新队伍；以劳模工匠为领头雁，围绕企业中心任务和重点难点问题进行研究攻关，开拓创新思维能力，开展技术攻关、技术创新、技术革新等活动，及时解决工作中遇到的困难和问题，充分发挥工匠精神的带动引领作用，进一步激活员工创新创效的动力。

3. “臻心梦”——以提质登高，找准企业文化融合的切入点，推动“文化融入”落地深植

（1）筑“臻心”，确保电网安全运行。坚决守牢安全“生命线”，以安全专项文化助力安全风险管控和安全履责。组织开展“双学周”安全日活动、安全专题学习，举办阜阳市“阜创汇”高压线路带电检修安全职业技能竞赛，实施《加强供电所安全管控，助力乡村振兴发展》项目，通过领导安全宣讲、安全大讲堂、技能实测、工作座谈研讨、专业知识培训和现场技能竞赛等方式，提升广大干部员工理论素养、安全意识和安全技能水平。

2021 年 6 月 4 日，国网阜阳供电公司在开展
“阜阳市‘阜创汇’高压线路带电检修安全职业技能竞赛”活动

（2）用“臻心”，提升服务水平。拓宽供电服务渠道、丰富服务手段。开展“e 光徽·慧品质”优质服务惠民生专项行动，落实七项主题实践活动，制定 10 项“惠民生”清单。开展“为民服务建新功”专项活动，实施“建功＋助力乡村振兴、提质增效、新基建、服务新能源”工程，更好地服务地方经济发展。开展“学党史、担使命、办实事、惠民生”共产党员服务队专项行动，办好为民服务“十件实事”，上半年实施各类惠民活动 167 场次，出动人员 953 人次，大力提升广大人民群众的获得感、幸福感、安全感。

（3）践“臻心”，提高工作质效。大力根植“我要质效”的理念，落实“旗帜领航·提质登高”工程，实施《党建业务双融合·初心建功提质效》项目，将质效理念、精益文化贯穿于公司经营全过程，落实到基层班组，激发广大员工创优争先活力。公司围绕服务民生的突出问题和制约公司发展的“痛点”和“难点”，确定党委、支部、中心组成员三级重点破解课题，用党的创新理论这把“金钥匙”助推公司高质量发展，深化企业示范点创建工作。

2021 年 3 月 25 日，国网阜阳供电公司党委理论学习中心组在开展
“学理论、解难题、促发展”专题研学活动

（三）主要成效

1. “文化铸魂”成效得到进一步彰显

广大员工信党爱党为党决心不断增强。党史学习教育以来，22 项员工廉洁文化作品获省公司表彰，2000 余名员工接受实地红色教育洗礼，300 余名员工主动担任沉浸式艺术党课教育宣讲员，确定入党积极分子 31 名，发展党员 8 名。国网阜阳供电公司被国网公司和安徽省授予“脱贫攻坚先进集体”称号。

2. “文化赋能”成效得到进一步彰显

员工创优争先和攻坚克难的热情得到激活。上半年，40 个基层党组织和 137 名员工获阜阳市、省市公司“两优一先”表彰，20 名员工被评为供电好人；授权、受理专利 53 项，同比增长 40%，开展核心技术攻关，1 个项目首获 2020 年省科技厅互联网联合基金项目支持。

3. “文化融入”成效得到进一步彰显

上半年，公司安全生产形势平稳，服务水平大幅提升，万户投诉率居全省最低，“互联网＋”服务渗透率全省排名第 3 位。提质增效成果丰硕，颍上公司和陈桥、杨湖、砖集供电所分别获评国网同期线损百强县、百强所；煤化工园 220 千伏变电站新建工程获省公司优质工程金奖；新闻宣传上稿数量居全省前列；电量全省排名第 1 位，省管产业经营收入全省排名第 2 位；超额完成电能替代项目，界首泉阳镇乡村电气化项目被省公司选为两个示范项目试点之一，安全生产和电网建设工作经验被省公司全省推广。

国网阜阳公司党委被阜阳市委命名为“先进基层党组织”“五星级标准化、规范化党组织”，阜阳供电公司“小红帽”共产党员服务队被国网公司命名为“金牌服务队”。

三 分析与思考

企业文化是企业凝聚力和创造力的重要源泉，企业文化落地是国际领先企业保持核心竞争优势的关键要素。国网阜阳供电公司找准企业文化落地的着力点，以实现“三心梦”为载体，汇聚员工奋进力量，激发员工立足岗位立新功的内生动力，增进广大员工对公司战略和价值理念的情感认同和行为自觉，潜移默化地将文化优势转化为创新优势、竞争优势和发展优势，有效推动企业文化落地深植，为建设具有中国特色国际领先的能源互联网企业凝聚强大的精神文化动力。

（项目完成人：刘志祥、齐丹梅、饶瑞南、张子云、彭诚、任长波）

以专项文化示范点建设促进企业文化有效落地

国网铜陵供电公司

一 案例背景

进入新时代，国家电网有限公司确立了建设“具有中国特色国际领先的能源互联网企业”发展战略，迫切需要以文化人，凝心聚力，将国网公司战略转化为广大员工的情感认同、行为自觉和干事热情。铜陵公司结合新时代、新战略和新要求，深化企业文化落地，推动企业文化融入专业管理，不断完善党建部门统筹协调、抓文化传播，专业部门各司其职、抓文化承载，各单位结合实际、抓文化实践的工作体系，以统筹部署和有序推进政治、安全、服务、廉洁、法治等专项文化示范点建设为抓手，进一步激发各专业、各层级参与文化建设的动力，强化企业文化在推动公司高质量发展中的作用，凝聚大力实施“一体三化”现代能源服务的思想动力和工作合力。

二 案例内容

（一）工作思路

坚持公司党委对企业文化的全面领导，在公司企业文化领导小组统一领导下开展专项文化建设，建立专业部门主导实施、企业文化领导小组办公室专业指导和协调支持的专项文化管理体制。鼓励各专业部门、各单位因地制宜，结合专业特点和实际需要，大胆创新，在新时代企业文化落地的路径、方式和做法上呈现多样化，以“四融入”推动专项文化示范点建设深入实施。

（1）融入精神层，以价值体系建设推动专项文化内化于心。结合国网公司专项文化建设要求，研究完善公司各专业领域价值理念，进一步丰富政治、安全、服务、廉洁、法治等专项文化思想内涵，推动形成广大干部职工共同认可的专项文化理念体系。

（2）融入制度层，以建立健全机制推动专项文化固化于制。坚持以理念为先导，以制度为保障，将专项文化建设融入专业管理，以健全的规章制度规范员工行为，为广大员工践行优秀专项文化提供坚强保障。

（3）融入物质层，以环境氛围营造推动专项文化体化于物。通过打造实体宣传阵地、编印传播手册、悬挂标语等，强化专项文化宣传教育，营造浓厚氛围，推动专项文化建设进一步落地落实。

（4）融入行为层，以岗位实践推动专项文化外化于行。通过典型引领、教育培训、开展专项活动、强化制度执行等多种方式，促进全体员工养成良好的自律意识和行为习惯，立足岗位坚定践行公司优秀专项文化。

（二）具体措施

1. 建设政治文化示范点

打造红色能量展厅，通过“不忘初心、登高之路、使命担当、满园春色、继续前进”五大篇章展示今年以来铜陵供电公司党史学习教育情况、党建＋工作成果以及党员服务队成果，构筑党建活动阵地堡垒，实现创新性传承。建设“奋进铜陵”企业文化展厅，利用声、光、电等现代化技术全面展示铜陵供电公司企业发展与党建工作的坚实足迹。建设办公大楼文化环境，结合各楼层专业特点，开展“奋斗新时代”图片展，图景式展现铜陵电网发展的光辉历程。

“红色能量”党建展示厅

2. 建设安全文化示范点

建立公司安全管控中心，以安全风险管控平台、监控大屏和现场视频设备为依托，常态化开展现场安全管控工作。加强管控中心安全文化氛围营造，通过展示安全警示标语、安全事故图集、违章实景体验等形式，积极推进安全文化实体阵地建设，营造良好环境氛围。坚持“以人为本”理念，结合上级工作部署和公司实际，丰富完善公司安全文化理念体系，将安全文化融入公司的管理链条，转化成员工的行动自觉。加强安全文化管理机制建设，加强对重点业务、重要环节、执行过程的合规监督，提升员工“遵章守制”能力，切实用制度规范员工的安全行为。

安全管控中心大厅

3. 建设服务文化示范点

依托安徽省首家“三型一化”供电营业厅，在长江路营业厅打造服务文化示范点。对内，打造“阳光家园”，通过设置母婴室、班组书吧，配备小餐桌、跑步机等方式，丰富员工业余生活，提升职工精神风貌。依托营业服务窗口、办公楼宇等展示宣传公司服务理念标语、口号等内容，营造浓厚服务文化氛围，提高全员服务意识，为服务客户提供有力的后台支撑。以5G为依托、以电力新零售为特色，为用户打造体验式用能服务，普及多功能自助终端，支持客户自助办理交费、办电、发票打印等业务。应用“大云物移智链”技术，提升产品展示效果、互动服务体验。积极推动长江路营业厅参与省公司完善智慧服务终端功能项目，提供人脸识别、远程视频、在线帮助、语音对讲等智慧服务。

4. 建设廉洁文化示范点

在枞阳县横埠供电所建设廉洁文化阵地，引导员工廉洁自律。与党员活动室、会议室合并打造廉洁教育活动室（廉政讲堂），开展廉政讲堂活动，展示左光斗廉洁警语和廉洁故事。利用办公楼楼道口最显眼的位置展示供电所员工最容易触犯的廉洁风险点的“处罚条例”和“管理规定”，警示和督促我们员工坚守廉洁阵地。在横埠供电所院内设置异形展板橱，将公司自行编排的“电力员工要牢记”践廉歌谣和供电所各岗位涉及的廉洁风险

安徽省首家“三型一化”供电营业厅——长江路营业厅

点及“小微权力防控”内容进行展示，时刻提醒全体员工规范工作行为，践行反腐倡廉要求。

枞阳县横埠供电所廉洁文化展示

5. 建设法治文化示范点

选址公司新生产基地，建设法治文化长廊。长廊以“弘扬宪法精神　建设法治铜电”为主题，通过格言警句、漫画解析、图文并茂等形式，展示宪法精神和法治文化。长廊主要分为三个部分，分别为以史为镜铭其身，介绍法治起源、中国法治史和法治现代化发展历程；以人为镜正其身，展示习近平总书记关于依法治企的重要论述和铜陵地域历史名人法制故事；以事为镜警其身，展示典型警示教育案例。打造法治理念先行工程，丰富法治文化传播载体，充分运用微信、微博、客户端等新媒体平台推动分众化、互动式传播，提升传播吸引力。

法治文化长廊

（三）主要成效

1. 文化凝心聚力作用

通过专项文化示范点建设，公司上下齐心协力，上半年各项工作成效优异。“全国文明单位”评选连续三届蝉联，公司获评省“安康杯”优胜单位，铜能公司获评省女职工“阳光家园”，公司党员服务队获省“十佳志愿服务组织”称号，一团支部获国网“五四红旗团支部”称号，多名职工分别荣获国网巾帼建功标兵、省公司劳模、铜都工匠等荣誉称号。

2. 安全生产基础不断夯实

通过深化安全管控中心应用，促进“远程＋现场”稽查融合，有效管控违章现象。各项安全工作成绩突出，D5000 智能调度控制系统通过验收，作为省公司首批试点实现地调网络化下令，抽调公司职工赴京参加护网演习，获得国网公司演习总指挥部的肯定表扬。截至 2021 年 6 月 30 日，铜陵电网安全稳定运行 8039 天。

新零售电动汽车签约仪式

3. 优质服务水平有效提升

深化全省首个“三型一化”营业厅示范点建设，转型升级后的长江路营业厅结合铜陵古铜都城市创新发展的多元用能需求，升级基础用能服务，拓展新型用能服务。首创电动汽车新零售，与综合能源公司联手，拓展新型商务模式运用，为客户提供一体化能源解决方案和一站式能源解决服务。

三 分析与思考

企业文化是推动企业发展的不竭动力，开展企业文化建设将为企业发展提供最有力、最长效的支撑。然而，企业文化传播、落地工程是企业管理过程中一项长期、艰巨的工作，需要不断更新、迭代。接下来，铜陵供电公司将紧密围绕国网公司新时代基本价值理念体系，顺应时代发展趋势，融合传统方式，创新途径渠道，扎实开展专项文化示范点建设，激发企业文化凝集人心、聚集合力的作用，为企业发展注入新的活力和生机，为成为全球能源革命的引领者与服务国计民生的先行官提供文化支撑与精神动力，助力建设具有中国特色国际领先的能源互联网企业。

（项目完成人：谈韵、孙英、丁金嫚、周九娣、陈泓旭、陈和升）

以“四维四美”推动“亭满意”企业文化落地实践

国网滁州市城郊供电公司

一 案例背景

腰铺中心供电所位于滁州南谯区腰铺镇，供电服务范围处在滁州市“对接大江北”“融入长三角”的核心区域，是宁滁跨界一体化发展示范区建设供电服务的“前哨站”“谯头堡”。该所东距江苏省南京市50公里，西傍风景秀丽的琅琊山风景区，区位交通优势明显，发展动能强劲。近年来，腰铺中心供电所先后荣获“安徽省电力有限公司五星级供电所”“中电联第五届最美供电所”称号，连续三年荣获南谯区“文明窗口”等荣誉称号。

该所将企业文化与业务管理深度融合，以文化驱动班组内生动力，以战略目标引领指标提升，对构建和谐班组具有重要意义。

二 案例内容

（一）工作思路

腰铺中心供电所坚持党建引领，大力践行“三先”工作理念，坚定实施“一体三化”现代能源服务，以“四维四美·亭满意”为创建载体，以“四维”布局，以“四美”落地，把亭城滁州“亭满意”的服务品牌根植于职工心中，用初心和使命激扬全员奋斗之志。

（二）具体措施

1. 环境维度，铸就“亭满意”的阵地

匠心致初心。按照滁州市地标建筑“醉翁亭”，一比一在院内复刻建设“初心亭”，“初心亭”悬挂楹联“滁水日曜亘古如斯滋万物，谯头潮涌光明终此惠千家”，立有碑刻《初心解义》，阐明当代共产党员的初心，高度诠释“人民电业为人民”的企业宗旨。

2021 年 3 月 30 日，国网滁州市城郊供电公司机关党支部和
腰铺中心供电所党支部开展“初心亭”下学党史活动

文化沁人心。充分利用办公、营业、廊道、院落等嵌入式方式强化文化传播，完善支部阵地、班组园地、荣誉室、职工之家等功能区，建立“四个一”文化传播平台，以“墙上有画、廊上有图、身边有影、屏幕有形”方式生动展示卓越企业文化。

传播电力情。以二十四节气工作表为指南，按时按节开展重点工作推进，把常态工作“干出精彩”。构建“电磁波”宣传小组，开展特色亮点工作宣传报道，不断增强“讲出来”能力。

2. 管理维度，坚实“亭满意”的基础

工作模式创新创优。建立“3356”工作模型，即营销管理“三规范”、优质服务“三部曲”、工作标准“五法则”、安全生产“六举措”。

制度流程细化优化。以台区为单位，设立“每户一经理”，确保客户经理“全覆盖”；做到“每台区一公示”，实现客户联系“无死角”。完成“每日一记录”，让工作日志成为健全客户经理工作考评的重要依据。坚持“每周一例会”，助推重点任务“全落实”。

党建业务双向融入。深化党支部标准化建设，提升党支部战斗力和凝聚力。把党建工作与业务工作有机结合、融合贯通。实施“党建+”项目化管理，开展“党员 1 带 1”帮

2021 年 3 月 17 日，国网滁州市城郊供电公司腰铺中心供电所党支部开展安全生产周例会

带互动、“党员责任区·党员示范岗”创建活动，实现辖区内 617 个配电台区线损全面合格。

3. 队伍维度，培育“亭满意”的沃土

先模选树立标杆。培育服务基层先模人物，培育以供电所所长孙勇为“皖电面孔”的敬业奉献典型，培育以客户服务班班长张柳为“星级服务标兵”的优质服务典型，以身边事育身边人，提升职工队伍干事创业“精气神”。

导师带徒显成效。持续开展导师带徒活动。无报酬，用真情实感全心教导徒弟；纯自愿，尊重师徒双方的个人意愿，不下指标、不定任务、不拘内容；无时限，师徒合同不约定期限，互相学习互相提高。

2021 年 4 月 17 日，国网滁州市城郊供电公司腰铺中心供电所职工在所内实训室进行实操

实训实操练技能。建立室内实训室，现场培训员工装表接线、下户线工艺和光伏板并网接入等日常业务；按照农网台区标准建设室外实训场地，培训员工登杆、登高作业，打造一支专业技能过硬的队伍。

4. 思想维度，根植“亭满意”的意识

政治文化引领。以服务型党支部建设为抓手，把贴近时代、贴近实际、贴近职工作为思想政治教育出发点和立足点。加强党史学习教育，强化职业道德建设，帮助职工树立正确的人生观、世界观、价值观，努力提高全员政治思想觉悟和综合素质。

2021 年 2 月 17 日，国网滁州市城郊供电公司腰铺中心供电所职工
在发能国际城社区开展“守望相助温馨年”活动

传统文化驱动。传承“仁义腰铺”“二郎庙会”地缘文化精髓，以文化人以德树人，开展“清明走镜园”“端午树新风”“邻里守望温馨年”等传统节日活动，引导职工在传统文化实践中弘扬工匠精神，传承职业美德。

企业文化融入。打造企业文化墙、建设文化长廊，推动企业文化进班组，让国网战略、企业使命入脑入心。开展“亲情寄语话安全”“家庭助廉，清风满家”活动，设立共享书吧，为职工的学习交流开辟了温馨空间，让工作、“充电”两不误。

（三）主要成效

1. 围绕安全生产，打造安全规范平安美

夯实安全基石。建立了所、班组、个人三级安全监督网络，层层签订《安全目标责任书》，征集“安全微感悟”“安全警语”，开展“安全双学周”“安全大讲堂”“安全我来说、违章我来拍”等活动，组织职工家属到工作现场探访，让职工心有所系，想安全为安全。创新开展“安全三问”，活动形式受到省公司主要领导肯定。截至目前，腰铺中心供电所一直保持安全生产零事故。

2. 围绕区域发展，铸就诚信服务贴心美

响应南谯区政府“亭满意·谯头堡”战略发展布局，在“获得电力”指标上与南京江北供电公司所属站所同层对标，实现服务品质、客户体验同质化。在服务辖区滁宁城际铁路、奥体中心等重点项目建设中受到客户的一致肯定。

强化营配业务末端融合，提高服务响应速度，推进“能带不停”作业，打造“不停电社区”，提升客户获得感、满意度。对大中型客户实行“三省”服务，全面落实代办制，实施“一对一”帮办、一次验收送电等特色服务。对低压小微企业客户实行“三零”服务，简化办电流程，服务效率进一步提升。实现营销服务零投诉，2021 年 7 月份台区线损位列全省三十强供电所第 1 名。

2021 年 8 月 13 日，滁州市龙蟠街道向公司送来锦旗，
对腰铺供电所在辖区环网柜拆移工程中的高效工作效率表示感谢

3. 围绕市场变化，激发绿色能效众创美

围绕滁州本土品牌“菊泰滁菊”“金鹏农场”乡村农业产业，助力乡村振兴，为园区用户，开展多能互补优化控制服务。积极开展市场调研，强化电能替代的绿色发展理念，深挖“冷、热、电”一体化供应客户、一体化综合能效管理的潜力项目。2021 年，辖区完成两个重点综合能源项目，项目金额约 1200 余万元，超前完成省市公司下达任务目标，助力“双碳”目标。

4. 围绕共建共享，倡导凝心聚力和谐美

廉洁规范树清风。签订廉洁从业承诺书，设立所务公开栏，廉政格言上墙，廉洁警句上桌，结合典型案例，以案说法，议案说纪，干事干净理念落地生根。

班组活力“家”气息。开展“一班组、一阵地、一主题、一小家、一特色”班组建设，上墙“红色爱心”安全寄语，温馨和谐“全家福”，将班组融入“家”的气息，呈现出倾心听、大家议、马上办、一起干的生动局面，激发全所职工积极干事创业的内生动力。

三 分析与思考

通过腰铺供电所“四维四美”企业文化示范点建设，推动该所“亭满意”服务品牌“亭外飘香”，在整个创建过程中主要有以下几点思考：

一是在实施过程中，推动了企业文化入脑入心；

二是企业文化与班组业务紧密结合，如利用亲情寄语制作的安全文化，更有温度；

三是要与地方地缘文化相互交融，企业文化落地才有灵魂。

（项目完成人：武祖林、张璇、何金鑫、胡捍东、魏倩霓、苏雪娟、孙勇）

基于“以人为本”安全文化理念构建“平安回家”安全守护体系

国网池州供电公司

一、案例背景

安全文化建设是适应公司外部环境不断变化的需要。安全生产是电力企业永恒的主题，安全文化是企业安全之根本。池州地处皖南山区，电网常年经受冰雪、山洪、雷暴等极端环境的考验，公司安全生产面临着严峻的形势；同时安全法治环境趋于严格，强化了“以人为本”的安全发展理念。公司主要领导提出“强化安全文化建设，提升安全职业素养”的安全文化建设要求。

安全文化建设是安全生产管理向深层次发展的需要。公司高度重视安全生产，并在绩效考核、评先评优等方面实行安全一票否决的制度，但由于安全意识淡薄造成现场安全违章现象仍大量存在。可见，更好地预防事故的发生，达到安全生产的目的，就需要建立起以“人”为核心内容的企业安全文化。

二、案例内容

（一）工作思路

公司坚持“以人为本”的安全文化理念，将思想文化工作的引领、疏导、教育作用融入安全生产工作中，聚焦安全文化的“暖色调”影响力，在“亲情助安”安全文化实践基础上，扩展“亲情”文化的内涵，聚焦内化于心、外化于行、显化于物的安全文化落地路径，构建组织情、榜样情、师徒情、同事情、亲属情、客户情六维一体安全守护体系。通过情的共鸣，引发心的触动，推动行的自觉，教育引导员工认清安全生产工作是“为了谁、依靠谁”，从而达到自觉提升安全意识和安全技能，实现“平安回家”，推进企业文化在安全生产领域全面落地深植。

（二）具体举措

1. 聚焦内化于心，强化安全文化保障

一是凝聚安全文化管理共识。公司积极贯彻落实省公司“文化铸魂、文化赋能、文化融入”专项行动实施方案，加强思想引领，将思想政治工作的引领、疏导、教育作用融入安全生产工作中，通过集中部署、调研座谈、主题党日等形式，引导公司上下深刻认识安全管理的本质要求，形成安全文化管理的集体共识和行动自觉，自觉运用文化的理念、文化的视野抓安全，将“人”作为抓安全的关键因素，为安全生产工作构筑守护体系，实现文化传播和落地深度融合、相互促进。

二是健全齐抓共管工作格局。聚焦推进安全文化建设，在县公司先行试点开展“亲情助安”主题活动的基础上，公司开展“亲情助安”专题行动。公司党建部组织市县一体化安全文化调研座谈会、各党组织开展亲情助安主题党日，进一步将“亲情”文化融入安全生产工作，构建了党建部与各部门横向沟通、市县一体化上下协力的工作格局。

2020 年 11 月，国网池州供电公司各党支部开展“亲情助安”主题党日活动

2. 聚焦外化于行，打造安全守护体系

通过打造组织情、榜样情、师徒情、同事情、亲属情、客户情六维一体安全守护体系，着力提升安全意识和安全技能，实现“守护企业安全、守护他人安全、守护自己安全、守护家庭安全、守护社会安全”目标，促进电网安全、员工平安、企业稳定、社会和谐。

一是以组织情护安。各党组织在重大工程和大型施工作业前，充分掌握参与工作的员

工思想动态情况，针对“不用心人”“情绪人”“习惯性违章人”等不同群体，落实“六必谈，六必访”工作机制，及时跟进了解原因，通过采取谈心谈话、上门走访、心理帮扶等必要的思想干预和心理重建措施消除员工思想隐患，确保无思想“带病作业”情况。

国网池州供电公司
六维一体安全守护体系结构图

二是以榜样情护安。开展安全职业素养先锋示范岗创建活动，借助“职工大讲堂”“创新工作室”等活动阵地，开展以安全为主题的道德讲堂、劳模宣讲。通过互动访谈、事迹再现、亲身讲述等多种形式，用先进典型人物事迹彰显文化效应，示范带动员工强化安全意识，积极主动提升安全作业意识。

三是以师徒情护安。结合导师带徒活动，通过师傅结对子，积极动员一线班组“老师傅”“老专家”等技术骨干，在日常工作中主动向青年员工介绍设备属性、工作技巧、常见故障以及安全隐患点，加强安全监督、提升安全技能，强化对青年员工的安全教育培训和“传帮带”，从师徒文化的角度帮助青年员工提升安全技能。

国网池州供电公司导师带徒现场指导

四是以同事情护安。大力倡导同事团队精神的培养，建立同事间团结协作，互相补台的团队合作机制。公司安监部成立安全稽查队，对作业现场开展常态化安全稽查，强化同事对安全现场的监督，及时发现作业现场不安全因素。同一作业现场时，倡导作业团队之间相互提醒，有违章倾向和苗头行为的及时制止，从团队文化的角度提升员工安全意识和规范员工安全行为。

五是以亲属情护安。在市县公司开展“亲情助安”专题行动，组织“递送安全亲情家书”、征集暖心“安全亲情寄语”和“安全亲情全家福照片”、打造安全亲情文化墙、邀请职工亲属访现场、召开职工亲属座谈会等为主要内容的亲情文化创建活动，把有温度的家人亲属情引入安全生产工作，构建安全亲情文化，以家庭关爱的角度提升员工的安全意识达到“用爱心促进安全，以安全促发展”的目的。

六是以客户情护安。将安全文化内涵延伸拓展至客户，分别进社区、企业、校园组织开展“落实安全责任，推动安全发展”“安全用电进校园，童心向党度‘六一’”等活动，进行电力设施保护知识和安全用电宣传，确保客户安全用电，从服务文化的角度助力社会“大安全”。

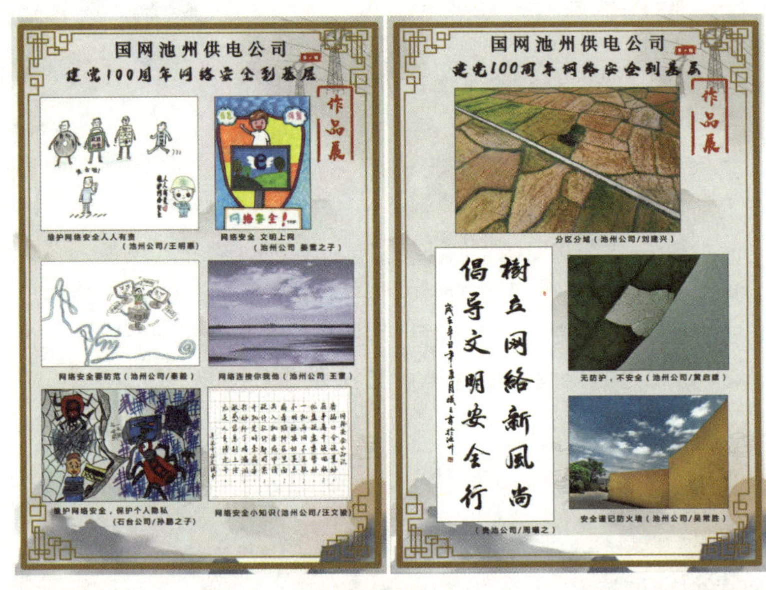

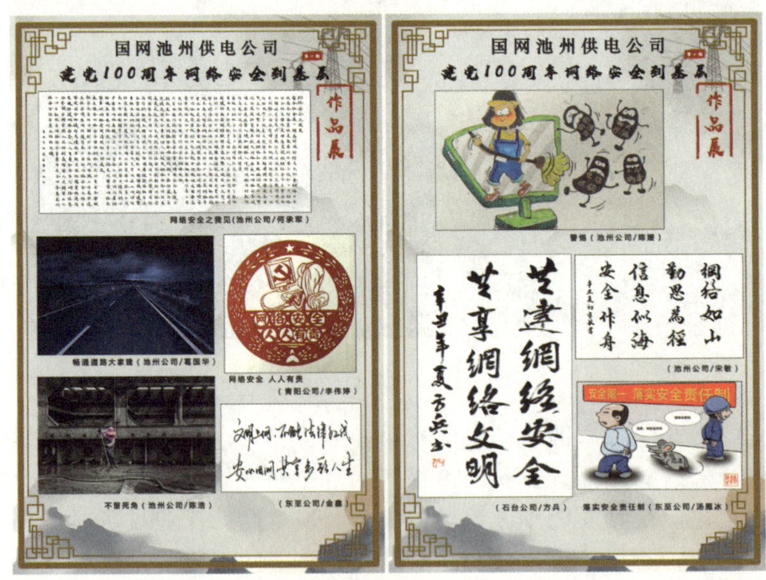

2021 年 5 月，国网池州供电公司开展网络安全到基层活动的安全文化作品集

3. 聚焦显化于物，营造安全文化氛围

一是渲染安全文化环境。立足文化视角，结合安全生产月活动，通过安全展板、安全漫画、安全条幅、安全海报、安全标语牌等安全文化载体推进安全文化进工区、班组、站

所、现场、家庭，使员工在潜移默化中受到教育、得到警示。

二是推出安全文化精品。摄制安全职业素养现场作业全景演示片，拍摄《家·安》安全职业素养微电影，并在办公楼显示屏、公司内外视频平台播放。制作网络安全到基层的安全文化作品展及小视频，提升安全文化感染力。

三是建设安全文化阵地。打造工作业绩优、辐射范围广、带动作用强的安全生产先进班组（站、所）、安全警示教育室、企业文化示范点，扩大安全文化影响力，树立安全文化实践的示范标杆。

（三）主要成效

1. 探索构建了六维一体安全守护体系

面对安全意识淡薄问题，池州公司坚持以人为本，以做好人的工作为切入点，发挥思想文化“聚人心、保和谐、促发展”作用，在安全生产保证体系和监督体系的基础上，从组织情、榜样情、师徒情、同事情、亲属情、客户情六个维度构建了安全生产守护体系，通过组织真关爱、同事真关心、家人真关切，打动、感动和触动员工由“要我安全”到“我要安全”的安全意识转变，促进了企业文化在安全生产领域落地生根。

2. 逐步形成了市县一体化安全文化管理共识

面对安全生产外部环境的不断变化，准确把握市县公司企业文化建设“执行主体”“实践单元”职能定位，形成了市县一体化、业务一盘棋的安全文化管理共识。市县一体推进“以人为本”安全文化实践，安全守护体系的探索构建，促使公司“大安全”工作格局进一步完善，逐渐形成“敬畏生命、敬畏规章”的安全职业素养价值追求。

三 分析与思考

安全是企业发展第一要务。安全文化建设离不开公司领导重视和支持、专业部门的协同推进，需要注重抓常抓长、落实落细，需要持续健全完善公司安全守护体系，切实让安全文化成为公司安全管理的核心内容，成为保障公司安全生产的长效机制。

（项目完成人：宋敏、方红兵、李慧、杨阳、张伦健、胡旭阳、章五九）

挖掘徽州文化“廉因子”打造廉洁文化“微载体”

国网黄山供电公司

黄山市历史悠久、文化灿烂，涌现出诸多清官廉吏，称雄中国商界三百年的徽商也发源于此。历史上，徽州人极为注重家庭家风教育，留下了诸多至为珍贵的家规家训，其所体现的自强不息、包容并蓄、修身创业、遵规守矩、家国情怀的精神，在当今社会依然具有强大的生命力。国网黄山供电公司高度重视廉洁文化建设，注重把握徽文化的悠久传承、底蕴深厚的独特优势，从中大力挖掘古徽州历史文化的廉政思想，突出对传统家规家训、古徽州官吏勤廉史迹的拓展应用，精心打造富有历史文化气息、彰显时代特色风貌的廉洁文化“微载体”，进一步发挥以古喻今的廉政教育作用，着力营造公司正本固源、风清气正的政治生态环境。

（一）工作思路

徽文化是在徽州历史长河中不断凝聚而成，存在于徽州人生活的每个角落，既体现在徽派建筑、徽菜、新安画派等有形载体中，也反映在新安理学等意识形态里，它是艺术与环境的融聚，是物质与精神的结合。国网黄山供电公司将徽文化传承中形成的稳定的道德规范、传统习惯、为人之道、生活作风和生活方式等，作为挖掘的重点，取其精华，去其糟粕，将其精神理念融入廉洁文化建设当中。通过“一次专题日、一节微廉课、一部微视频、一份承诺书、一轮作品展、一次体验学”等方式，将徽州文化中的“廉洁基因”以文化作品“微载体”的形式展现出来。

（二）具体措施

1. 开展一次专题日，播下廉洁文化“种子”

坚持“廉洁从业月专题活动日”制度，结合各单位实际业务，丰富活动内容、优化活动形式，并将活动面覆盖到每位职工。坚持市公司纪委参加基层单位“活动日”，探索建立“活动日”横向交流机制。坚持两级党委（支部）书记谈心制度，一级谈一级，一对一、面对面、实打实、心贴心。坚持干部（含平调干部、关键岗位人员）任前廉政谈话、廉政测试制度。编制印发《党员干部廉政手册》，常态开展基层单位班子集体廉政谈话，定期开展廉政讲座（报告）、警示教育、廉文征集等活动，探索以“讲家庭故事、创家训格言、写家书手札、拍家教短片”为主题的“廉政家庭”活动。

2021 年 2 月 26 日，国网黄山供电公司组织开展猜灯谜促“双学”活动，将廉政文化内容融入灯谜之中

2. 上好一节微廉课，扎紧业务制度“笼子”

结合党史学习教育，组织开展“学党史、讲廉课、促廉政”活动。以党的纪律作风为主题，运用党史、新中国史、改革开放史和社会主义发展史中的重要事件、文献和人物事迹等，以史说理、以例明纪。公司两级纪委书记、各单位（部门）党政主要负责人主动到所在党支部、分管领域及党建联系点进行廉课宣讲，教育引导广大党员和干部员工深入领悟党的光荣传统和优良作风，进一步增强纪律规矩意识，改进工作作风。公司累计征集微廉课 46 个，组织 800 人次聆听党课。

3. 制作一部微视频，丰富廉政宣传“内涵”

倡导全体党员干部梳理正确的政绩观、利益观、纪律观，正确认识依法治企、以德育企的深远意义，紧扣新时代反腐倡廉主题，结合徽州地域特色和供电行业特性，以讲述群众身边的廉洁故事为主，制作一系列“微电影”“小抖音”类警示教育片，提醒干部、职

2021 年 5 月 14 日，国网黄山供电公司汽运维修党支部组织开展“学党史、讲廉课、促廉政”活动

工把好人情关、金钱关、权利关，不走“低压线”、不打“擦边球”，正确认识“弄点小好处、贪点小便宜”的危害性，防止廉洁从业失之于宽、失之于软。累计制作“微电影”“小抖音”18 个，其中《难搞的老徐》《清廉考验》等 5 部作品获省公司清廉皖电优秀廉洁文化作品。

4. 签订一份承诺书，踩下纪律规矩“刹车”

坚持从小事抓起，一个时间节点一个时间节点地抓，从节假日抓到每一天，从八小时内抓到八小时外，从同事圈抓到朋友圈，从工作单位抓到家庭生活；坚持抓、抓坚持，从具体问题抓起，由浅入深，由易到难，由简到繁，循序渐进；从意识形态上抓早教育，从实质程序上抓早发现、早预控，从组织管理上抓早提醒、早查处。抓好廉洁从业日常管控，常态进行个人廉政谈话、集体廉政谈话，全员签署廉洁从业承诺书，延伸家庭成员现场签字背书，监督公司职工遵守廉洁自律各项规定，常吹枕边风，争当“廉内助”。

5. 开展一轮作品展，打造廉政教育“阵地”

围绕庆祝建党 100 周年，以“永远跟党走，奋进新征程”为主题，以“个人”与“党”、“个人”与“国家电网”、“廉洁”与“纪律”的关系为视角，组织广大干部职工开展文化作品创作，累计创作书画作品、摄影作品、手工作品和文学作品等 127 幅。依托文化长廊、公司网站等载体，在公司内广泛开展职工廉洁文化作品展示活动，自机关到班组、室内到室外、工作场所到生活场所实现全覆盖，让职工身处其中，廉洁文化随时可见、随处可见，打造廉政教育的主体“阵地”，让干部在日常工作生活中耳濡目染，让廉洁文化走近职工心灵。

6. 组织一次体验学，扩大廉政文化“辐射”

强化文化引领。汲取古徽州“慎独慎微”的廉洁文化精髓，秉承电网企业“干事干

2021 年 4 月 6 日，国网黄山供电公司组织开展廉洁文化进家庭活动

净”廉洁文化理念，持续开展廉洁文化“六进”活动（进班子、进部室、进班组、进小区、进家庭、进客户），不断营造廉洁文化氛围。将廉洁文化建设纳入企业文化建设规划范围，努力提升（省纪委）“廉政文化进企业示范点”的内涵和品味，积极创建公司“干事干净·抓早抓小”的廉洁文化品牌。组织近年来新入职大学生到黄山市打造的歙县徽州府衙昭示教育基地、歙县砖雕、石雕厂学习，上好入职廉洁第一课。依托黄山市历史廉政文化昭示教育基地，把红色教育、廉政教育主题融入其中，组织广大干部职工开展现场体验学习，通过观看史料和实物、讲解历史人物廉政事迹故事等，积极借鉴和利用古徽州文化遗产，特别是其中宝贵的清廉元素，引导党员干部树立廉洁从政、执政为民理念，弘扬历史清廉文化和优良传统。

2021 年 3 月 29 日，国网黄山供电公司组织青年员工学习徽州廉吏故事

（三）主要成效

1. 品牌形象持续提升

公司始终坚持廉洁从业、抓早抓小、服务客户，得到地方政府及社会的充分肯定，市公司及歙县公司获得了“全国文明单位”称号，其余县公司均获得了“省级文明单位”称号。公司荣获“黄山市直机关效能建设优秀单位”“全国电力行业企业文化品牌影响力企业”“国家电网企业文化建设专业标杆”等荣誉，实现全国“安康杯”优胜企业六连冠。

2. 廉洁文化建设特色凸显

公司坚持“抓早抓小”，实现了廉洁从业有形管控向无形文化影响演变，公司“干事干净”廉洁从业文化氛围已基本形成，并逐步彰显出“干事干净·抓早抓小”廉洁文化特色，也成为公司企业文化的重要组成部分和鲜明特征，得到安徽省、黄山市纪委的充分肯定。

三 分析与思考

黄山供电公司地处徽州大地，干部员工长期受徽文化熏陶，其人生观、价值观、世界观无不传承着徽州人文精神，渗透着徽文化的气息，也影响着公司廉洁文化建设的效果。下一步，在廉洁文化创新及实践中，黄山供电公司将主动而为，积极挖掘徽州文化内涵，摒弃其历史糟粕，扬弃“天理为义，人欲为利”的入世哲理，秉承“穷理之要，必在读书”的修身之本，倡导“崇仁尚义、修德敦行”的为人之道，坚守“正其义不谋其利，明其道不计其功”的处事之要，提炼古徽州家规族训的规矩内涵，发扬吃苦耐劳的“徽骆驼”精神，不断丰富、滋养、提升公司廉洁文化内涵。

（项目完成人：李德玉、吴坚强、张高强、祝超龙、江莎莎、巴慧珍、王春辉）

“幸福砀电”助力企业文化落地实践

国网砀山县供电公司

近年来，随着经济的快速发展，生活节奏也越来越快，人们的物质需求、精神需求不断加大，巨大的生活和工作压力，严重影响着职工的生活和工作状态。

为持续提高职工获得感、归属感、幸福感，提升企业综合实力、展示品牌形象，砀山公司党委提出全力打造“幸福砀电”，通过改进服务方式、拓展服务领域、丰富服务载体的模式，坚持以职工需求为导向，着力做到职工有所需、公司有所应，职工有所求、公司有所为，把为职工服务工作做深、做透、做扎实，真正做到让职工获益、使职工满意。

（一）工作思路

2021 年，砀山县供电公司坚持以习近平新时代中国特色社会主义思想为指导，聚焦国网战略目标和省市公司战略承接，践行“三先”理念，深化“严细实快”工作作风建设，围绕“一三六”（一个目标：确立“皖北先进，安徽上游”的发展奋斗目标；突出三个抓手：品质服务、精益管理、队伍建设；强化六个着力：着力抓好党的建设、安全生产、电网建设、优化营商环境、提质增效、省管产业单位发展六个方面的管理）总体工作思路，努力打造平安、精益、幸福的“三个砀电”。

通过打造安全、廉政两个方面都平安的“平安砀电”，配网运维、优质服务、农网工程三个方面的“精益砀电”，围绕“幸福砀电”这个目标，建立为职工办实事的长效机制，持续激发干部员工干事创业的精气神。

（二）具体措施

1. 心系员工送“礼包”

以党史学习教育为主线，为员工送上不同形式的精神食粮。

2021 年 2 月 18 日，国网砀山县供电公司领导班子成员为员工送上新年“礼包”

开展“新年新气象，祝福送员工”活动，新年上班第一天，领导班子成员将包含《漫谈中国文化》《组织领导力》书籍、巧克力等小礼物的“礼包”送到员工手中并送上新年祝福，以感谢员工与公司同成长、共命运的辛勤付出，持续激发公司员工干事创业的精气神。

邀请“全国劳动模范”廖志斌为青年党员、共青团员现场讲述党史故事和劳模精神，打造“争做先锋典范，传承劳模精神”的整体氛围。勉励广大团员青年从党史中深刻解读历史性变革中蕴藏的内在逻辑，历史性成就背后的道路、理论、制度、文化优势，在学党史、悟思想、办实事、开新局中坚定信仰、认识规律、推动工作。鼓励团员青年坚持多学、多思、多想、多干“四多”并进，在比赛、创新中提升自我能力，在担责守责中实现自我价值。

为员工送上 400 多套《习近平论中国共产党历史》《中国共产党简史》等党史书籍，推动职工接受深刻的党史教育，深入学习、了解和掌握党的历史，补足员工精神之钙。

2. 立足服务办实事

砀山公司新建 400 平方米、同时满足 140 名职工就餐的健康食堂。由过去的每天供应一日两餐转变为提供粗细、荤素搭配合理的早、中、晚三餐。规范采购流程，不定期组织职工代表对原材料的采购、食品加工、检测、留样、菜品质量等方面进行检查，确保食品安全。引导职工健康饮食，杜绝舌尖上的浪费。利用食堂一角组建了含有膳食宝塔、健康饮食宣传展板、体重秤、MBI 尺、血压测试仪等物品的“健康小屋”。饭后时间，部分职工会在“健康小屋”内停留，运用配备的各类仪器自测身体，规划自身健康饮食。

增强主动服务意识，对办公楼饮用水净化装置进行升级，达到优质饮用水质量标准。对办公楼院内进行整体绿化，打造生态车位，创造绿色环保、赏心悦目的办公环境。新建职工电动车充电车棚，更好地方便职工充电及电动自行车规范摆放。根据实际情况对大学生青年公寓进行维修改造，实现大学生公寓拎包入住。办公区域暖水宝安装、WiFi 无线信号全覆盖。修缮集体企业办公楼，实施基层中心供电所办公环境整治提升工程，积极为基层职工创造简洁、大方、舒适的办公环境。加大中心供电所小公寓、小书屋、小食堂、小浴室、小菜园“五小”中心供电所建设，让职工切实享受到发展成果。

2021 年 3 月 30 日，国网砀山县供电公司李庄中心供电所环境治理成效

3. 追求幸福不停息

砀山公司坚持“以人为本”理念，不断增强职工的获得感、归属感、幸福感，着力打造“幸福砀电”。

实施“健康十分钟”活动机制。自 2020 年 10 月 10 日起，在每周二至周五上午 10 点和下午 4 点，在办公区域准时播放 10 分钟轻音乐，提醒手头无材料报送、数据分析等重要或紧急任务的职工暂时放下手里的工作，步行到一楼大厅参加“健康十分钟”活动。在这十分钟里，职工可以到有着丰富藏书及配备专业电子图书管理系统的“职工书吧”，一边享用备好的饮料点心，一边浏览书籍；也可以到坐落在“职工书吧”隔壁的“心动力氧吧”，选择适宜自身的健身器材进行活动筋骨和锻炼身体，缓解身体疲劳、释放工作压力。

专为公司宝妈们打造“爱心小筑”，又称“母爱十平方”母婴室，内设哺乳间、护理区、冲奶区等多功能性分区。室内设施齐全，为公司的宝妈们营造了一个温馨、整洁、安全、舒适的环境，既保护宝妈们哺乳期间的隐私，又为宝妈们提供了私密、安全、卫生、

2021 年 4 月 25 日，国网砀山县供电公司在职工书吧举办
“学党史　迎‘五四’爱祖国　同运动”学习交流活动

舒适的护理休息场所。

为丰富职工业余生活，公司党委组织成立了摄影、书画、网球、篮球等 10 多个兴趣小组，由员工自愿选择参加适合自己的活动。每年组织一次职工体检，总体检项目 27 个，开展健康讲座 1 次，与 2 个重大疾病就医协助服务的医疗机构签订就医协议。公司党委深化“六必谈、六必访”机制，着力提升职工的归属感和幸福感，在员工生日、结婚领证当天，为职工送上礼物和真诚祝福。

（三）主要成效

砀山公司党委自启动打造“幸福砀电”开展以来，坚持“以人为本”思路，想员工之所想、急员工之所急、优员工之所忧，紧紧抓住职工群众监督的着力点、民生福祉的出发点、安全生产的落脚点、队伍建设的关键点和担当作为的切入点，在多办实事、多办好事、多办美事上下真功夫，下硬功夫，不断提升员工幸福指数，并使之成为员工生活状态的“晴雨表”、民心向背的“风向标”。

2021 年度，在综合管理方面，荣获“宿州市安全文化建设示范企业”称号，上半年综合绩效考核位列全市第一。在精益管理方面，配电停运率位于全省第二名，配电频停指数位于全省第六名、全市第一名，配电停运次数、停运时长、频停台区同比分别下降 30%、25%、76%。公司荣获“中华诗教示范单位”、省公司“红旗党委”、宿州市“先进基层党组织”称号，两个部门荣获宿州市“青年文明号”、宿州市“青年安全生产示范岗”称号；获得省公司“清廉皖电”微电影类、微廉课类、廉洁家书类三个一等奖。

三 分析与思考

好企业是提升员工幸福指数的源泉之一，对于员工来说，身在一个效益良好、工作环境优越、文化生活丰富、人际关系和谐、发展前景无量的企业，员工自然是幸福的。

为提升职工的获得感、归属感、幸福感，砀山公司党委班子牢固树立正确的利益观、权力观、地位观，牢固树立起"把员工利益放在首位"的理念，接下来各项工作的开展，也将始终围绕推进"幸福砀电"建设，把心思凝聚到为职工谋利益上，把精力集中到为职工办实事上，从广大员工最盼望的事情抓起、最需要的事情做起，最大限度地实现好、维护好、发展好员工的根本利益，真正让职工受益、使职工满意，积极把打造"幸福砀电"这一目标落实到基层、落实到职工身上。

（项目完成人：孟雷、庄翔、彭明娟、张书勤、张闯、闫传伟、唐琪琪）

打造“一三五”皖电创新文化体系

国网安徽电科院

一 案例背景

党的十九届五中全会将坚持创新摆在了我国现代化建设全局中的核心地位，强调要把科技自立自强作为国家发展的战略支撑，要提升企业技术创新能力，激发人才创新活力，完善科技创新体制机制。国网公司、省公司也对科技创新工作的认识和要求再上新台阶，先后召开了高规格的科技创新大会。安徽电科院创新工作区位优势明显。长期以来，电科院与中国科技大学、中科院合肥分院、清华大学合肥公共安全研究院等国际国内知名院校深度合作，创新平台建设不断深化。电科院创新工作基础深厚，成果丰富。一是特高压建设、运维、试验技术国际领先，特高压试验大厅建设运行水平在省级电网企业中首屈一指。二是六氟化硫气体收回处理技术国际领先。国网重点实验室长期在标准制定、成果研发等各方面拥有压倒性优势。三是电力火灾防护专业在国内独树一帜，专业水平在国家重点工程中充分展现，实验室能力建设被列入国网科研重点计划。四是双创工作引起省厅领导高度关注。双创中心将科技成果转化与前段项目预研无缝对接、与群众性创新有机结合、与科普宣传相互融合，走一条具有安徽特色的，贯通产、学、研、用、宣的特色双创道路。

与此同时，电科院的创新文化建设存在短板。一是环境缺乏系统性，创新氛围建设落后于硬件环境。二是展示缺乏专业性，高水平宣讲人员力量不足。三是外宣工作缺乏穿透力，创新资源缺乏有效包装。四是先锋典范选树缺乏持续性，高等级典范的选树规划不清晰，冲击后劲不足。

二 案例内容

（一）工作思路

以创新成果为基础，以创新文化为指引，以创新品牌为目标，电科院打造“一三五”

皖电创新文化体系，即围绕一个“皖电创新”文化建设，立足环境建设、对外宣传、劳模选树“三个维度”，集中打造“两室一厅两中心”五个重点展示窗口，实现集中展示有深度、广泛传播有影响、典型选树有成效的企业文化建设目标，在公司系统及更大范围内进一步彰显电科院“皖电创新”文化形象。

（1）以创新成果为基础，集中展示有深度。立足电科院现有空间，综合宣传、科技、基建、后勤各方面力量，抓住电科院内部基础设施建设的窗口期，利用1～2年时间，全面优化电科院展示环境，全面提升双创中心、院士研究中心、六氟化硫实验室、火灾实验室、特高压试验大厅（以下简称“两室一厅两中心”——重点展示环境）展示能力，整合其他创新展示资源，实现以点带面、互联互通，提升展示成效。

（2）以创新文化为指引，广泛传播有影响。将创新展示环境与院士研究中心、博士后工作站、中科大联合实验室、劳模创新工作室、融媒体分中心建设一体推进，将科技创新成果展示与科普宣传深度融合，在公司系统及更大范围内进一步彰显电科院“皖电创新”文化形象。

（3）以创新品牌为目标，典型选树有成效。紧扣电科院科技创新工作实际，深入挖掘电科院优秀科研人员和科研团队的先进事迹，通过全媒体手段促进传播深度广度，在全院大力营造“科技引领、创新驱动”文化氛围，多措并举推动创新先锋典范人物脱颖而出。

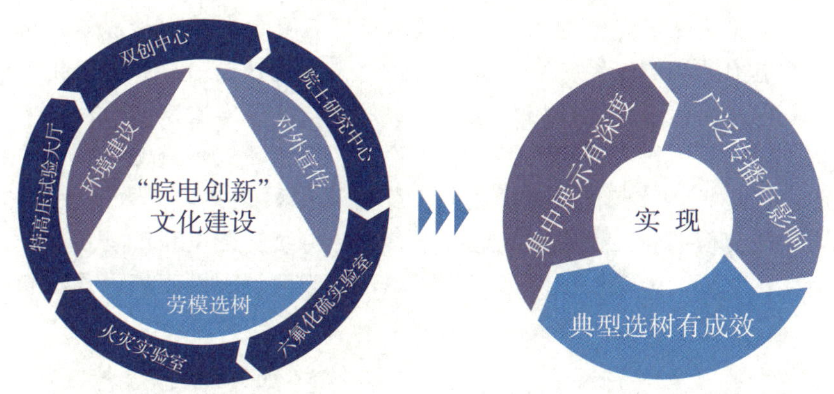

国网安徽电科院“一三五”皖电创新文化体系

（二）具体措施

1. 打造创新展示环境，建设五个重点展示窗口

（1）优化重点展示环境建设。以“两室一厅两中心”为重点，突出科技感和文化感，打造“皖电创新”文化重点展示环境，充分展示电科院在特高压建设、运维、试验技术等领域的国际领先地位，展示六氟化硫实验室长期在标准制定、成果研发等各方面拥有的显著优势，展示火灾实验室在国家重点工程、电网重大工程中的突出作用，展示相关专业的历史传承、发展现状、在研项目、未来方向等内容，重点展现安徽电科院在科研前端能力建设方面的所取得的成就。

2021 年 7 月 16 日，国网安徽电科院双创中心展示环境

（2）探索特色展示环境建设。一是技术监督预警监测中心内部展示升级，实现各信息系统的链路接入，提升预警中心信息处理分析反馈能力，全景展示安徽电科院主配网生产系统状态监测。二是优化节能调度系统主站展示环境，具备向政府能源管理部门、电源企业全景展示安徽电力节能调度系统数据资源的能力。三是建设信息红蓝对抗实验室内部软环境，展示安徽电科院信息化建设相关成果。四是以新能源实验室建设为核心，统合电网中心劳模创新工作室（中科大电力人工智能实验室）等相关展示资源，实现系统专业创新成果集中展示。五是完善峰云省级劳模创新工作室（中科大共建电力工业机器人实验室）软环境，探索加挂劳模创新工作联盟基地牌子。六是持续完善电科院历史文化展厅，进一步丰富院创新文化氛围。七是利用院区空置资源，探索建设配网不停电作业机器人项目成果展示环境。

2021 年 3 月 23 日，国网安徽电科院技术监督预警监测中心展示环境

2. 培养创新宣传队伍，合力打造皖电创新文化

（1）组建宣传队伍。一是在院各部门抽调策划能力好、文字功底强的精兵强将，组建策划创作团队。二是组建以电科院专业人员为基础，公司系统优秀传媒专家为核心的外宣柔性团队，针对具有广泛影响力的重点项目、重点成果、重要节点宣传。三是组建讲解引导团队，统一培训、统一调配、统一服装，负责现场参观活动的讲解引导。

（2）开展专题培训。一是加强与外部相关媒体（如公司融媒体中心）的沟通交流，交流重点项目宣传策划方案，开展联建共创活动。二是加大院宣传队伍培训力度，通过课堂教学、现场实操、互动教学等多种形式，切实提高重点项目、重点对象的宣传推介能力，合力打造“皖电创新”文化。

（3）积极开展媒体特色活动。在重大项目、重要成果的关键节点期，适时开展社会媒体看“皖电创新”的活动，邀请外部媒体记者走进电科院，报道公司创新成果/产业成果，向公司新闻联播和社会媒体报送深度报道，使“皖电创新”在国家电网公司、省委省政府、电源企业、社会公众中产生强大的文化效应，进一步拓展外宣空间。

2021 年 6 月 19 日，外部媒体走进国网安徽电科院

3. 加强先锋典范管理，构建典型选树长效机制

（1）建设先锋典范数字化信息库。对建院以来荣获省公司级及以上劳模、五一劳动奖章、五四奖章获得者以及省部级科技进步（专利）二等以上奖项第一完成人进行全面盘点，收集整理先锋典范人物的各类图文、声像资料，制作省部级以上先锋典范人物的宣传视频。依托融媒体分中心和劳模创新工作室信息化展示环境建设，建设先锋典范人物的全媒体资源档案库和新闻素材储备库，做到统一储存，随时调用。

（2）建立先锋典范选树长效机制。综合研判劳模选树、专家评聘中的客观条件，通过有选择性的安排制度编写、讲课培训、劳动竞赛、导师带徒等多种助推手段，为院科技创新人员成长成才创造更为有力的支持。综合运用党建、工会、宣传、科技等各方面资源，重点推介核心科研专家，持续发力，久久为功，争取早日获得国家级荣誉表彰。

（三）主要成效

电科院围绕“皖电创新”文化建设，立足环境建设、对外宣传、劳模选树“三个维度”。一是打造完成集中展示窗口建设、重点展示环境建设、特色展示环境建设、科技创新氛围建设等环境建设任务 5 项。二是在自行推荐、平行选拔的基础上，组建了策划创作队、讲解引导队，满足核心区域一主一备的宣讲需求。邀请凤凰网安徽频道及合肥新闻联播等社会媒体记者走进电科院，利用融媒体工作室建设契机，与中电传媒、新华社客户端安徽频道、安徽日报客户端、人民网安徽频道等建立媒体合作关系。在院士研究中心揭牌、氢储能项目推进等外宣工作中，加强与外部媒体在新闻策划方面的联动，引入上级媒体资源，形成宣传合力。三是 2021 年以来，先后选树并成功推荐了国网特等劳模张佳庆、国网巾帼建功标兵刘伟，彰显创新榜样力量。

三 分析与思考

电科院打造“一三五”皖电创新文化体系，通过环境建设、对外宣传、劳模选树“三个维度”，集中打造“五个重点展示窗口”，构建创新环境，传播创新成果，激发创新动力。下一步，电科院将继续探索“皖电创新”文化建设的有效途径，为创新发展提供精神动力和文化条件，在公司系统及更大范围内进一步彰显电科院“皖电创新”文化形象。

（项目完成人：陈中元、徐尧、熊慧、裴倩、刘峰、张甜、刘继芳）

构建“1+5”品牌价值体系 领航古泉换流站标杆建设新征程

国网安徽电力超高压公司

一 案例背景

±1100kV古泉换流站是目前世界上交直流电压等级最高的换流站，承担着西电东送、清洁能源消纳的重要使命。古泉站强大的资源配置能力，使其成为引领能源转型发展、助力实现“碳达峰、碳中和”目标、构建以新能源为主的新型电力系统的强劲引擎。基于古泉站对于落实国家及国网公司战略的重要地位，国网安徽电力超高压公司对标国网公司“一体四翼”发展布局的深刻内涵，紧密围绕党的建设、安全管控、精益运检、人才培养、科技创新等中心工作，进一步提炼古泉站价值定位和功能定位，深耕卓越文化，促进古泉站高质量发展，打造企业文化建设标杆示范点。

二 案例内容

（一）工作思路

以国网公司战略体系为指引，深入挖掘古泉站品牌价值，实现价值精确定位。从价值定位出发，结合中心工作，细化延伸出五大功能定位，建立起“1+5”品牌价值体系。通过精准施策，推动品牌价值体系落地实践，以价值驱动古泉站高质量发展。进一步优化“多层立体”式展示环境，有效提升整体品牌形象，使古泉站“硬实力”与“软实力”有机结合，以卓越文化领航古泉站标杆建设新征程，擦亮“电力珠峰”金色名片。

（二）具体措施

1. 精确定位，建立“1+5”品牌价值体系

从战略责任和技术高度两大维度出发，确定“大国重器、电力珠峰”的价值定位，彰

显安徽公司责任担当，展现皖电人勇攀世界电力技术“珠穆朗玛峰”的品牌形象。围绕这一价值定位，聚焦国网公司“一体四翼”发展布局，细化延伸“安全管理的示范区”“能源互联网的先行者”“中国智造的样板间”“长三角一体化的赋能站”和“数字电网的领航舰”五大功能定位，建立起“1＋5”品牌价值体系。系统展示古泉站在自主驾驭“大国重器”、勇于攀登“电力珠峰”过程中的特色做法、工作成效和精神风貌。

古泉站“1＋5”品牌价值体系

2. 精准施策，推动价值体系落地实践

（1）以大国重器的底气，打造“安全管理的示范区”。古泉站作为西电东送的大枢纽，以大国重器的底气夯实安全管理的根基，始终将安全放在首要位置，着力打造“安全管理的示范区”。严格落实“四个管住”的要求，锚定前沿信息技术，广泛应用智能技术、数字技术，实现安全管控全景可视、应急能力全域建设、消防能力全线提升，大幅提高安全管理智能化水平。

（2）以勇立潮头的朝气，敢当“能源互联网的先行者”。以国网战略目标“具有中国特色国际领先的能源互联网企业”为指引，古泉站勇立能源转型发展的潮头，从资源配置优化、直流管理升级、运检模式突破、创新价值彰显四个维度持续发力，为实现“碳达峰、碳平衡”目标、构建以新能源为主的新型电力系统贡献古泉智慧和力量。

（3）以迎难而上的士气，铸就“中国智造的样板间”。古泉站有17大类、146台（套）首台首套设备，代表着世界电力装备技术的最高水平，并且站内5000多台套设备一半以上均为国产化制造，堪称“中国智造的样板间”。面对设备运检管理的“无人区”，古泉站鼓足士气，以迎难而上的姿态应对大型设备集中检修工作，勇攀技术高峰，实现多项技术突破，开创多项行业先河。

（4）以等高对接的胆气，建设“长三角一体化的赋能站”。古泉站立足安徽，全面融入长三角一体化发展，从思维意识、工作标准和管理要求等维度，大力推进“等高对接沪苏浙”行动，在保供电要求下，无论是在日常状态下，还是在极端恶劣条件下，坚持发挥“赋能站”作用，为长三角一体化发展和美好安徽建设落地，输送源源不断的清洁能源。古泉站与长三角地区兄弟单位联建共创、交流共进，厚培技术实力。通过人才培养系统孵化，抽调直流技术专家前往其他特高压换流站督导年度检修工作，实现智力输出。同时发挥青年团队优势，激发创新活力，提升综合素质，引导青年立足岗位建功，实现人才资源高质量续航。

（5）以开拓创新的锐气，对标“数字电网的领航舰”。古泉站在“一体四翼”发展布局的指引下，坚持创新驱动，积极响应“十四五”数字中国建设要求和“上云用数赋智”行动计划，推进“国网数字化示范站”建设和“北斗＋5G 应用站”落地。通过数字赋能、数字融合、数字创新，探索研发出一批代表世界电网最高运维水平的应用成果，在打造数字古泉、建设数字电网进程中，实现“中国创造”和“中国引领”。

3. 精细布局，优化“多层立体”展示环境

以“集中展示印象深刻、分层分区各有特色”为原则，系统性优化古泉站整体氛围和文化环境，形成以综合展厅为核心，全景智慧驾驶舱、设备区及主控楼为支点，户外环境和楼梯过道为点缀的全方位、立体化文化环境氛围。

（1）形象展厅建设，一体集成。基于古泉站原有建筑空间，在不影响日常运检工作和员工生活的前提下，遵循“见人、见事、见精神”理念，利用图文展板、弧形大屏、实体设备及触控屏幕等载体手段，打造形象墙及综合展厅，配合形象片、宣传折页设计制作，集成展示古泉站承接战略落地的具体实践和卓越质效。

古泉站形象墙及门厅效果图

（2）运检专业优势，有机衔接。将智慧运检管控和数字化示范站建设作为古泉企业文化建设的强力支撑，系统优化展示动线，将古泉站设备区、全景智慧驾驶舱、主控楼与展厅有机衔接，分区分重点诠释古泉站五大功能定位。

（3）党建文化氛围，自然融入。以建党 100 周年和党史学习教育为契机，打造党史学习教育阵地，营造浓厚党建文化氛围，自然融入日常生产生活，促进党史学习教育成果转化为推动古泉站高质量发展的实际行动。

古泉站综合展厅效果图

党建氛围营造效果图

（三）主要成效

1. 整体品牌形象更靓

通过形象墙和综合展厅建设，实现了对古泉站工作亮点、特色做法、精神面貌的全面性、系统性展示，充分彰显了古泉站在承接国家及国网战略中发挥的不可替代的作用。“多层立体”展示环境的打造明显改善了工作环境、站容站貌，有效提升了整体形象，使古泉站成为检修公司、安徽电力有限公司乃至国网公司的一个靓丽窗口。

2. 安全生产形势更稳

始终将确保交直流混联电网的安全稳定运行放在首要位置，通过企业文化建设，强化广大职工共铸同心、目标同向、行动同步、责任同担的意识，不断夯实安全生产基础，落实精益管理举措，着力运检工作痛点，创新改进工作方法，为古泉站的安全平稳运行提供全方位的坚强保障。

3. 人员综合素质更强

通过吸取长三角先进经验，培育特高压直流专业人才，提升职工综合素质，进一步加强队伍凝聚力。通过强化价值引领，职工对企业的认同感不断加强，自身价值体现和企业价值实现高度融合，形成一支政治素养高、技术能力强、奋斗干劲足、创新有活力的人才队伍。

三 分析与思考

以企业文化标杆示范点建设驱动古泉换流站高质量发展是一项长期、艰巨的工作。接下来，将紧密围绕精心提炼的价值体系，带动职工群策群力，结合重难点工作，积极投身于价值体系的落地实践，持续提升员工的执行力和向心力，确保企业文化项目实施的质量和效果。

（项目完成人：杨栋、杨波、奚媛媛、孟梦、王安东、苏圆圆、曾润章、穆靖宇）

打造企业文化论坛　为实现跨越式发展聚力赋能

国网安徽物资公司（皖电招标公司）

建设先进的企业文化，是深入推进国网发展战略的基层实践、加快发展和做大做强的迫切需要，是发挥党的政治优势、建设高素质员工队伍的必然选择，是提高企业管理水平、增强凝聚力和打造核心竞争力的战略举措。国网安徽物资公司始终努力建设具有鲜明时代特征、丰富管理内涵、独特魅力活力的先进企业文化体系。作为建设先进企业文化体系的重要探索，企业文化论坛是以丰富职工内涵为目的，以“平等交流”的论坛为载体，包容各类贴合企业文化的文体内容，采取“请进来、走出去”等方式，多层次、多形式开展职工文化活动，分享知识和体会。

（一）工作思路

企业文化论坛是企业文化建设的重要载体，根据公司的统一部署，紧紧围绕企业发展战略，切实加强组织领导，结合实际，强力推进，通过持续的舆论引导，使企业先进的文化理念成为广大员工的共识。通过深入推行企业文化建设，使之真正成为企业外化于行、固化于制、内化于心的经营理念，提升了企业管理水平，提高了企业形象，增强了企业的市场竞争力，成为广大员工入脑、入心、入魂的思想观念，从而促进了企业生产经营，有力推动了各项工作的开展。

（二）具体措施

1. 以企业文化论坛为载体，夯实对党忠诚的信仰之基

忠诚是普通人的一种优良品质，更是中国共产党人必须具备的政治品格，是每个党员

入党宣誓时的政治承诺。“天下至德，莫大于忠”，忠诚始终是第一位的。习近平总书记强调，“要严把德才标准，坚持公正用人，拓宽用人视野，努力造就一支忠诚、干净、担当的高素质干部队伍。”公司始终将忠诚于党摆在所有工作的首位，将忠诚于党作为企业文化的核心，将对党忠诚作为企业文化论坛主题的重要核心。

借助企业文化论文这一载体，开展峥嵘岁月情景沙盘活动。让广大党员“穿越”回中国共产党诞生的前夜，作为党发展过程的亲历者和参与者，亲历党从萌芽到发展壮大，直到武装夺取政权，解放全中国，建立中华人民共和国的波澜壮阔的历史进程。峥嵘岁月百年史、不忘初心砥砺行，让广大党员身临其境感受党的光辉历程，检视入党初心。

将党建活动与企业文化论坛相互融合，让红色血液流入企业的肌体。组织 6 月和 7 月份入党的 15 名党员开展“同过政治生日，共忆百年初心”活动，共同观看红色历史《见证初心和使命的“十一书”》，重温入党誓词，并邀请在公司实践锻炼的西藏供电公司青年骨干结合自身见闻讲述西藏的解放史和发展史。通过同过“政治生日”提醒党员时刻牢记自己的“第一身份”，激励党员同志关键时刻顶得上、靠得住，充分发挥党员先锋模范作用。

2021 年 6 月 24 日，国网安徽物资公司开展“同过政治生日，共忆百年初心”活动

2. 以企业文化论坛为载体，弘扬劳模榜样的奉献精神

社会主义是干出来的，新时代是奋斗出来的。劳动模范和先进典型是公司不断前进的保障。公司借助企业文化论坛这一载体，始终弘扬忠于职守、敢于担当的奉献精神，强化局部服从整体、个人服从组织的大局观念，宣扬逢山开路、遇河架桥的开创行为。

通过企业文化论坛的形式，邀请全国劳动模范、国网工匠王开库以“坚守初心使命、弘扬爱国情怀”为题，结合自身感悟，就百年奋斗史成就中华民族伟大辉煌、伟大建党精神、以史为鉴开创未来的“九个必须”进行深刻解读。王开库结合自身在送变电工作岗位的切身经历，谈到以史为鉴、开创未来需要发扬的特别能吃苦、特别能战斗、特别能奉献、特别能忍耐的“四特”精神。

在微信公众号开辟企业文化论坛专栏，专题介绍公司党委党建部主任徐波同志参与

2021 年 7 月 23 日，国网安徽物资公司邀请全国劳模王开库以
“坚守初心使命　弘扬爱党情怀”为题开展专题宣讲

“东西人才帮扶”计划，告别熟悉的家乡和热爱的亲人，远赴四千公里外的祖国边陲参与阿克苏地区电力基础建设的事迹。

3. 以企业文化论坛为载体，激发青年骨干的向上动力

青年员工是保证企业可持续发展的生力军，构建优良的青年员工队伍关系到企业的长远发展。如何将企业文化与青年员工之间产生同频共振，需要借助企业文化论坛形式。

公司通过企业文化论坛，为青年员工搭建创新创意比拼的舞台，推动公司创新成果转化和孵化，储备创新课题、培养创新人才。公司青年员工深入思考业务痛点难点，积极踊跃报名公司组织的第一届创新创意大赛，吸引 21 个优质课题参加，现场发布精彩纷呈，高潮迭起，评委给每个参赛项目进行点评，指出不足，给出提升方向。

2021 年 2 月 5 日，国网安徽物资公司组织第一届创新创意大赛

习总书记的“七一”重要讲话精神振聋发聩、意义深刻，为把习总书记对青年的期盼和教导转化为青年奋进的动力，公司借助企业文化论坛组织“物资青年说”活动，观看了视频重播，学习讲话原文，青年员工朗诵了在庆祝大会上共青团员和少先队员代表集体致献词，学习省公司团委《不负时代　不负韶华　争做实现中华民族伟大复兴先锋力量》的倡议书等内容。公司青年员工结合岗位踊跃发言，积极谈学习感悟、工作思考，并对公司发展献言献策。

4. **以企业文化论坛为载体，把牢廉洁从业的纪律红线**

公司立志建设“清风充盈”的企业文化，坚持以构建惩防体系为统领，以提高拒腐防变能力为根本，时刻把纪律和规矩挺在前面，切实增强廉洁从业的主动性、自觉性和坚定性。

公司纪检委员张会玲讲授《鉴史倡廉——学党史．温廉史》专题讲座，将党史学习教育与党风廉政建设进行结合，梳理中国共产党自成立伊始至百岁华诞不断探索建设廉洁政府、奋力书写人民反腐败历史答卷的伟大历程，以“党史”激发爱党情怀、以“廉史”营造尚廉氛围。

2021 年 4 月 26 日，国网安徽物资公司开展《鉴史倡廉——学党史·温廉史》专题党课

组织全体职工赴“清廉皖电”廉洁教育基地参观学习，认真参观“百年党史”“清廉皖电”“警钟常鸣”“廉洁文化”四个专题篇章。通过“百年党史”篇章重温了中国共产党自诞生之日起就把严格纪律写在自己的旗帜上，不断推进党风廉政建设工作的伟大历程。通过“清廉皖电”篇章了解国网安徽电力努力建设“清廉皖电”，在走出一条具有时代特征和公司特色的廉洁之路中所取得的成就。在“警钟常鸣”篇章观看周永康、薄熙来等人违法犯纪、当庭受审的录像，提醒党员干部时刻保持清醒头脑，时刻绷紧纪律之弦。“廉洁文化”篇章欣赏了系统内同事开动脑筋、展示才艺所作的丰富多样的廉洁文化作品。

（三）主要成效

1. 党建工作进一步提升

通过与党史学习教育活动的融合，公司企业文化论坛成为公司宣传党史、学习党史的主要阵地和关键途径，不断通过“请进来”“走出去”，邀请一批劳模学者，参观一些党史实地，进一步夯实物资公司思想阵地。

2. 奉献精神进一步彰显

通过“见人见精神”邀请全国劳模来公司宣讲，通过发掘身边的先进典型，在公司上下营造浓厚的比学赶超氛围，为公司开展的各项中心工作提供模范样板。

3. 创新意识进一步增强

物资公司正处于转型发展的关键时期，在这个机遇与挑战并存的关键时期，公司全体职工通过企业文化论坛不断增强创新意识，不断解放思想，打破固有思维的束缚，不断在工作中迸发新思路、探索新方法，为公司数字化转型发展作出贡献。

4. 清廉之风进一步充盈

将企业文化论坛与廉洁教育相融合，多措并举推动廉洁教育活动月，让清廉之风充盈公司，为公司启航下一个百年征程打好廉洁基础，提供廉洁保障。

三 分析与思考

企业文化是“兴企之魂”，办好企业文化论坛是公司凝心聚力，不断向前发展的“必由之路”。物资公司企业文化论坛从开始策划阶段就始终坚持为职工赋能，为发展聚力，努力为广大员工所接受并达成共同意愿，更好地发挥导向和激励作用。

对公司广大职工而言，培育和践行企业文化是一项长期的、重要的系统性工程，需要公司全体职工的共同参与。我们必须充分认识到以企业文化论坛为载体引领物资公司企业文化建设对公司数字化转型和员工个人自身发展的重要意义，从大处着眼，从小处着手，为物资公司企业文化建设贡献应有的力量。

（项目完成人：陈煜、徐宝华、薛正垠、张会玲、陈琛、周传培、章言鼎）

对标一流专业
专注全面打造“徽木兰”办公服务文化品牌

安徽光明物业公司

一 案例背景

近年来，国家电网公司和安徽电力有限公司积极贯彻党中央决策部署，发展日新月异，标准日益提高。国网安徽省电力有限公司（以下简称“省公司”）党委全力组织等高对接沪苏浙，深入落实“一体四翼”战略布局，奋力实施“一体三化”现代能源服务，向一流看齐、向标杆对标，形成上下联动、齐抓共抓的良好格局。作为省公司直属后勤服务保障单位，光明物业公司（以下简称公司）准确识变、主动应变，抢抓机遇、顺应形势、凝聚合力，进一步增强大局意识、全局观念，树立步调一致、协同作战的思想，增强“上一道工序为下一道工序服务”的意识。聚焦省公司发展目标，强化衔接联动，以“两专三化”为路径，全面提升卓越服务，在助推全方位、全要素做好后勤服务保障支撑省公司发展工作中展现更大担当、发挥更大作用。

二 案例内容

（一）工作思路

认真落实国家电网公司企业文化示范点建设要求，以“我心光明”为主题，以“全心全意、精益求精”为工作理念，以“省内第一、业内领先”为目标，努力打造“服务优质、机制创新、管理科学、功能完备”的综合性一站式服务平台，全面创建“徽木兰”光明服务品牌。

“徽木兰”办公服务文化品牌的“徽”有两层含义，既为安徽地域名，谐音又同“辉”字，寓意光明，“兰”为花中君子，意为美好高雅，高尚的人格品质。这支由女性职工组成的“徽木兰”办公服务团队，在积极发挥细心、周到、耐心、韧性的特质上更具优势，更能较好地展示后勤服务保障一线工作者的良好精神面貌，进一步增强广大员工对公司的归属感、认同感，着力发挥品牌文化优势在促进公司高质量发展中的重要作用。

（二）具体措施

1. 对标一流、敢为人先，等高对接沪苏浙提升服务力

（1）提高智能化服务力。完善“一站式”办公服务功能，整合服务资源，实行集中管理，实现业务办理更加快捷、高效。积极运用全国 QC 发布成果，推动视频监控和测温管理向无感知智能化转变，有效杜绝安全漏洞。在等高对接沪苏浙中，提升工作标准，立好标杆、奋力赶超，着力为安徽电力后勤一域添一彩。

2020 年 6 月 19 日，“徽木兰”服务礼仪展示

（2）提升会场服务水平。科学系统开发会议服务标准化课件，补足标准化实操教学课件，丰富示范教学在线学习资源，提升会场服务能力水平，促进办公服务标准化、智能化、规范化，推进形成系统会服标准样板，提升服务品牌影响力。

2. 同向聚合、服务中心，着力打造“徽木兰”品牌

（1）推进品牌宣传影响力。聚焦重点服务品牌，加强宣传筹划力度，建立公司、部门双层面宣传架构，强化宣传公司服务新举措新成效、探索“党建＋服务”体系运营，推动党建优势转化为促进服务工作的新动能。

（2）打造善作善为品牌形象。用专业服务水平打造品质服务形象，注重细节质量把控，确保小事做好、大事做实，培育员工对优秀企业文化的价值认同、情感认同和行动自

2021 年 4 月 22 日，开展办公服务礼仪培训

觉，不断完善体制机制，提高管理水平，深植诚信服务文化。

3. 坚持破立并举、不拘一格，创造增值服务

(1) 拓宽通道，培育创新原动力。通过外邀专业老师、外送委培、内部竞技等方式，提升专业培训质量，着重加强员工专业技能培训和职业素养提升，拓展延伸一线服务人员综合素质培训，推进服务队伍职业化、服务技能专业化，夯实基础理论培训、实操培训，通过“传、帮、带”现场实际操作技能培训，帮助员工快速提升技能水平。

(2) 树立标杆，加强基础管理，建立长效规范机制，每日碰头制度、多岗位轮岗制度，加强绩效考核管理。召开班组会和服务质量分析会，开展年度优秀员工评选活动，落实应急管理，细化形成行之有效、执行有力的应急管理制度。完善个人绩效评估考核制度。将服务质量、客户满意度、团队建设、仪容仪表等考核内容作为个人绩效考核目标。

(三) 主要成效

1. 服务满意度指标进一步提升

国网安徽省电力有限公司本部各部门满意度测评，2018 年满意度 99%，2019 年满意度 99%，2020 年满意度达到了 100%。

(1) 2020 年办公服务中心首席团队满意度总体平均水平为 99.8 分。服务质量全面提高，员工工作积极性得到大幅提升，所有大型会议、重要接待等各项服务质量得到大幅提升，会议签到由原来的 3 分钟缩短至 1 分钟，一卡通办理由原来的 5 个工作日缩短至 1 个工作日，且均在可控范围。创建期间，关键客户关键指标对比提升情况。

序号	改进点	调查方式	现状值	目标	活动结果	责任人
1	服务及时响应速度	数据统计	70%	大于 96%	98%	汪兰萍
2	投诉数	数据统计	8 次	少于 2 次	1 次	刘　娜
3	员工一卡通办理周期	数据统计	2 个工作日	7 小时内	5 个小时	贾　杰
4	班组职工凝聚力提升情况	调查问卷	65%	大于 95%	97%	汪雨珍

（2）实现人脸识别会议系统签到。签到时间实现 100 人到 200 人会议管理，由原来的 70 分钟缩短至 40 分钟，200 人到 300 人的会议，由原来的 110 分钟缩短到 60 分钟，工作效率大为提升。

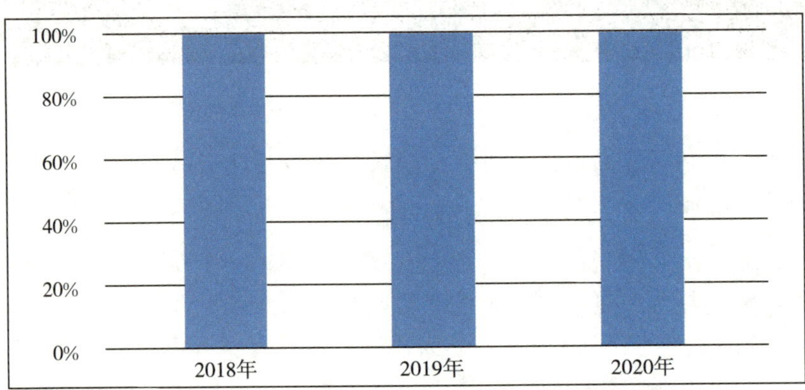

首席团队满意度

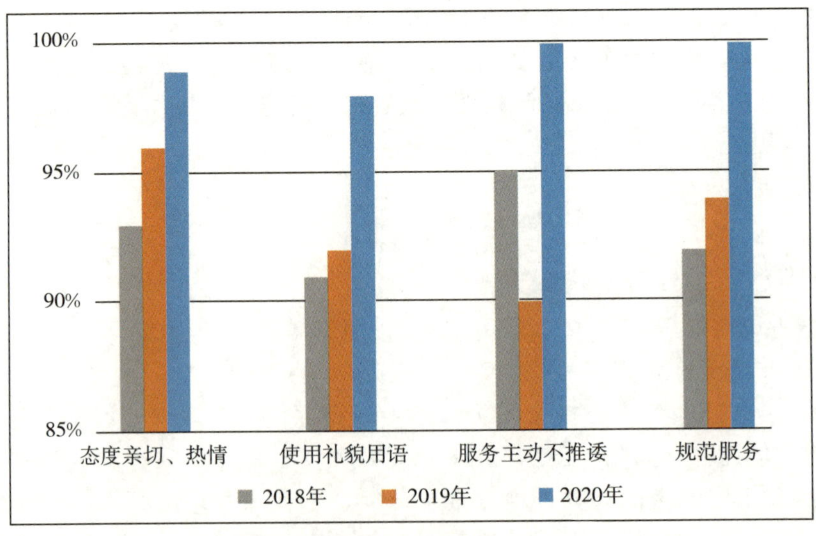

首席团队规范服务各项指标满意度

（3）运用 PDCA 循环深入改进服务质量。开展 QC 活动和群众性技术创新活动，实现创新创效，解决团队实际难题。课题《智能会议服务管理系统研制》获国网安徽省电力有限公司 QC 成果二等奖。

（4）楼宇管理和应用更加智能化。推进落实电网调度大楼楼内环境空气检测。利用 LOT 物联网技术，实现了本部各楼层净水设备状态实时监测。统筹楼宇内智能硬件数据，研究开发物业智能管理，促进通信网络蓝牙定位和物联信息等技术得到有效应用。

2. 团队服务能力得到全面提升

（1）推进无纸化办公，提升保障能力。按照国网公司建设智能电网要求，配合建立运行智慧后勤信息平台及相关需求研究和实施工作，开发运行会议人脸识别签到、语音播报系统、电子席卡，提升了会议管理和服务满意度，使会议管理时间压缩了 45%。

无纸化会议签到流程图

（2）特色分组活动，提升团队凝聚力。为更好地体现会议班组文化生活的多样性，建设团结友爱、凝心聚力、健康向上的优秀团队，使员工充分展示自身在工作中的特长和优势，更好地服务于本职工作，特成立了抖音视频组、卫生检查组、培训组、仪容仪表组、强身健体组、创新组等 6 个特色小组，推进专项团队建设，营造浓厚文化氛围。

3. 品牌文化创建促进幸福指数提升

“徽木兰”服务文化品牌深入人心，全体员工紧密团结，齐心协力努力工作，共同奋进，在实现自身价值同时，也找到了工作与生活的平衡点。员工近三年幸福指数逐年提升。

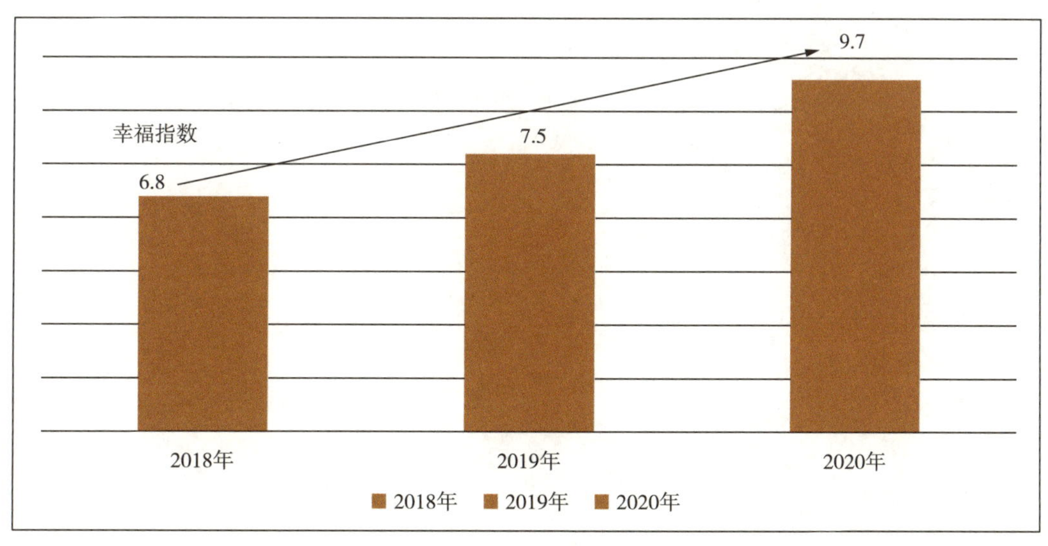

员工近三年幸福指数

2020 年 7 月 1 日，团队服务文化建设

三 分析与思考

（1）坚持文化铸魂入脑入心。高举党的旗帜，弘扬党内政治文化、践行社会主义先进文化、传承革命文化、丰富优秀传统文化内涵，开展岗位技能培训，不断增强服务意识。以"两专三化"和"四力"传播公司精神、价值力量，引领公司改革发展行稳致远。

（2）坚持文化赋能服务领先。挖潜卓越服务价值创造能力，明确自身定位，树立良好道德品质，健全工作格局、树立品牌文化榜样、深化项目管理、提升工作质效，锻造与沪苏浙企业相适应的文化教育软实力，为公司发展注入新动能。

（3）坚持文化融入融深融细。以共建共享美好生活为目标，加速推动公司文化融入专业管理、融入一线工作、融入员工行为，发挥辐射导向和激励约束功能，有力推动公司后勤保障卓越服务力打造。

（项目完成人：刘华兵、朱晓军、俞琳俊、李一飞、汪雨珍、贾杰、汪兰萍）

加强思想政治工作针对性实效性

打造党建创新实践基地
激发思想政治工作新动能

国网合肥供电公司

一 案例背景

思想政治工作是其他一切工作的生命线，是国有企业的独特政治优势。近年来，国网合肥供电公司在加强思想政治工作上做了一些有益探索，如实施先进典型引领工程、开展互联网+员工思想动态调研等，取得了一定经验成效，但由于思想政治工作是一种无形的工作，少部分基层党组织仍存在载体不够丰富，抓而不实、抓而无力的现象。

近日，中共中央、国务院印发《关于新时代加强和改进思想政治工作的意见》，指出要坚持守正创新，推进理念创新、手段创新、基层工作创新，使新时代思想政治工作始终保持生机活力。公司认真学习《意见》精神，深化打造党建创新实践基地，为基层提供思想政治工作平台，从整体上不断提升基层工作水平，提升企业员工的凝聚力和向心力。

2021 年 6 月，国网合肥供电公司党建创新实践基地建设完成并投入使用

二 案例内容

（一）工作思路

公司坚持把思想政治建设放在首位，在建党百年之际，高标准建成集党性教育、政治历练、经验交流等功能于一体的党建创新实践基地（以下简称党建基地），以规范化的阵地教育增强学习体验感，以丰富化的实践锻炼培养员工使命感，以实效化的创新成果激发员工自豪感，不断提升干部员工的思想作风、能力素养和工作本领，激发思想政治工作新动能，引领公司上下在改革发展新征程中进一步坚守初心、共筑同心、提振信心。

基于党建创新实践基地的思想政治工作新模式

（二）具体措施

1. 全力建成一体化的党建基地，营造党的生日仪式感

2020 年 8 月，公司正式启动党建基地建设项目。在广泛征集党员群众需求诉求的基础上，召集内外各专业力量，成立环境建设、财物支撑、材料整理、专家指导、安全保障等五个专项工作组，定期研究、讨论、推进党建基地建设。经过近一年的筹备建设和打磨完善，全面打造完成，基地使用面积 810 平方米，设有旗帜领航、战略推进、初心践行、廉政教育、匠心传承和创新角等 6 个区域，是集党史学习教育、党风廉政教育、志愿服务、员工培训、品牌建设、创新创效、经验交流等多功能于一体的员工思想教育综合性平台。2021 年 6 月，党建基地正式投入使用，为庆祝党的百年华诞营造了浓厚的氛围感、仪

式感。

2. 广泛开展规范化的阵地教育，增强学习体验感

党建基地是公司思想政治教育的主要阵地。结合思想政治工作重点，公司基地各区域设置了党史学习教育、习近平新时代中国特色社会主义思想、中央重要会议精神、美好安徽建设、国网战略承接落地、党风廉政教育等学习专区，为思想政治教育搭建了高效的学习平台。通过采用电子屏、活动展板等形式，实现学习内容不断丰富、更新和延伸。邀请党校专家审核把关，组建专业解说团队，确保内容准确、讲解规范。利用互动式答题、沉浸式观影、对话式学习等方式，增强学习体验、学习效果。

自投入使用以来，公司各级党组织在党建基地广泛开展“四史”专题学习、廉政教育培训、三会一课、主题党日等活动。“七一”党的生日之际，公司领导班子成员带领新老党员浸润在红色氛围中，面向党旗，庄严宣誓，广大青年在基地集中观看庆祝中国共产党成立100周年大会。通过一系列全面规范、重点突出、形式多样的学习教育，广大党员群众在思想上得到了洗礼，精神上得到了升华，进一步坚定了初心使命和理想信念，坚定了听党话、跟党走的信念和决心。

七一前夕，国网合肥供电公司领导班子带领新老党员重温入党誓词

3. 扎实推进丰富化的实践锻炼，培养员工使命感

党建基地是思想政治教育与实践相结合的锤炼平台。公司在初心践行、匠心传承、创新角等区域设置忠旗共产党员服务队队部、智慧党建、实训教学、青创平台等实践区，引导广大党员、青年将学习付诸实践，切实做到学思用贯通、知信行统一。

忠旗共产党员服务队队部是服务队策划开展重大政治保电、应急抢修、志愿服务等实践活动的场所，也是广大党员锤炼党性修养、践行初心使命的主要阵地。自启用后，公司领导班子带头参加“学党史、担使命、办实事、惠民生”主题队日活动，推动落实“我为群众办实事”事项清单。服务队积极策划开展“学光辉党史，访红色足迹”“忠旗驿站服务大家”等实践活动，举行百座社会联络站座谈会，切实增强广大党员、青年践行初心

使命的行动自觉。

2021 年 6 月 7 日，国网合肥忠旗共产党员服务队开展
“学党史、担使命、办实事、惠民生”主题队日活动

在智慧党建、实训教学、青创平台等实践区，各基层党组织扎实开展党建工作研讨、安全技能演练、劳模直播课、青年大讲堂等系列活动，引导广大员工进一步强化使命担当，全面提升岗位履职能力。

4. 深入凝练实效化的创新成果，激发员工自豪感

党建基地是公司创新成果的孵化展示平台。围绕党建、思想文化、党风廉政、人才队伍建设等板块，公司以基地为载体，组建 10 支创新实践柔性团队，聚焦改革发展中的重难点问题，指导各基层党组织开展“党建＋”工程项目 53 项，实施青年人才托举、先进典型引领等工程 7 项，推进思想文化项目 2 个，创新开展“党史百年大家讲”“听典型说党史　学典型办实事”等系列活动，创办《爱莲说》廉洁刊物，引领广大干部职工攻坚克难、创新示范，形成了一批创新做法、示范项目、典型案例等成果。

在基地各区域，公司以大屏、展板等形式集中展示改革发展成果和成就，组织各基层党组织相互交流、开阔思路，充分激发员工的荣誉感、自豪感，激发改革创新动力，为公司高质量发展凝聚强大力量。

（三）主要成效

（1）提高了广大员工参与思想政治学习的积极性。党建基地启用后三个月内，各基层党组织组织开展学习教育、技能培训等活动近 60 次，实现了全员覆盖，受到党员群众的广泛欢迎。广大员工纷纷反映，在党建基地进行沉浸式学习相较于以往更规范、更直观、更有氛围感、更具互动性，大家更乐于参加这样的思想教育，也更有收获和启发。

（2）增强了广大员工将思想学习转化为实际行动的自觉性。公司员工积极参加忠旗共

2021 年 6 月 24 日，国网合肥供电公司党风廉政柔性团队研讨刊发第四期“爱莲说”刊物

产党员服务队、援豫抗洪抢险等实践活动，高质推进 306 项“我为群众办实事”重点事项清单。服务队服务乡村振兴事迹获安徽电视台“我为群众办实事”专题报道，公司援豫事迹获人民日报、央视新闻、共青团中央公众号等媒体报道。在国家电网公司表彰中，公司被授予“援豫抗洪抢险保供电突击队”称号，员工祁鸣获“河南特大暴雨抗洪抢险保供电先进个人”。

（3）激发了思想政治工作新动能，提升了整体工作水平。各基层党组织依托党建基地、柔性团队等载体，不断丰富思想政治工作手段和方法，涌现了“五心服务理念”等一批好的做法，孵化了一批创新创作成果，其中，1 项成果获全国电力巡检技术创新应用“金巡奖”，1 个创新项目获省电力公司青创赛金奖，2 篇精品微党课，21 部微电影、微廉课及多个书法、绘画作品获省电力公司表彰。

三 分析与思考

打造党建基地是公司适应新时代新形势的发展，加强和改进公司思想政治工作的一项创新举措。《关于新时代加强和改进思想政治工作的意见》中指出，加强各级各类党员教育培训基地、爱国主义教育基地的规划建设和管理使用，建设基层思想政治工作示范点。为此，公司将进一步健全完善党建基地管理使用长效机制，在加强党员教育培训、基层思想政治工作上持续发挥有效指导作用。立足满足党员群众建议诉求和实际需要这个出发点，公司也将定期征集党员群众的意见建议，持续更新完善党建基地建设，使其永远跟上时代发展和员工需要。

（项目完成人：胡晓非、杨春波、孔令勇、程斌、许竹发、杨翼、王苗苗）

打造“四色”课堂　凝聚公司发展强大精神动力

国网淮南供电公司

2021 年 2 月，中共中央印发《关于在全党开展党史学习教育的通知》，在全国范围内掀起党史学习思潮。淮南供电公司在部署推进党史学习教育的过程中，学而后思，认识到强大的精神动力是企业蓬勃发展的力量之源。聚焦当前思想政治工作存在针对性不强、实效性较弱等短板问题，淮南供电公司积极探索思想政治工作新路径，结合党史学习教育和公司实际情况，打造“四色”课堂，通过扩大群体、拓宽渠道、丰富内容、增强效力，为公司高质量发展凝聚强大精神动力。

（一）工作思路

淮南供电公司以上率下，紧贴实际，有机融合“学、思、悟、践”，在思想政治建设上，从不同维度打造特色课堂。“红色”课堂，以弘扬红色文化、传承革命精神为目标，夯实广大职工的理想信念根基。“绿色”课堂，以弘扬奉献精神、服务人民群众为目标，提升广大职工的实践探索能力。“金色”课堂，以弘扬劳模精神、学习先进典型为目标，激发广大职工的强大奋进力量。“灰色”课堂，以弘扬廉洁文化、提升底线意识为目标，筑牢广大职工的安全廉洁防线。公司充分借助党员服务队、党员示范岗、责任区等载体，把思想文化建设垂直向下渗透入基层。

（二）具体措施

1. 走进“红色”课堂，赓续革命精神

一是“实境”式学党史，充分利用本地红色资源，结合“五四”青年节等特殊时间节

点，广泛开展“主题党日”“主题团日”活动，组织公司职工参观凤台县板张集烈士陵园、新四军纪念林陈列馆、寿县小甸集特支纪念馆等红色教育基地，重温入党誓词，瞻仰革命先烈的英勇事迹，身临其境学党史，接受精神和思想上的洗礼。

二是“实讲”式悟思想，积极搭建“青年说党史”等平台，举办“党史大讲堂，青年新担当”等主题活动，通过诵读红色家书、分享党史故事、对话革命先辈等多种形式感悟革命情怀，增强信心信念。在“七一”当天，组织员工观看庆祝中国共产党成立 100 周年大会直播，会后交流观后感悟，在感悟中追初心使命，蓄前进动力。

2021 年 3 月 25 日，国网淮南供电公司组织青年员工参观凤台县板张集革命烈士陵园

2. 开展“绿色”课堂，永葆服务初心

坚持围绕中心、服务大局，积极开展“我为群众办实事”实践活动，把初心教育融入为民服务过程。

一是党支部带头，优化服务矩阵。公司营销部及网格中心建立“党支部书记＋客户经理”“班组长＋供电所长”的网格化服务矩阵，开展“本地化服务渠道推广”专项行动，积极拓宽本地化服务渠道，打通服务最后一米。

二是党员带头，列出服务清单。组织营销专业党员开展“建功优服务”专项行动，认真梳理近年来涉及停电等敏感诉求客户信息，通过全面走访、电话回访的形式，实现一对一、点对点服务，切实解决客户办电难题。

三是服务队带头，提升服务品质。组织营销专业党员服务队分片建立微信群，广泛开展政策宣传，及时发布停电信息、原因、进度等重要信息，实现第一时间有途径、有保障、有效率地解决问题，全力提升服务品质。

3. 聆听“金色”课堂，思齐先模榜样

一是宣讲劳模故事，激发干事热情。开展“永远跟党走　建功新时代”劳模大讲堂活动，组织公司各单位共 76 名员工参加此活动。特别邀请全国劳动模范汪敏、全国五一巾帼标兵樊荣、中央企业劳动模范翁东波等先进典型代表，通过让劳模“唱主角”，亲身讲

2021 年 5 月 20 日，国网淮南供电公司共产党员服务队
在大通区九龙岗供电社区宣传安全用电常识，推广线上缴费方式

述自己的奋斗故事和成长历程，以榜样为灯，烛照广大干部职工立足岗位、踏实工作。

二是感怀先辈事迹，传承淮电精神。组织员工登门拜访党龄 48 年、曾经的能源部劳动模范丁福友，聆听丁老现场讲述党史和企业发展史，重温几代电力人接续奋进的奋斗史，感受老一辈电力人“一寸丹心向日明”的高尚情操，激励广大员工敢于有梦、勇于追梦、勤于圆梦。

2021 年 4 月 15 日，国网淮南供电公司组织
青年员工拜访拥有 48 年党龄、原能源部劳动模范丁福友

4. 建设“灰色”课堂，写好廉洁篇章

一是学习“三个以案”，组织公司员工认真学习公司纪委办推送的月度精编廉洁宣传单，认真参加基层党支部开展的季度廉政教育课，定期邀请市纪委监委或省公司纪委有关

专家为干部职工开展专家讲座。

二是紧扣时间节点，组建公司廉洁监督员队伍，在重要节日期间配合纪委办开展行风作风专项监督，有机开展廉洁教育，学案例、提要求、防一线、查现场，提升员工廉洁意识，筑牢基层一线廉洁防线。

三是严防关联交易，开展员工亲属经商办企业专项治理，坚持当下改和长久立相结合，标本兼治，"查、核、改、治"四步走，杜绝"三指定""干私活""电力中介""利益输送""靠企吃企"等违规违纪行为。

2021 年 2 月 2 日，国网淮南供电公司组织开展职工代表最喜爱的廉洁文化评选活动

（三）主要成效

一是创造良性氛围，浇筑思想文化建设的坚实基础。结合公司党史学习教育方案，在全年的几个重要时间节点策划党史学习教育主题活动，让广大职工尤其是青年职工通过听、说、诵、写等方式全方位调动感官，沉浸式学习党史，从党史学习中汲取养分，锻造人格，坚定积极昂扬的奋斗信念。自党史学习教育开展以来，公司借助内网主页报道基层学史动态，刊登职工学史心得，各单位争相分享做法，同时借鉴创新开展党史学习教育活动，形成良性循环。

二是拔高综合素养，拉紧职工精神风貌的隐形纽带。搭建劳模大讲堂，让职工通过听劳模故事，在劳模的成长经历中思考奋斗方向、启发工作方法。打造金牌服务队，充分发挥党员服务队的服务先锋队伍，广泛发动职工加入服务队伍，在实践中增强服务意识，了解客户诉求。绘制廉洁宣传板，常态开展职工廉洁教育，划清底线，警钟长鸣，让职工时时听"清心咒"。在省公司举办的"百年华诞·七个一百"清廉皖电廉洁文化创建活动中，公司共有 18 件作品分获一、二、三等奖。

三是凝聚向上合力，打造企业阔步发展的强劲引擎。公司通过"四色"课堂，鼓舞职工干劲，深化"三先"理念，树立踏实肯干、爱岗奋斗的文化导向，形成了勇担当、争上游的工作氛围，涌现了一批先进集体和个人，为公司跨越发展提供正向助力。在公司庆祝中国共产党成立 100 周年主题党日活动上，对公司 10 个先进基层党组织、47 位优秀共产党员和优秀党务工作者、3 支优秀共产党员服务队。

三 分析与思考

一是要提升思想政治工作的凝聚力，必须立足公司实际，做好因势利导。受到城市发展落后等客观因素影响，公司广大青年职工离准意愿比较强烈，攻坚克难意识不强。只有及时掌握职工思想工作状态，针对青年特点开展“专题讲座”“谈心谈话”等精准思想引导，充分发挥广大职工“主人翁”意识，才能达到凝心聚力的效果。

二是要提升思想政治工作的感召力，必须用好媒体平台，强化线上教育。新媒体已经成为职工日常工作生活中重要的组成部分，只有牢牢把握住“两微一端”及短视频平台等网络阵地，采用寓教于乐的方式将更加丰富的内容呈现给职工，才能不断提升思政工作效果。

三是要提升思想政治工作的亲和力，必须坚持以人为本，彰显人文关怀。只有带着感情工作，让职工做主角，与职工做朋友，用心用情为职工服务，多开展突出时代主题、职工热切期盼的各项活动，才能与职工建立真感情，真正提升思想政治工作亲和力。

（项目完成人：权勤升、刘婷婷、史梦迪、王银、孙莉娟、唐其）

多维融合　推进党史学习教育专题党课立体化

国网滁州供电公司

一　案例背景

习近平总书记在党史学习教育动员大会上强调，在全党开展党史学习教育要务求实效，要注重方式方法创新。党史学习教育有自身的特点和规律，要发扬马克思主义优良学风，坚持分类指导，明确学习要求、学习任务，推进内容、形式、方法的创新，不断增强针对性和实效性。要抓好专题学习、专题党课、专题民主生活会、专题培训，精心组织宣讲团开展专题宣讲，用好党的红色资源，让干部群众切身感受艰辛历程、巨大变化、辉煌成就。

2021 年 7 月 1 日，国网滁州供电公司供电服务指挥中心
党支部组织党员集中观看庆祝中国共产党成立 100 周年大会

二 案例内容

（一）工作思路

基于当前国有企业中党课内容存在枯燥空泛、载体创新不多、联系实际不够等现象，国网滁州供电公司对现状进行深入调研，发现传统的党课有些流于形式，“党味”不浓，一定程度上存在“以会代课”等现象，影响了党的创新理论和方针政策的传播落实。经过不断探索，创新推出由现场互动、云端多维融合的党课，推进党史学习教育专题党课立体化，筑牢公司系统党员群众思想阵地，为建设具有中国特色国际领先的能源互联网企业提供坚强的政治和思想保证。

（二）具体措施

1. 在授课方式上，推出党史学习教育专题党课“三种形式”

“现场党课”，让党课有“深度”。探访经典，走出去“学党史、悟思想”。举办科级领导人员集中轮训，在金寨干部学院和金寨革命博物馆开展现场沉浸式党课学习。组织市县公司300余名党员赴井冈山开展“经受红色洗礼、感悟井冈精神”红色教育培训，将“看、听、思、行”融为一体，让党史学习教育入脑入心入行。学思一体，静下心“办实事、开新局”。依托滁州地区红色资源，串联起电力系统学党史、讲党课的“红色线路”，形成“实景式党课”。结合开展“我为群众办实事”实践活动，公司共产党员服务队在半

2021年3月23日，国网滁州供电公司“亭满意”共产党员服务队对来安半塔皖东烈士陵园及周围线路开展特巡，保障该线路正常供电

塔烈士陵园开展党课教育，同时对基地内的照明、周边配电线路进行安全隐患排查，全力为教育基地提供安全可靠的用电环境，实现党课讲在“最后一公里”。

“互动党课”，让党课有“温度”。举办“百年回望，心声向党”音乐党史课，由公司11位支部书记担当主讲人，通过歌曲演唱、诗词朗诵等形式，讲述经典音乐作品及其背后荡气回肠的党史故事。音乐党史课实现了音乐作品因支部书记的讲述而丰满，带领与会党员回顾感悟历史时刻，做到音乐因故事而透彻，历史因声音而被铭记的授课创新。征集“百年回眸，滁电记忆”主题征文100余篇，公司员工结合自身工作经历和所见所感，真诚讲述自己与滁电同发展的宝贵经历。开展“百名党员百字感言”主题党日活动，350余名党员拿起纸笔，用质朴的文字向党深情告白，抒发了爱党爱国的真挚情怀。

2021年6月30日，国网滁州供电公司举办“百年回望，心声向党”音乐党史课

“云端党课”，让党课有“广度”。采取深挖编写一批、择优比选一批、集中录制一批的方式，打造“云端党课”。用优“线上”平台，利用公司微信公众号，先后推出《百年回眸　滁电记忆》系列采访视频、《百年追梦　逐光而行》滁电发展纪录片、《我的2008—难以忘却的记忆》《圆梦新时代》等音视频党课30余部，让一个个鲜活的滁电故事，一场场生动的讲述走上“云端”，方便党员随时随地收听、学习、查阅，为党员群众提供了全天候不打烊的学习“加油站”。

2. 在内容支撑上，开设党史学习教育专题党课“三大智库”

建立学习资料库。统一在各党员活动阵地设置党史学习教育书籍专柜，供党员群众借阅。设立“党史学习教育”特别策划专栏，将党史学习教育第一手资料及时传递给党员群众。

设立教案备选库。根据各支部的不同需求，针对性制定学习套餐，储备教案30余个，涵盖习近平新时代中国特色社会主义思想、党史学习教育专题、企业文化等数十个专题，推动全员参与、学有所获的浓厚氛围形成。

成立专家储备库。分层培育选树9名支部书记带头人，聚焦安全生产、提质增效、品质服务等6个类别实施党建三级联创项目，引领带动公司系统党支部书记能力素质提升。成立党建柔性团队，开展党史学习教育专题党课内容设计、编写和讲授。

2021 年 6 月 28 日，国网滁州供电公司基层党支部书记
在来安半塔烈士陵园开展沉浸式专题党课讲授《圆梦新时代》

3. 在营造浓厚氛围上，探寻党史学习教育专题党课“三个层面”

领导领讲。把党史学习教育专题党课授课作为公司各级党组织开展调查研究、密切联系群众、传播先进思想的有效方式。公司领导人员深入组织关系所在党支部及党建工作联系点讲授专题党课 14 次，开展思想政治调研工作，与基层一线党员群众面对面、心连心交流，答疑解惑。

专家精讲。邀请安徽省委讲师团成员王青、卓爱平教授为公司党员干部作党史学习教育专题党课。公司各级党支部围绕在滁州发生的党史重要事件、滁电百年发展史等主题，拍摄 7 部精品党课，并发布在公司主页。

2021 年 6 月 28 日，国网滁州供电公司邀请安徽省委讲师团成员、
原中国人民解放军陆军军官学院教授、硕士生导师卓爱平教授讲授党史学习教育专题党课

党员竞讲。举办“青说党史”活动，20余名青年党员代表走上讲台，讲述党史故事，分享感悟。拍摄以16位电力工作者讲述自己与滁电同发展经历为主题的采访视频，利用公司微信公众号平台每天推送。通过广泛开展“微党课”“主题党日”“青说党史”等活动，鼓励党员群众积极竞讲，40位基层一线普通党员走上讲台，推动党史学习教育入脑入心。

（三）主要成效

围绕党史学习教育，党课内容走深走实更“圈粉”。开设“现场党课”，从“照本宣科”向“情景浸入”转变。与“我为群众办实事”实践活动深度融合，每个所属支部均有各自特色的“接地气”情景党课，让党员在现场党课中听得懂、学得进、用得上。

坚持党建引领，推进党建与业务深度融合。支部书记、普通党员走上讲台担任党课主讲人，形成“人人当老师、个个做学员、相互为听众”的互动党课，通过备课、讲课的过程，使基层党员不断深化对党的重大理论知识的学习和理解，进一步增强党性，强化职业精神。2021年公司策划拍摄的《我的2008——难以忘却的记忆》精品党课荣获省公司“十佳优秀微党课”。

“线上+线下”，创新党课学习形式聚人气。“线上”打造“云端党课”，录制“微视频”，讲好“小而精、短而新”微党课，方便党员随时随地收听、学习、查阅；“线下”分享学习感悟，征集“百名党员百字感言”，让理论深入人心、给人启发、指导实践，公司凝心聚力、干事创业氛围日益浓厚。

三 分析与思考

多维党课的创新与实践，是理论武装思想的根本要求。推出多维党课最根本的任务就是扎实有效推进党史学习教育，组织、引导广大党员群众学懂、弄通、悟透党的新理论、新知识，在思想上同党中央保持一致，坚决做到“两个维护”。

多维党课的创新与实践，是提升党建工作水平的重要举措。通过丰富、生动、有效的党课讲授，在国网滁州供电公司系统形成全员学习的良好氛围。通过持续开展思想政治和形势任务的教育，坚定党员群众的政治信念。

多维党课的创新与实践，是推动党建与业务相融互促的平台载体。支部书记、党员通过党课讲述，梳理并解决党建工作和业务工作中的一些重点难点问题，有效促进公司系统党员群众的成长进步。

（项目完成人：魏倩霓、苏雪娟、裴雯、宫建峰、陈滢滢、盖春阳）

“四步法”助推思想教育出实效

国网宿州供电公司

一 案例背景

思想政治工作是我们党的优良传统、鲜明特色和突出政治优势，是一切工作的生命线。为深入贯彻落实《关于加强和改进思想政治工作的意见》，不断提升思想政治工作实效，国网宿州供电公司以党史学习教育为契机，探索开展思想政治教育的方法，对公司广大党员干部在思想上引路，在作风上引导，在模范作用上引航，进一步凝聚思想共识，汇聚强大合力，着力打造一支坚强有力的员工队伍。

二 案例内容

（一）工作思路

国网宿州供电公司坚持围绕中心、服务大局，充分发挥先进典型等资源优势，创新实施“四步法”（思想引领、作风建设、典型传承、破解难题）思想政治工作模式。通过四点发力，全面加强公司企业文化建设，着力提升思想政治教育工作实效，为推动公司高质量发展提供坚强保障。

（二）具体措施

1. 突出思想引领，构建一体化思想传播体系

（1）开展基层宣讲，打牢思想基础。由许启金等先模典型，牵头组织 22 名党支部书记成立党史学习教育宣讲团，深入基层站所、生产一线、青年课堂，宣讲百年党史和党的创新理论，分析公司发展形势，讲清工作任务，明确工作要求。通过宣讲，引导公司员工

查思想、查作风、查落实，找准差距不足，明确努力方向，激励广大党员干部进一步强化身份意识，主动担当作为。

2021年4月9日，国网宿州供电公司员工、全国劳模廖志斌
在砀山县供电公司宣讲党史知识、分享成长经历

（2）建强宣传阵地，壮大主流思想。充分运用形势任务教育读本，开展支部书记大宣讲活动，面向全体员工开展形势任务教育，强化思想引领。紧紧围绕学习贯彻习近平总书记重要讲话精神，每周从人民日报、新华社、《求是》杂志等主流媒体精选2篇主流观点转载在公司网站、微信工作群，确保干部职工及时了解掌握相关政策和要求，进一步统一思想观念，坚定政治方向。

2. 强化作风保障，锤炼“严细实快”工作作风

印发《关于推进“严细实快”工作作风建设的意见》，组织开展学习讨论、专题培训、座谈交流、自查整改等活动。等高对接沪苏浙，组织党员干部赴浙江嘉兴等地交流学习，着力破除陈旧思想、惯性思维，塑造“严细实快工作”工作生态，激发敢于担当、勇于作为的工作热情，为坚定实施“一体三化”现代能源服务提供坚强作风保障。

（1）坚持“严”字当头，强化严格规范。要从思想上坚持凡事从严的工作态度，行动上坚守工作标准和底线。增强责任意识，做到心有所畏、言有所戒、行有所止。坚持制度管人、流程管事，形成高效的工作运转机制。具体就是严守法纪、严格履职、严抓严管、严格标准。

（2）坚持“细”处入手，树立精致思维。要培养周密细致的工作习惯，从细节入手，从点滴抓起。学习工匠精神，把每项工作、每个环节都做到位，做到守土有责、办事尽责。具体就是精致思维、精工细作、细化实施、协同配合。

（3）坚持“实”处着力，确保落实到位。要掌握实事求是的工作方法，根据事物发展的客观规律，抓主抓重，解决实际问题。坚持分清责任，主动深入思考，层层传导压力，确保责任落实到位。具体就是实事求是、精准落实、过程管控、解决难题。

（4）坚持“快”字求效，提升效率效益。要保持雷厉风行的工作状态，有序有效地开

2021年5月14日，国网宿州供电公司组织领导干部赴嘉兴开展交流学习，进一步解放思想，学习先进管理经验

展各项工作。坚持解放思想、勇于创新，养成“马上就办、办就办好”的工作习惯，推动各项任务落实到位。具体就是要快人一步、马上就办、担当作为、又好又快。

3. 做实典型传承，大力发扬“钉钉子”精神

（1）深挖丰富内涵，强化“钉钉子”精神引领力。联合宿州市总工会举办专题研讨会，深入挖掘许启金身上“钉钉子”精神内涵，让员工学有目标、干有方向。在习近平总书记主持召开知识分子、劳动模范、青年代表座谈会5周年之际，公司党委召开中心组（扩大）学习会议，重温习近平总书记重要讲话精神，邀请劳模、青年代表开展讨论，引导员工做“启金式”好员工。

（2）抓实阵地建设，强化“钉钉子”精神推动力。聚焦基层党支部最前沿，打造思想教育阵地。按支部专业分类制作“钉钉子”精神宣讲课件，同步开展“劳模+”学习活动，引导员工学先模、当先模。聚焦平台载体建设，打造精神传承阵地。确立由“树旗帜”向“重传承”转变的工作思路，持续深化“启金工作室”实体化运作，构建能量聚集地和高技能人才培育的肥沃土壤，为传承发扬“钉钉子”精神提供载体和舞台。

（3）丰富活动载体，强化“钉钉子”精神融合力。围绕营销服务，建立园区供电服务“一对一”联系工作机制，打造党员先行、全面带动的供电服务先锋队。围绕安全生产，建立“一个党员、一个主题、一个突破”机制，做到党员肩上有责任、手里有指标，带头抓安全、保生产。围绕人才培养，开展“以启金先进性，促党员模范性”主题活动，举办“启金杯”劳动竞赛，评选表彰22名“最美一线党员”，充分激发员工岗位建功热情。

4. 办实事解难题，开创公司发展新局面

坚持把“我为群众办实事”实践活动作为党史学习教育关键一环，作为检验思想教育成效的试金石，引导公司职工围绕强服务、提业绩两个方面精准发力，做好电力“先行官”、架起党群“连心桥”，开创公司发展新局面。

（1）践行企业宗旨，打出供电服务组合拳。牢固树立为民服务意识，开展“优质服务

2021 年 1 月 12 日，国网宿州供电公司举办“启金杯”配电劳动竞赛，
提升员工技能水平，传承弘扬“钉钉子”精神

惠民生”专项活动，推动政府出台简化电力接入工程审批政策，打通政务信息平台数据接口，实现“零证办电”“刷脸办电”。配合政府部门开展转供电主体加价调查工作，接收直供电商业、居民用户 3340 余户，确保政策红利传到每一个电力终端客户。组织 76 支党员服务小分队，深入田间地头开展用电隐患排查治理，持续提升农村安全用电水平。

2021 年 7 月 22 日，国网宿州供电公司党员服务队开展
“优质服务惠民生”活动，解决低电压问题，保障居民用电无忧

（2）补短板强弱项，开展指标提升专项攻坚。聚焦影响公司高质量发展的焦点问题，大力实施“党建＋”工程，围绕安全生产、线损治理、频停管控等弱项指标，构建党委统筹推、支部具体抓、党员带头干的“党建＋”工作矩阵，成立以党员骨干为主的工作专班，推行“一支部一工程”工作模式，引导党员干部攻坚克难，干出精彩，做到重点指标

见党员、见岗位、见业绩，助推公司实现跨越发展。

（三）主要成效

提高了思想认识。公司广大党员干部党性意识、身份意识、责任意识显著增强，对公司发展面临的形势、任务及要求有了更加准确的把握，基层党支部的组织力、凝聚力、战斗力明显提升。

锤炼了过硬作风。公司上下形成了“严格规范、精益管理、务求实效、快速执行”的工作态势，广大干部员工在思维理念、管理方式、工作标准等方面发生根本性转变，提振了精气神，形成了新风尚。

实现了典型传承。实现了许启金、廖志斌“师徒双全国劳模”的典型传承，在安徽电力系统尚属首例，国网系统也不多见。公司先模队伍不断壮大，形成“60—70—80—90”梯队结构，传承弘扬“钉钉子”精神的氛围更加浓厚。

得到了认可肯定。优质服务水平显著提升，公司获评宿州市公用服务行业满意度第1名。公司业绩指标逐步提升，频停指数、供电所各项指标位居全省前列。

三 分析与思考

思想是行动的先导，认识是行动的动力。只有思想统一了，认识提高了，才能更好地干事创业。国网宿州供电公司通过“四步法”对思想教育工作进行了探索创新，增强了思想教育的针对性、实效性，统一了思想认识，强化了工作作风，增添了内生动力，明确了前进方向，为推动公司跨越发展提供了思想保障和队伍支撑。

（项目完成人：谢忠玉、赵成成、李再阳、陈慧慧、方圣）

“六铸六提”为安全文化赋能

国网怀远县供电公司

一 案例背景

良好的安全文化是促进安全生产形势持续稳定向好的内生动力。随着新时代能源互联网企业迅猛发展，电网企业安全生产管理应该主动响应新要求、新形势和新任务，不断强化红线意识和底线思维。当前，基层班组站所安全文化发展不均衡，安全文化载体相对单一，安全文化传播体系亟待完善，以往强制的、刚性的安全管理手段已越来越不适应电力安全生产形势需要。安全文化不仅要强调“以人为本”，还需要推动文化融入安全生产管理，不断发挥安全文化感性、柔性、充满人文关怀的优势，在基层牢固树立安全发展理念。营造和谐守规的安全文化氛围，使员工在工作中心更宽、劲更足，实现员工与企业共同发展。

二 案例内容

（一）工作思路

聚焦安全生产主战场，把对党建工作的要求对应到安全生产的需求，实施党建“六铸”，助推安全“六提”打造安全文化，着力破解基层党组织业务融合不实、作用发挥不足等问题，实现安全工作推进到哪里、党支部安全堡垒就延伸到哪里，将党建“软任务”变成安全“硬指标”，切实做到文化铸魂、文化赋能、文化融入，推动党建工作与安全生产深度融合。

（二）具体措施

1. 文化铸根立本，提升思想“驱动力”

一是突出“学”字抓思想武装，推动“组织生活+安全教育”常态化。各支部每年至少召开一次安全生产专题党课，每月在支部学习中至少包含一项安全知识学习，努力将党支部打造成安全指挥部。

2. 文化铸魂聚力，提升文化“支撑力”

制度管人，文化管心。实施“旗帜领航·文化登高”行动计划，开展“安全愿景和亲情寄语”征集活动，在办公、生产现场和员工活动集中区域设置文化墙，悬挂安全标语，营造浓厚安全氛围。开展“亲情呵护·共保平安”现场交流活动，让员工家属当好 8 小时之外的“安全协管员”。举办“安全你我他”系列主题活动，在全体党员干部中形成人人管安全、人人要安全的和谐氛围。

2021 年 1 月 27 日，国网怀远县供电公司荆芡供电所在基层班组开展安全亲情照活动，职工在外出工作前，进行亲情温馨提示

3. 文化铸才集智，提升工作“执行力”

一是人才培养有“力度”。人才是第一资源，在一线岗位党员中挖掘和培养安全培训师，构建基层安全培训队伍。二是安全教育有“深度”。开展本职工作安全专题教育，突出“事件在专业、时间在近期、教训在身边”特色，做到“员工每日一问、班组每周一课、部门每月一考”。

4. 文化铸桥连心，提升组织“关怀力”

组织关怀共筑安全，在迎峰度夏、高中考保电、防汛保电等期间，开展慰问活动。通过压降调考数量、精简班组安全活动要求等多种方式为班组减负，将精力集中到安全生产中。以“反违章、保安全”为主题，在公司范围内开展反违章劳动竞赛活动。

5. 文化铸剑除疾，提升查违“战斗力”

“零衰减”执行安全规定，牢固树立抓安全就是讲政治、讲大局、讲担当的意识，将安全生产的规章制度“零衰减”传达下去、穿透下去，并且转化成切实的工作措施，不折不扣执行到位。

2021 年 4 月 14 日，国网怀远县供电公司荆山变工作现场对青工进行本质安全教育

6. 文化铸堤强坝，提升安全“生产力”

以现场勘察专责人、反违章专责人、项目管理专责人等“新三种人”管理为抓手，科学量化作业现场承载力，有效降低安全风险。组建“反违章专责人”队伍，参与作业现场全过程管控，在工作现场佩戴专责人红袖章亮明身份，推进保证体系履行现场作业安全主体责任和反违章主体责任。

（三）主要成效

1. “红色学堂”筑牢安全思想防线，让安全文化蔚然成风

一是提升安全文化的影响力，各基层支部同步开展各类安全主题党日、安全月、安全日、安全演讲比赛、安全箴言、劳动竞赛、安全亲情照等活动 20 次，通过多种方式，较好地搭建了文化与安全工作的桥梁与载体。二是提升安全意识的渗透力，通过将安全工作融入党支部“三会一课”，使党员的安全意识进一步增强。

2. “红色堡垒”筑强安全管控网络，让安全文化行有所成

以党支部为安全工作的前线堡垒，通过修订落实 153 个岗位安全责任清单，使安全职责数字化、透明化。党支部积极调动党员力量，通过视频监控、现场督查等多种方式查处违章。2021 年各级管理人员下现场监督 241 人次，开展“四不两直”监督查处作业现场，下达违章通知书 104 项，一般违章 90 项，严重违章 11 项，特别严重违章 3 项，处罚 4.11 万元。

3. “红色细胞”筑稳安全管理根基，让安全文化“效”有所现

通过文化育人建立党员安全培训师、党员“双师双带”、后备干部培养、评选党员示范岗、党员安全先锋评比、党员大讲堂，形成了带动“一层人”，影响“一群人”，推动

2021 年 1 月 11 日，国网怀远县供电公司施工现场党员反违章专责人员在工作现场

“一批人”的连锁效应。2021 年，怀远供电公司未发生事故和障碍，上级查处的各类违章同比减少 20%，实现连续安全运行 8280 天。

三 分析与思考

（1）安全管理，重在管控，管控的核心是人员思想。安全管理工作留痕容易，入脑难。无论是呈高压态势安全管理力度，还是地毯轰炸式的考试培训，只能在猛药去疴上立竿见影，稍有放松则可能出现反复。文化具备形神兼备的特质，将安全的制度、技术、措施转化为形意兼具的文化内容，通过各种形式长期浸润员工思想，方可扶正固本，让员工产生内生安全内驱力，自觉提升安全生产的行为自觉，产生良好氛围。

（2）下一步要针对一线员工安全思想不固化，习惯性违章，麻痹大意仍有存在的现象强化文化教育、文化引领。进一步丰富形式，提升内涵，结合安全生产专业技术进行谋划。同时把好的工作经验充分总结延续，形成一个特色做法后，不断结合自身实际进行酝酿和沉淀，提升员工的参与性和互动性。

（项目完成人：常诚、韩辉、卢潇、秦玮平、邵思远）

"五抓"提升青年思想政治工作的针对性和实效性

国网安徽经研院

一、案例背景

党中央明确指出要把思想政治工作作为治党治国的重要方式，着力强信心、聚民心、暖人心、筑同心，使新时代思想政治工作始终保持生机活力。经研院长期职工 150 人，平均年龄 35 岁，35 岁及以下 101 人（占 67%），青年是经研院的主力军，接受新知识快、思维活跃、诉求广泛，建立健全青年学习机制、管理青年队伍、创新思想教育的方式方法至关重要，有效激发青年敢于担当、勇挑重担的干事创业动力，全力打造政治过硬、本领过硬、作风过硬的青年队伍，为公司"高水平智库"建设添砖加瓦，为构建新型电力系统、实施"一体三化"现代能源服务、落实"一体四翼"战略布局贡献经研力量。

二、案例内容

（一）工作思路

经研院坚持以人为本，从青年的心理和思想现实出发，以国网公司企业文化为引领，根据形势发展、环境变化和队伍建设需要，立足经研智库建设，通过"五抓"，即抓调研、抓引导、抓活力、抓实践、抓提升，改进方法、创新手段、丰富内容、完善制度，有针对性的贴近新形势下的青年实际，满足青年需求，充分调动青年的主观能动性，搭建成长平台。

（二）具体措施

1. 抓调研，变被动接受为有的放矢

多角度关注青年需求。经研院紧盯广大青年员工的关注点，通过"听、看、感"深入了解青年需求，切实摸清并掌握员工基本情况。积极开展思想动态调研分析，定期召开青年职工座谈会，主要领导赴基层开展工作谋划调研，设立职工诉求服务中心，常态开展

“六必谈六必访”，在职工体检、食堂建设等方面积极听取青年职工代表意见，把准青年员工思想脉搏。针对性解决急难愁盼。经研院坚持以需求为导向，扎实为青年员工解决急难愁盼问题，因地制宜、有的放矢做好思想引导。建立职工健康驿站，差异化制定职工健康体检方案，定期优化食堂菜品供应，定期组织慰问困难青年职工和党员，构建覆盖全面、多方发力的职工保障体系。开展单身职工“牵手行动”，为新入职员工提供青年公寓，开展乒乓球、篮球、瑜伽等小型化、多样化活动，切实丰富职工精神文化生活，增强青年对经研院的认同感，提高企业凝聚力。

2021 年 4 月 8 日，国网安徽经研院与建设公司、
中广核安徽公司合办青年读书分享暨“牵手行动”联谊活动

2. 抓引导，变思想宣教为因势利导

“线下”情景教育。经研院以党史学习教育为契机，开展体验式、生活化的实践活动，以生动的实例和鲜明的观点，把思想宣教变为青年乐于接受的语言，让文件精神真正走入青年心中。邀请全国劳动模范王开库“现身说法”，征集建党百年征文、书法、摄影、“七个一百”廉洁文化作品，组织青年党员赴六安、岳西开展爱心扶贫助学活动，举办“方寸邮票·百年党史”职工邮票展，青年党员置身党史情境中，编排《建党百年赋》和《建党救国》情景剧，有力增强在党爱党、在党言党、在党为党的内生动力。

“线上”创新载体。经研院抓住青年员工思想活跃的特点，积极创建更容易被青年人接受的工作平台，全方位、立体化加强青年思想政治教育。制作青年党员红歌传唱 MV 和典型选树、国网“一体四翼”发展布局等微信推文，开展线上党史学习教育知识竞赛，通过微信群定期发布形势任务信息，在青年中传播正能量，潜移默化中激发青年的责任感和使命感。

3. 抓活力，变单一方式为多元组合

多措并举培养青年人才。经研院打出内容丰富、形式多样的组合拳，建立适应青年发展、激发青年活力的群体环境。开展赋能型组织建设，启动“智慧英才”育新、培优、拔尖三项行动。推行“三跨”“四练”人才培养机制，组织青年骨干赴国网经研院、省能源局和省公司有关部门、重要项目培养锻炼和专业交流，开展研讨沙龙、工地实训和设计微课堂，完善“三维”正向激励手段，完善多通道成才职业激励。

2021 年 6 月 30 日，国网安徽经研院青年员工
原创编排诗歌朗诵《建党百年赋》为建党百年献礼

激发青年创新动力。经研院作为公司智库，多措并举提升员工创新能力、思维活力，顺应青年思想多元化的发展趋势。优化创新攻关团队组织运行保障机制，构建“大云上”“小线下”学习研讨模式，每周开展智库研讨和团队交流。与中电联发展研究院、省电科院、阳光电源等建立战略合作关系，开展技术交流，充分激发青年创新意识和活力。

2021 年 3 月 11 日，国网安徽经研院青年智库成员就“碳达峰　碳中和”话题展开自由讨论

4. 抓实践，变思想受益为能力提升

“主动防御”策略受表彰。青年员工对个人成才成长有着强烈的需求，经研院积极引导党员在大战大考中发挥党员先锋模范作用。响应习近平总书记提出的从注重灾后救助向注重灾前预防转变的要求，以青年为主体，组织 100 多人次投入行蓄洪区电网规划攻坚，首创“主动防御”电网建设标准，筑牢了电网防灾抗灾“生命线”。面对千里淮河第一闸

“王家坝闸”的第 16 次开闸，67 年来首次实现特大洪水期间蓄洪区“电不断”，在习总书记考察安徽时受到肯定。

脱贫攻坚助振兴。经研院以共产党员服务队、青年突击队为载体，通过为青年员工搭建思想淬炼、提升能力的平台，进一步强化思想教育效果。积极响应并践行“美丽乡村·电力先行”理念，组织青年党员推动宣城龙阁村电网“一村一品”建设，规划“美丽小岗·零碳乡村”小岗村现代能源体系，开展城乡协同发展情况分析，推动县供电公司和县域电网发展“质”“效”双提升，解决六安霍山原水电 618 户供区电压越限难题，为当地百姓提供能效诊断、用能咨询等服务，青年员工的素质能力得到全面提高。

5. 抓提升，变短期经验为长效机制

经研院积极总结、归纳、凝练青年教育经验，不断完善青年活动阵地，出台“青年智库”团队评价激励方案，动态优化“青年智库”运行机制，促进组织形态刚柔并济、相容提效，成立专家人才工作室和劳模创新工作室，积极组建青年突击队工作室，积极将青年思想教育经验固化、长效化，在继承的基础上传承发展。

（三）主要成效

一是人才发展环境不断优化。经研院通过多渠道开展青年思想政治工作，营造青年人才健康成长的良好环境，荣获第七届国网公司文明单位称号。淮河王家坝行蓄洪区防汛抗灾电网规划青年突击队（规划评审中心）成为公司系统首个获得“安徽青年五四奖章”的集体，马静作为青年突击队代表参加“安徽优秀青年典型事迹分享会”并发言；孙博原创作品《建党百年赋》荣获省总工会“永远跟党走·奋进新征程”职工征文一等奖；2 人获国网公司荣誉表彰，3 名党员、1 个党支部和 1 名党务工作者获省公司“两优一先”表彰。

二是协同创新格局加快形成。青年工作效能有效发挥，经研院智库优势越来越明显。院“青年智库”获得团中央肯定，高质量完成重要研究咨询报告近 20 份，3 篇研究成果入选《国家电网智库》和安徽省《政务要情》，战略研究工作获上级领导肯定。编发 2 期《皖电经研论坛》、10 期《经研参考》、13 期《信息动态》，5 项需求纳入 2022 年国网公司科技项目，2 项需求入选 2021 年安徽能源互联网基金指南，初步形成覆盖行业智库、科研院所、科技龙头、新兴产业等各类主体，多元开放的创新格局。

三 分析与思考

做好青年人的思想政治教育工作是一项系统工程，只有与时俱进、开拓创新，探索和改进新形势下青年思想政治工作的新方法、新机制，深入了解青年的思想动向和特点，坚持把解决思想问题和实际问题结合起来，才能最大限度地赢得青年，增强青年思想政治教育的实效，使经研院党团组织的政治主张让青年接受并拥护。

（项目完成人：储松华、李娜、陆晓梅、黎彬、任柳妹）

图书在版编目（CIP）数据

国网安徽省电力有限公司思想文化建设优秀案例集：2020—2021/国网安徽省电力有限公司党委党建部编．—合肥：合肥工业大学出版社，2022.7

ISBN 978-7-5650-5588-1

Ⅰ.①国… Ⅱ.①国… Ⅲ.①电力工业—思想政治教育—安徽—2020—2021 Ⅳ.①D64

中国版本图书馆CIP数据核字（2021）第257163号

国网安徽省电力有限公司思想文化建设
优秀案例集（2020—2021）

GUOWANG ANHUISHENG DIANLI YOUXIAN GONGSI SIXIANG
WENHUA JIANSHE YOUXIU ANLIJI（2020—2021）

国网安徽省电力有限公司党委党建部　编

责任编辑	张择瑞　毕光跃
出版发行	合肥工业大学出版社
地　　址	（230009）合肥市屯溪路193号
网　　址	www.hfutpress.com.cn
电　　话	理工图书出版中心：0551-62903204
	营销与储运管理中心：0551-62903198
开　　本	787毫米×1092毫米　1/16
印　　张	20.25
字　　数	480千字
版　　次	2022年7月第1版
印　　次	2022年7月第1次印刷
印　　刷	安徽联众印刷有限公司
书　　号	ISBN 978-7-5650-5588-1
定　　价	98.00元

如果有影响阅读的印装质量问题，请与出版社营销与储运管理中心联系调换。